KB115692

헤라클레스와
마음 텃밭 가꾸기

헤라클레스와 마음 텃밭 가꾸기

발행일   2021년 7월 19일

지은이   모봉구
펴낸이   손형국
펴낸곳   (주)북랩
편집인   선일영   편집   정두철, 윤성아, 배진용, 김현아, 박준
디자인   이현수, 한수희, 김윤주, 허지혜   제작   박기성, 황동현, 구성우, 권태련
마케팅   김회란, 박진관
출판등록   2004. 12. 1(제2012-000051호)
주소   서울특별시 금천구 가산디지털 1로 168, 우림라이온스밸리 B동 B113~114호, C동 B101호
홈페이지   www.book.co.kr
전화번호   (02)2026-5777   팩스   (02)2026-5747

ISBN   979-11-6539-876-7 03190 (종이책)   979-11-6539-877-4 05190 (전자책)

(주)북랩 성공출판의 파트너
북랩 홈페이지와 패밀리 사이트에서 다양한 출판 솔루션을 만나 보세요!
홈페이지 book.co.kr   ·   **블로그** blog.naver.com/essaybook   ·   **출판문의** book@book.co.kr

작가 연락처 문의 ▶ ask.book.co.kr
작가 연락처는 개인정보이므로 북랩에서 알려드릴 수 없습니다.

자신과의 싸움에서
백전백승을 거둔

마음 텃밭 가꾸기와
헤라클레스

모봉구 지음

인생에서 무엇인가 가치 있는 것, 원하는 것을 얻기 위해서는 자기 자신과의 싸움을 치르는 것이 필수라고 한다. 공부하는 학생, 아이 기르는 부모, 스포츠 선수, 인기 연예인, 사업가, 정치가, 종교인 등 모두 자기 자신과의 싸움을 치르지 않고는 뜻을 이룰 수 없다.

그렇다면 사람들은 왜 자기 자신과의 싸움을 치러야 하는가? 나 자신은 평상시에 외관상으로 보면 조용하고 매우 안정되어 있다. 그러나 일이 뜻대로 안 되고 주변에서 누가 자극을 하면 별안간 분노해 사자나 악어처럼 닥치는 대로 물어뜯고 할퀴는 괴물 같은 측면을 보이기도 한다. 또한 끊임없이 돈과 권력, 성적인 쾌락을 추구하는 탐욕도 있다. 그래서 부동산, 주식, 가상화폐 시장으로 사람들이 몰리고, 권력을 둘러싼 암투와 성적인 일탈이 수시로 벌어진다.

그리고 평상시에 사람들은 승부나 자기 생각에 집착하고, 고집을 부리고 사물에 대해 고질적인 편견과 선입견도 지니고 있다. 이때 자기 집착이나 고집, 편견 등은 매우 힘이 세고 끈질겨서 당사자로서는 상대하기가 무척 힘이 든다. 그래서 자아의 입장에서는 이런 자기 집착이나 쓸데없는 고집 등이 마치 힘센 외눈박이 거인 같은 상태로 느껴진다.

인간관계에서 사람들은 때론 거칠고 무지막지하게 행동하고, 궁지에 몰린 자신의 입장을 방어하기 위해 모순적인 태도를 취하기도 한다. 자신의 영역에서 최고가 되었을 때 권위를 내세우며 갑질을 하고, 사물을 '내로남불'이나 고무줄 같은 자기 잣대로 제멋대로 평가하기도 한다. 이런 행위들은 질 나쁜 깡패나 악당 같은 모습들로 그려진다.

그러므로 자기 자신과의 싸움이란 사람들의 내면에 존재하는 미숙하고 부정적인 측면을 표현한 괴물, 거인, 깡패나 악당 같은 마음들과의 싸움인 셈이다.

또한 부정적인 욕망이나 충동들은 마음속에서 미덕이나 마음의 양식들이 자라는 것을 방해하는 잡초와 같다. 마음의 텃밭을 가꾸어 나가는 생산적인 측면에서는 그런 부정적인 잡초 같은 마음을 뽑아내고 대신에 미덕을 키워 나간다. 이처럼 자기 관리는 승부욕적인 측면에서 보면 자신과의 싸움이 되지만, 생산적인 측면에서 보면 마음의 텃밭 가꾸기에 해당한다 할 수 있다.

사람들은 주말농장이나, 은퇴 후 로망인 전원주택에서 작은 텃밭을 가꾸고 싶어 한다. 상추, 고추, 고구마, 감자, 토마토 등을 심고 이들의 성장을 방해하는 잡초를 뽑아내며 관리해 소소한 결실을 거둔다. 사람의 마음도 텃밭처럼 관리하지 않으면 분노, 비관, 걱정, 욕망, 죄의식, 중독 같은 다양한 잡초들이 자라서 마음의 평화를 깨트리게 된다. 마음의 텃밭도 주말농장처럼 관심을 갖고 자주 방문해 가꾸고 관리해 나가면 당연히 소소한 결실과 행복을 얻을 수 있는 법이다.

그리스 신화 속 최강 영웅 헤라클레스^{Heracles}는 신들 간의 전쟁에 인간으로 참여해 승패를 결정지었고, 우주 전체를 어깨로 짊어지고 죽음의 신과 싸워서 이긴 바도 있다. 이처럼 인간으로서 도저히 해낼 수 없는 불가능한 일들을 해낸 영웅으로 그를 과장하고 허풍을 떠는 것에는 숨겨진 목적이 있다. 거기에는 헤라클레스가 싸움 중에 가장 어렵다는 자기 자신과의 싸움을 벌인 것을 강조하려는 취지가 숨겨져 있다 하겠다.

그는 소크라테스보다도 "너 자신을 알라."라는 말에 충실했으며, 자신의 내면에 존재하는 괴물 등 부정적이고 미성숙한 마음들과 싸워서 모두 이긴 영웅이다. 그래서 그를 자신과의 싸움에서 백전백승을 거둔 '마음 천하장사'라 불러도 손색이 없다. 그는 또한 사람들을 불행하게 만드는 잡초 같은 부정적인 마음들을 뽑아내고 대신에 미덕을 풍성하게 키워 내 굳건한 마음의 평온을 이룬 우리들의 이웃이기도 하다.

스마트폰 시대에 고전과 헤라클레스 이야기가 무슨 의미가 있겠냐고 말할 수도 있다. 그러나 스마트폰 삼매경에 빠진 청소년들이 주로 들여다보는 것이 게임이고, 그 속에는 다양한 괴물, 거인, 깡패와 악당들이 처치해야 할 대상으로 나온다. 신화 속에 있던 것들이 과학 문명 시대에 맞게 게임 속으로 자리만 옮겼을 뿐이다.

고전은 역시 고전이듯이 스마트폰 시대에도 그 빛을 찬란하게 발하고 있다. 수천 년에 걸친 임상 실험에서 효능이 입증된 고전을 사랑한다는 것은 고리타분하고 시대에 뒤떨어진 옛날 사람이 되는 것이 아니다. 마음의 텃밭을 가꾸고 마음 천하장사가 됨으로써 인생의 온갖 비바람에도 흔들리지 않는 뿌리 깊은 현대인이 되는 것이라 할 수 있다.

그리스 델포이의 아폴론 신전 기둥에 "너 자신을 알라!"라는 말이 새겨져 있었다는 것은 널리 알려진 사실이다. 그러나 그 문구와 함께 "극단은 피하라!", "보증 서면 망한다!"라는 말도 있었다고 한다. 신을 모시는 신전이라 하면 적어도 신에 대한 찬양이나 경외심, 오묘한 진리의 문구가 새겨져 있을 것이라고 예상된다. 그럼에도 불구하고 이런 처세적인 문구들이 새겨져 있었다는 것은 신과 신에 대한 찬양보다 인간의 현실적인 삶과 생활이 더 소중함을 느끼게 한다.

신화는 고대인들의 우주관이며 수많은 신들에 대한 황당무계하고 장황한 이야기들의 집합체인 것같이 느껴진다. 그러나 신화가 추구하는 주된 목적은 올바른 이성을 지닌 인간성의 확립이다. 그래서 수많은 신들을 주연이나 조연 배우, 엑스트라로 등장시켜 스토리화함으로써 각각의 이야기를 통해 인간성과 삶의 진리를 깨우쳐 주고 있는 것이다.

헤라클레스의 열두 가지 과업 이야기는 마음 가꾸기나 자기 관리에 나섰을 때 무엇부터 시작해야 좋을지 몰라 망설이는 사람들에게 좋은 안내서이자 안내자 역할을 할 수 있다. 다만 세상 이치라는 것이 구해야 얻을 수 있고, 찾아야 찾아낼 수 있으며, 문을 두드려야 열리듯, 관심을 갖고 행동에 나서야 원하는 것을 얻게 되리라 본다.

목차

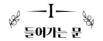

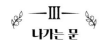

-I-

들어가는 문

우리가 인생이라는 다방에서 기다리고 있는 사랑

「사랑」, 「사랑이여」, 「사랑 사랑 누가 말했나」, 「사랑 그 쓸쓸함에 대하여」, 「사랑의 미로」, 「사랑의 불시착」 등 대중가요는 사랑이라는 단어를 빼면 시체일 정도로 온통 사랑 타령이다. 미혼의 청춘 남녀는 물론이고 결혼해서 행복하게 잘 살고 있는 중년의 남녀, 노인, 독신자, 요즘 들어 증가한 비혼주의자 들까지 사랑 타령 노래를 많이 부른다. 특히, 이뤄질 수 없는 사랑, 사랑하는 임과 이별하는 노래, 기다리고 기다려도 오지 않는 임 때문에 눈물 흘리고 있는 사랑 노래가 많다.

그래서 의문이 든다. 청춘 남녀라면 몰라도 결혼해서 부부간에 아무 문제 없이 잘 살고 있는 사람들조차 왜 이별하고 오지 않는 임을 애타게 기다리는 노래를 부르고 있을까? 진화론적으로 볼 때는 이런 비효율적인 감정이나 행위를 갖게 만드는 유전자는 매우 불필요하고 낭비적인 것이므로 제거되어야만 했다. 그러나 제거되지 않고 인류 역사가 시작된 이래로 줄곧 그렇게 이어져 왔으며 오히려 강화되어 온 것이 사랑 노래의 알 수 없는 역사다. 이 의문에 답하기 위해서는 사랑을 전혀 다른 각도에서 바라볼 필요가 있다. 그런 의미에서 국민 가수 나훈아 씨의 「찻집의 고독」이라는 노래를 잠시 살펴보기로 하자.

이 노래는 "그 다방에 들어설 때엔 내 가슴은 뛰고 있었지"[1]라며 가슴 뜀으로 시작한다. 사람들이 태어나 꿈 많은 젊은 시절에 인생에 뛰어들 때는 다들 가슴이 뛰고 있었다. 철부지 어렸을 때는 자신의 능력보다 목표를 좀 더 크게 잡아 대통령, 프로 축구와 야구 선수, 인기 가수가 되는 것 등이 꿈이었다. 그런 꿈들이 학창 시절을 거치면서 자신의 실력이나 능력을 검증하고 남들과 비교하게 됨으로써 실현 가능한 꿈으로 바뀌는 과정을 거친다.

그러나 현실은 아주 냉정하다. 실현 가능한 꿈이라도 다 실현되는 것이 아니기 때문이다. 세상은 한정된 권력, 재화, 명예를 놓고 치열하게 경쟁하기에 블루 오션보다는 레드 오션에 가깝고 제로섬 게임 같은 것이 현실이다. 아무나 쉽게 꿈을 이뤄 성공하고 스타가 된다면 그런 꿈은 꿈이 아니고, 그런 성공은 성공이 아니고, 그런 스타는 스타가 아니다. 꿈, 성공, 스타의 본질은 희소성을 바탕으로 하기 때문이다. 그래서 지금 이 시각에도 수많은 사람들이 자신의 꿈과

---

1) 작사·작곡 박정웅, 노래 나훈아, 「찻집의 고독」, 1971

성공을 이루기 위해 밤잠을 설쳐 가며 노력하고 도전하고 있지만 인생이 그리 쉽지 않다.

노래의 배경이자 장소인 "그 다방"이나 카페는 커피나 달콤한 아이스크림 등을 먹으며 수다 떨며 부담감 없이 시간이나 보내는 그런 공간은 아닌 것 같다. 자신의 소중한 꿈을 실현하기 위해 인기 가수, 큰 정치인, 저명 학자, 최고 경영자, 스포츠 선수 등의 길로 뛰어드는 모습이다. 이렇게 자신의 꿈을 실현시켜 줄 삶 속이나 무대로 뛰어들 때 사람들은 가슴이 부풀어 오르고 심장이 뛰기 마련이다.

그 다방에 들어가 있는 시기가 청춘 시절이라면 가슴이 더욱 뛰고 있기 마련이며 중년 시절까지도 가슴이 뛰곤 한다. 가슴이 뛰는 것은 아직도 자신의 꿈이 실현될 가능성이 있다고 느껴지기 때문이다. 그러나 나이를 더 먹으면 기다리고 설레는 마음도 점점 없어지므로 때를 놓치지 말아야 할 것이다.

구약성경 전도서에는 "범사에 기한이 있고 천하 만사가 다 때가 있"다는 말이 나온다. 날 때와 죽을 때, 심을 때와 심은 것을 뽑을 때, 울 때와 웃을 때, 지킬 때와 버릴 때, 사랑할 때와 미워할 때 등이 있다고 말하고 있다. 마찬가지로 "그 다방에 들어설 때"와 그곳에서 나올 때가 있는 법이다. 가슴이 뛸 때 꿈을 성사시켜야 하지, 가슴 뜀이 멈출 때가 되면 꿈도 멈춘다.

"기다리는 그 순간만은 꿈결처럼 감미로웠다"[2]라는 이 노래 속 주인공은 도대체 무엇을 기다리고 있단 말인가? 대부분의 사람들이

---

2) 작사·작곡 박정웅, 노래 나훈아, 앞의 곡

"사랑하는 사람"이라고 말할 것이다. 남자라면 사랑하는 임으로서의 여자를 기다리고, 여자라면 남자를 기다린다고 할 수 있다. 그러나 이 노래를 보면 '인생 다방'의 주인공이 기다리고 있는 대상이 "그 사람"이라고만 나와 있을 뿐이다. 여자인지 남자인지는 물론 미혼인지 기혼인지, 젊은이인지 노인인지 전혀 알 수가 없다.

그리고 상대가 얼마나 멋진 남성 혹은 여성이기에, "기다리는 그 순간만은 꿈결처럼 감미로웠다"라고 노래하고 있을까? 멋진 이상형의 연인과 감미롭게 포옹하고 사랑해 본 사람들이나 느낄 수 있는 그런 분위기다. 그러나 기다리고 있는 그 사람이 근사한 사람이라면 좋겠지만 실제로는 백수, 전과자, 꽃뱀, 여자들 등쳐 먹는 사기꾼, 그 밖의 못난 사람일수도 있다. 사람들이 다 잘난 상대하고만 연애할 수 없기 때문이다. 이런 상대를 기다리면서도 "그 순간만은 꿈결처럼 감미로웠다"라고 할 수는 없다.

더욱 궁금한 것은, 주인공이 인생 다방에서 그 사람을 얼마 동안이나 기다렸는가 하는 것이다. 여기에 대한 정확한 해답도 노래 가사에는 나오지 않는다. 보통은 한두 시간이라고 생각되며 길어 봤자 오전이나 오후 내내 정도가 될 것이다. 상식적인 수준에서는 주인공이 기다렸던 시간은 그 정도 시간이 맞을 것이다.

그러나 무릉도원에서의 하루가 속세의 10년, 100년이 되는 경우도 있다고 하지 않는가? 가슴을 뛰게 하고 설레는 마음으로 기다릴 수 있게 하는 그곳, 그 시절은 어찌 보면 무릉도원에 버금가는 곳이기도 하다. 그래서 그 다방에서 기다린 시간은 사람들의 인생 전체를 의미할 수 있다. 그렇게 되면 그 기다림은 최소한 몇 년에서 수십 년이 될 가능성도 있다.

사람들이 인생 다방에서 기다리고 있는 그 사람은 누구?
—

저자도 이 노래를 좋아한다. 사람들의 전 인생을 압축해 놓은 듯한 가사가 마음에 들기 때문이다. 사람들의 전 인생은 70년에서 100년으로 무척 길다. 그러나 인생에서 비교적 큰 의미가 없는 시간이라 할 수 있는 아동기, 수면 시간, 세면 및 화장실 시간, 출퇴근 시간, 기타 일상생활을 빼면 진짜 의미 있는 시간은 얼마 되지 않는다. 이것은, 우리 인생이 매우 길고 복잡한 것 같지만 유의미한 부분만으로 간결하게 압축해서 살펴볼 수 있다는 가능성을 제시한다.

소설이 바로 사람들의 인생을 의미 있거나 기억에 남는 굵직한 사건 위주로 압축해 한 권의 책으로 엮어 낸 것이라 할 수 있다. 좀 길게 엮으면 박경리의 『토지』 같은 장편소설이 되고, 짧게 엮으면 헤밍웨이의 『노인과 바다』 같은 단편소설이 된다.

그러나 소설도 너무 길어 그것을 읽는 데 투자할 시간도 없다고 주장하는 사람들이 있을 수 있다. 1년 내내 책 한 권 안 읽는 사람들이 50%에 육박하고 있으니, 내 가족 중에도 그런 사람이 있는 것이 현실이다. 이런 분들은 소설 속 타인의 삶을 통해 인생의 가치나 의미를 찾을 수가 없다. 이렇게 책 읽기에 다소 게으른 사람들을 위해서도, 다 같이 살아야 하기 때문에 친절하게 마련해 둔 인문학적 장치가 있다.

그것이 바로 '시'와 '노래'다. 시와 노래는 소설에 비하면 분량이 1,000분의 1이 될 정도로 짧다. 어떻게 이렇게 짧은 내용 속에 사람의 전 인생을 담을 수 있냐는 의문이 들 것이다. 압축 기술을 사용하면 가능하다. 개인들이 평생 동안 관심을 갖고 추구하는 인생의 궁극적인 목적이나 가치를 중심으로 압축하면 시나 노래가 되기 때문이다. 인생 전체가 집채만 하게 부풀려진 솜사탕이라면 이를 압축해서 축구공만 하게 만든 것이 소설이다. 또다시 압축해서 손안에 쏙 들어가는 작은 구슬만 하게 압축한 것이 바로 노래다.

「찻집의 고독」이라는 곡이 바로 우리들의 전 인생을 압축해 놓은 노래에 해당한다. 우리가 인생이라는 다방에서 기다리고 있는 "그 사람"은 남녀로서의 연인이 아니다. '평생을 통해 이루고 싶은 꿈', '성공', '부귀영화', '중요한 사람이 되는 것' 등이라 할 것이다. 우리는 꿈의 실현이나 성공이라는 임, 그 사람이 오기를 인생 다방에서 이제나저제나 기다리고 있다. 젊었을 때는 이제 막 시작했으므로 더욱 설레는 마음을 갖고 꿈의 실현을 위해 노력하고 다양한 시도를 한다. 그래서 아직 오지 않은, 실현되지 않은 자신의 꿈이라는 임을 기다리는 그 순간만은 꿈결처럼 감미로운 법이다.

이제 "약속 시간 흘러갔어도 그 사람은 보이질 않고"[3] 하고 노래한다. 다방에서 애타게 기다리고 있는 사람을 잊어버렸거나 전혀 생

---

3) 작사·작곡 박정웅, 노래 나훈아, 앞의 곡

각을 하지 않는지, 그 사람이 올 기미가 없다. 너무 오래 기다리다 보니 주변 사람들이 힐끔힐끔 쳐다봐서 눈치도 보인다. 그런 것까지 꾹 참고 기다렸는데 그 사람은 함흥차사처럼 오질 않는다.

사람들이 꿈의 실현을 위해 발 벗고 나서게 되면 처음에는 당연히 올 거라고 생각한다. 그것도 약속 시간에 맞춰서 올 줄 안다. 그러나 그 약속 시간이라는 것은 내가 일방적으로 정한 시한이다. 사람들은 자신의 꿈을 성취하는 데 '이 정도 시간이면 되겠다.' 하고 스스로 약속 시간을 정한다. 케이팝 또는 트로트 인기 가수가 되는데 '3년에서 5년, 늦어도 10년 정도면 되겠지' 하고 자신이 일방적으로 약속 시간을 정해 놓고 인생 다방에서 기다린다.

그러나 나보다 더 실력이 뛰어나거나 배경이 좋은 사람이 경쟁자이자 장애물로 등장하고 돈, 건강 등 여러 가지 원인으로 자신과의 약속 시간이 훌쩍 지나간다. 약속 시간은 한 번만 지나가지 않는다. 방황하다가 마음을 고쳐먹고 다시 약속 시간을 정해도 또다시 약속 시간이 흘러가고 그 사람은 보이질 않길 반복한다. 이렇게 되면 인내심이 서서히 바닥나고 실망과 좌절감에 빠진다.

이제 "싸늘하게 식은 찻잔에 슬픔처럼 어리는 고독"[4]이라는 다음 가사를 보자. 꿈이나 자아실현이라는 임을 인생 다방에서 만나면 강아지처럼 펄쩍펄쩍 뛰면서 환호하고 반기며 성공의 징표로써 따스한 차를 한잔 마시려했다. 그러나 약속 시간이 이미 지나 버렸고 기대감으로 뜨겁게 달궈졌던 찻잔도 싸늘하게 식었다. 그토록 꿈꿔

---

4) 작사·작곡 박정웅, 노래 나훈아, 앞의 곡

왔던 인기 가수, 스포츠 선수, 경영인, 정치인, 중견 법조인, 인기 게임 출시자 등의 꿈이 물거품이 되는 냉담한 현실을 맞이했다. 자신의 모든 것을 희생하고 오직 그 꿈 하나만 보고 달려왔는데 그 임은 내게 오지 않고 있다. 이래도 되냐고 세상을 원망하기도 한다.

이렇게 되면 고독이 슬픔처럼 밀려오고 어리게 된다. 속절없이 나이는 먹었는데 꿈은 이뤄지지 않고, 다른 분야는 문외한이어서 근근이 목구멍에 풀칠이나 하느라 남들처럼 즐기며 살지도 못했다. 그래서 더 위축되고 세상 모든 사람들로부터 숨어 버리고 싶다. 어머니 왜 이런 저를 낳으셨냐고 부모를 비롯해 정부, 하늘, 신까지 원망스러운 가운데 슬픔처럼 어리는 고독이 밀려온다.

이 노래의 제목이 「찻집의 고독」이다. 고독이란 혼자서 느끼고 감당해야 할 감정이다. 누가 대신해 줄 수도 없고 알아주지도 않는다. "찻집"은 음식점이나 술집, 유흥 주점에 비해 정적이고 조용한 공간이다. 남들이 보기에는 찻집처럼 고요해 보이는 가운데 나의 마음속에는 '성공과 부귀영화'라는 사랑하는 임이 오기를 애타고 불타도록 기다리고 있음을 의미한다. 이것은 옆집, 앞집, 윗집, 아랫집, 옆자리, 앞자리, 뒷자리 등에서 이렇게 아무 일 없다는 듯이 찻집처럼 조용히 살아가고 있는 우리 이웃들과 나의 내면 모습이기도 하다.

"아! 사랑이란 이렇게도 애가 타도록 괴로운 것이라서"[5]라는 가사에서 "아!"라는 감탄사를 통해 그 죽일 놈의 사랑이란 이렇게도 애가 타도록 괴로운 것임을 표현한다. 남녀 간의 사랑도 애가 타고 괴

---

5) 작사·작곡 박정웅, 노래 나훈아, 앞의 곡

로운 경우가 있지만 그것은 그리 길지가 않다. 진화론적 관점에서 보면 자신이 좋아하는 상대방이 자신에게 전혀 관심이 없는 경우, 일명 짝사랑 같은 경우도 그리 길지 않다. 짝사랑 때문에 평생을 집착하다가 사랑을 못 하는 유전자를 지닌 부류의 인간들은 진화론적 관점에서 대부분 제거됐다. 다시 자신에게 어울리는 새로운 짝을 찾는 것이 종족 번식에는 더 유리했기 때문이다.

그러므로 여기서 말하는 "사랑"이란 10년, 20년 등 아주 길게 사랑해 온 그런 사랑을 말하는 것이다. 자신의 꿈을 실현해야 자신의 진정한 임이나 사랑과 만나는 것이다. 대부분의 할리우드식 영화가 키스 신으로 끝나는 것을 보고 식상해하는 사람들이 있다. 그러나 그것은 오랜 세월 온갖 어려움과 장애물에도 불구하고 꿈의 실현을 통해 자신의 진정한 사랑을 만나는 것을 의미한다. 그것이 인생이며 모든 사람들이 추구하는 로망이기 때문이다.

자신이 평생 실현하고 싶었던 꿈, 그것에 대한 사랑은 "이렇게도 애가 타도록 괴로운 것"이다. 그것은 내가 실현하려는 꿈을 다른 사람들도 똑같이 품고 실현하려고 하기 때문에, 겹치고, 경쟁이 발생하기 때문이다. 권력이나 돈, 명예는 한정되어 있는데 대부분의 사람들이 동시에 추구하므로 경쟁이 치열할 수밖에 없지 않은가? 예를 들어 트로트 가수 경연 대회나 배우, 인기 스포츠 선수 지망생들은 차고도 넘친다. 그래서 남녀 간의 사랑보다 열 배, 백배는 더 힘들고 애가 타도록 괴로운 것이 바로 꿈의 실현, 부귀영화, 성공이라는 임과 벌이는 사랑이라 할 것이다.

이제 가사는 잊으려 해도 잊을 수 없어 가슴 조이며 기다려요, 하고 말한다. 기다리고 기다려도 오지 않는 임, 어디 있는지 알면 당장이라도 달려가서 한 방 먹여 주고 싶은, 냉정하고 야속한 임이다. 하지만 잊으려 해도 잊을 수가 없다. 아무리 냉정하고 나타날 기미조차 보이지 않는다 해도 그 임을 어떻게 잊을 수가 있겠는가? 오직 그 길이 나의 전부라고 생각하고 수년, 수십 년간 걸어왔는데 이제 와서 포기하고 잊을 수는 없다.

수많은 시간, 돈, 에너지, 열정 등을 투자했는데 이제 와서 쉽게 손을 뗄 수가 있는가? 돌아가기에는 너무 멀리 와 버렸다. 이것을 일명 '콩코드의 오류' 내지는 '매몰 비용의 오류'라고 한다. 영국과 프랑스가 추진했던 초음속 여객기인 콩코드기 개발 사업은 기지출한 과다한 비용 때문에 포기하지 못하다가 결국은 더 많은 대가를 치르고 종료되었다.

매몰 비용의 오류 때문에 사람들은 불행한 결혼, 나쁜 일자리, 전망 없는 연구 프로젝트를 쉽게 포기하지 못한다고 한다. 그러나 이러한 사례들은 비교가 안 될 정도로 매몰 비용의 오류가 셀 수도 없이 많이 발생하는 곳이, 자신의 꿈을 추구하는 분야다. 성공한 연예인, 운동선수, 작가, 화가, 주식 투자자, 법조인, 사업가 등이 되기 위해 인생 내내 도전하고 시도하고 투자해도 가망이 없는 사람들이 있다. 이럴 경우 인생 다방을 박차고 나와야 하는데 매몰 비용의 오류 때문에 미련이 남고 집착이 생긴다.

아마도 그걸 포기하는 순간 모든 것이 무너지고 나라는 존재가 공중분해 될 것 같은 기분마저 든다. 그 꿈, 그 사랑을 포기하고 잊은 후의 나 자신은 나도 책임질 수 없는 상황이다. 그래서 잊으려 해도 잊을 수 없어 가슴 조이며 기다리는 수밖에 없다. 벙어리 냉가슴 앓듯 스트레스로 자신의 가슴을 옥조이며 하염없이 기다리는 상황이다.

"루루루루— 루루루루—"처럼 시나 노래에서 정확한 의미를 알 수 없는 이런 후렴구나 여음구가 있다. 슬픔이나 화나는 마음, 인생 살맛 안 나는 감정을 직설적으로 표현하면 듣는 사람들 입장에서는 넋두리나 거칠고 부정적인 상태로 느껴진다. 그래서 직설적인 감정 표현임을 알지 못하도록 하는 단어를 사용해 거부 반응을 일으키지 않고 감정을 순화하려는 의도에서 이런 여음구들이 만들어진다.

「찻집의 고독」에서 "루루루루"라는 것은 전체적인 분위기를 볼 때 슬프고 괴로운 감정을 표현하는 의미를 지니고 있다. 자신의 신세가 슬프고 괴로워서 울면서 비명을 지르거나 원망하는 감정이 남긴 여음구다. "루루루루"를 직설적으로 표현한다면 고통받거나 괴로울 때 내는 탄식이나 비명 소리 정도에 해당할 것이다.

수년간 또는 수십 년간 꿈을 추구해 왔는데 소원 성취나 꿈의 실현이라는 그 임은 다가올 기미조차 보이지 않는다. 대신에 싸늘하게 식은 찻잔 같은 냉담한 현실만 눈앞에 놓여 있다. 매몰 비용의 오류 때문에 이러지도 저러지도 못하고 있다. 이러니 어찌 제정신으로 살아갈 수 있나?

그래서 '아아, 미치겠다, 현실을 도저히 받아들이고 인정할 수 없다, 괴롭고 죽고 싶다, 아아!' 하며 감정을 표출하고 있는 모습이다. 이렇게 감정을 직설적으로 표현하면 듣는 사람들의 기분을 상하게 하고 거부감을 불러일으키므로 "루루루루"로 두리뭉실하게 순화시키고 있는 것이다.

따라서 이 여음구를 따라 부르게 되면 꿈을 실현하지 못한 나, 부귀영화나 성공을 이루지 못한 나 자신에 대한 슬프고 괴로운 심정이 순화된다. 이 노래를 부름으로써 엉엉 소리 내어 울지 않아도 되고, 괴로운 심정 때문에 자신을 학대하거나 타인에게 그 화를 폭발시키지 않아도 되기 때문이다. 그래서 사람들이 노래를 부른다. 몇 줄의 노래에 전 인생을 담아낼 수 있고, 못 이룬 꿈이나 사랑 때문에 생기는 좌절감, 슬픔과 외로움, 괴로움 등을 순화시켜 치료해 주는 순기능이 있기 때문이다.

나도 인생 다방에서 그 사람, 그 사랑을 기다리고 있을까?
—

사람들은 이처럼 저마다의 인생 다방에서 그 사람, 또는 그 사랑을 기다리고 있다. 자신의 삶의 궁극적인 목표로써 이루고 싶은 꿈이 있기에 그 꿈이 실현되기까지는 인생 다방에서 그냥 나올 수가 없다. 그러나 하루, 이틀, 1년, 2년, 10년, 20년, 무정한 세월만 간다. 자기 자신과 내적으로 약속한 시간이 벌써 지나가고 몇 번이나 연기도 했지만 그 사람은 아직도 나타날 기미조차 보이지 않는다.

그런 상황에서 "아, 사랑이란 이렇게도 애가 타도록 괴로운 것이라서 잊으려 해도 잊을 수 없어 가슴 조이며 기다려요"[6] 라고 노래하는 것 말고 다른 뾰족한 방법이 없다. 남들이야 포기하고 다른 일을 해 보라고 말하지만 그렇게 되면 완전히 무너질지도 모른다. 그래서 미련을 버리지 못하고 가슴 조이며 기다리고 있는 것이다.

반면에 꿈을 실현했거나 성공한 사람들은 인생 다방에서 그 사람이나 그 사랑을 만난 것이라 할 수 있다. 학수고대하며 기다리던 그 사람을 만났으니 얼마나 기분이 좋겠는가? 하늘을 날아갈 것 같은 기분이 들 것이다. 그래서 사람들은 새해 인사와 덕담으로 "일취월장하고 소원 성취하라." 하는 말을 한다. 나날이 노력하고 발전해서 꿈을 성취하라는 의미다. 그래야 아름답고 황홀한 "그 사람", 그 임과 인생 다방에서 상봉해서 멋진 인생, 밝은 새날을 살아갈 수 있기 때문이다.

그렇게 자신이 그리던 임과 상봉한 사람들은 문제없이 잘 살아가지만 잊으려 해도 잊지 못하고 가슴 조이며 기다리고 있는 사람들이 문제다. 약속 시간도 이미 흘러갔기에 그 사람이 돌아온다는 보장이 거의 없다. 인생 다방에서 그렇게 가슴 조이며 기다리다 가슴이 절단 나고, 속절없이 가는 세월에 청춘, 몸과 마음 모두 아스러질 수 있다.

가수 김광석이 애절하게 노래했듯이 너무 아픈 사랑은 사랑이 아니다. 그러나 김광석은 너무 아픈 사랑에 대해 그 의미를 단순하게

---

6) 작사·작곡 박정웅, 노래 나훈아, 앞의 곡

말한 것이 아니다. "너무 아픈 사랑은 사랑이 아니었음을"[7]이라고 말함으로써 너무 아픈 사랑은 사랑에 빠지기 전부터 애당초 사랑이 아니었다고 그 의미를 한층 강조했다.

　주식 투자로 한몫 단단히 잡아 친구들에게 기 좀 펴고 살고 싶었는데 나를 너무 아프게 했다면, 그것은 사랑이 아니었음을. 인기 트로트 가수가 되고 싶었는데 나를 너무 아프게 하고 노래방 트로트 가수에 머물고 있다면, 그것도 사랑이 아니었음을. 나를 너무 아프게 하는 사랑이, 그게 무슨 사랑인가? 악마의 유혹일 뿐이다. 미련 두지 말고 내던져 버려야 한다.

　주식 투자를 할 때 끝까지 가면, 파산할 것이 뻔히 보이는 주식을 들고서 그것에 투자한 돈이 아까워 손절매를 못 하면, 인생 정말로 끝장난다. 인생에는 다 때가 있듯이 들어갈 때와 빠져나올 때가 있는 법이다. 단순한 인생 원리일수록 사람들을 쉽게 성공하게도 만들고 쉽게 망하게도 만들기 때문에 알아서 잘 지킬 필요가 있다.

　인생 다방에서 그 사람이 오기를 기다리는 것은 개인들의 자유다. 기다리는 그 순간만은 꿈결처럼 감미롭기 때문에 다 그렇게 살아간다. 다만 약속 시간이 아직 남았는지, 아니면 이미 다 흘러갔는데 잊지 못해 가슴 조이며 기다리고 있는 것인지 파악해 볼 필요가 있다. 무한정으로 그 다방에서 기다릴 수는 없는 노릇이다. 그래서 정말 아니다 싶으면 이번 생에는 그 사람과 인연이 아니라고 생각해 볼 필요도 있다. 이런 일을 누가 대신 해 줄 수가 없다. 스스로 「찻

---

7)　작사 류근, 작곡·노래 김광석, 「너무 아픈 사랑은 사랑이 아니었음을」, 1994

집의 고독」처럼 사람들의 살아가는 모습이 담긴 노래를 한 곡조 부르거나 들으면서 곰곰이 음미해 보는 수밖에 없다.

진실

  우리는 사랑하는 임, 그 사람을 일출봉에 해 뜨고 월출봉에 달이 떠도 기다리듯 밤낮없이 기다리고 있다. 춘향이처럼 곤장을 맞아 피범벅이 된 채 감옥에서도 오매불망, 자나 깨나 기다린다. 꿈속에서도 사랑하는 임, 잊으려 해도 잊지 못하는 임, 부르다가 내가 죽을 그 임은 그래도 올 기미조차 없다.

  기다리고 기다려도 임이 오지 않으면 애꿎은 빨래 소리 물레 소리에 눈물만 흘리게 된다. 약속 시간 흘러갔어도 임이 오지 않게 되면 슬픔처럼 고독이 어리게 된다. 춘향이처럼 곤장을 열 대, 스무 대 맞아도 오기로 버텨 보지만 임이 오지 않게 되면 쑥대머리가 되어 정신이 혼미해지고 현실감각도 떨어지게 된다.

  모진 고생을 했을지라도 춘향이처럼 나중에 사랑하는 임과 극적인 상봉을 하면 그것은 성공한 인생, 꿈을 실현한 인생이다. 그러나 아무리 기다리고 기다려도 임은 오지 않고 매일 빨래나 물레질 같은 힘든 일이나 하면서 밋밋한 삶을 살게 되면 눈물이 주르륵 흘러내린다. 이대로 인생이 끝날 것 같은 불길한 예감이 스멀스멀 피어오르고 점점 현실로 다가온다.

이처럼 사랑은 아무리 긴 세월 동안 고통받았어도 결국은 이루어져 행복한 결말로 끝이 나는 경우와 온갖 시도를 하며 긴 세월 기다려도 이뤄지지 않는 사랑으로 나누어진다. 모든 사람들이 모진 고생을 하더라도 춘향이처럼 결국은 자신의 진정한 사랑과 만나는 해피 엔딩을 꿈꾼다.

그러나 춘향이 그토록 목 빼고 기다린 사랑하는 임 이몽룡은 보통 남자가 아니다. 그의 신분은 과거 시험에 급제한 암행어사다. 암행어사는 당시로는 부귀영화를 다 갖춘 지위다. 오늘날로 치자면 최소한 판검사, 변호사 임용 시험 정도는 통과한 사람이다.

이몽룡은 연예인처럼 잘생기고 춘향이 하나만 사랑해 주는 그런 낭만적인 남자가 아니다. 그는 춘향이가 평생을 두고 추구해 온 꿈의 실현이나 멋진 성공을 의인화한 숭고한 대상이다. 이것이 우리가 남녀 간의 사랑 속에 숨겨서 추구하고 있는 자아실현의 꿈, 멋진 성공에 대한 갈구와 사랑이다. 심리학적으로 보면 자아실현을 하거나 멋진 성공을 거둬서 자신이 중요한 사람임을 느끼려는 욕망이기도 하다.

그러므로 성적 본능에 뿌리를 둔 이성에 대한 사랑과, 자아실현에 뿌리를 둔 자신의 꿈에 대한 사랑을 구분할 줄 알아야 인생길이 헷갈리지 않을 것이다. 한 가지 더 알아야 하는 것은, 우리가 시나 노래 등을 통해서 사랑을 노래할 때 그 사랑은 남녀 간의 사랑보다 자신의 꿈에 관한 사랑이 배는 더 많다는 사실이다. 기혼자도 특정 사랑 노래에 관심을 갖거나 노래방에서 자주 부르고 일상 속에서 자신도 모르게 흥얼거릴 때가 있다. 그것이 배우자, 첫사랑, 짝사랑, 불륜 상대를 생각하는 것이라기보다는 자신의 꿈, 자아실현, 성공 등에 대해 생각하는 것이라 보는 게 더 현실적이다.

우리가 평생 추구하는 꿈이나 성공을 남녀 간의 사랑이나 그 사람으로 빗대어 부르는 데는 매우 커다란 이점이 있다. 그렇게 하면 잘못되거나 허황된 꿈을 꿔도 '사랑엔 죄가 없다'라는 논리로 주변의 비난으로부터 빠져나갈 수 있기 때문이다. 또한 자신이 평생 추구한 꿈이 이뤄지지 않아도, 사랑이 이뤄지지 않는 것으로 간주하며 마음의 상처를 입는 것으로부터도 비켜 나갈 수 있다. 남녀 간에는 이뤄지지 않는 사랑이 바닷가 모래알처럼 수도 없이 많기 때문이다. 그래서 앞으로도 우리가 추구하는 꿈과 성공에 대한 열망은 이래저래 남녀 간의 사랑으로 표현될 것이다.

이처럼 우리가 습관적으로 생각하고 느껴 왔던 것들이 사실이나 진실과 어긋나는 경우가 있다. 특히 수많은 사람들이 그렇게 생각하고 느끼면 개인들이 그런 오류에서 벗어나기 더욱 힘이 든다. 사회 전반을 이끌어 나가는 원리 중에 하나가 다수결의 원리이기 때문에 다수나 대중이 옳다고 생각하면 옳은 것이 되는 관습이 있다.

사랑 노래만큼 사람들이 오류를 범하는 것 중에 하나가 그리스 신화 최고 영웅 '헤라클레스'의 정체성에 관한 것이다. 그는 오늘날 청소년들이 즐기는 게임에나 나올 법한 괴물들을 물리친 힘센 근육남으로 인식되고 있다. 솔직히 말하면 저자도 40대 초반까지는 그의 강한 근육만 부러워했을 뿐, 그가 자신과의 싸움에서 전승을 거둔 훌륭한 사람인지는 전혀 몰랐었다.

그러나 그가 18세 때 인생의 갈림길에서 쾌락의 여인과 미덕의 여인 중 미덕의 여인을 택했다는 '헤라클레스의 선택' 이야기를 접하고 저자의 생각이 바뀌었다. 그가 실제로 근육남인지 아니면 마음속 욕망과 충동을 극복해 고결한 미덕을 갖춘 인류의 큰 어른인지 그 진실을 들여다봐야 할 때가 된 것 같다. 그에 대한 진실을 안다는 것은 사람들로 하여금 정신적 성장에 대한 관심과 동기를 제공하는 일이기도 하다.

-II-

헤라클레스,
마음 천하장사가 되다

극한의 자기 관리의 영광, 헤라클레스

원수 헤라를 자기 이름 속에 넣은 이상한 헤라클레스

헤라^{Hera}는 헤라클레스를 죽도록 미워한 여신이다. 그녀는 헤라클레스가 엄마 배 속에 있을 때부터 출산의 여신을 종용해 해산을 늦추며 괴롭혔다. 그 후로도 요람에 있을 때 뱀을 집어넣어 죽이려 한 것을 비롯해, 열두 가지 어려운 과업을 수행하게 하며 일생 내내 괴롭혔다. 헤라는 제우스^{Zeus}의 본부인이고 헤라클레스의 어머니 알크메네^{Alcmene}는 첩에 해당한다. 전 세계적으로 본부인이 첩의 자식을 구박하거나, 계모가 본부인의 자식을 구박하는 이야기들은 많이 알려져 있다. 남편 제우스가 바람피워 낳은 아들인 헤라클레스를 헤라가 미워하는 것은 당연한 것으로 여겨진다.

그러나 아이러니하게도 헤라클레스라는 이름은 '헤라의 영광'이라는 뜻이다. 그토록 자신을 괴롭혔기에, 헤라클레스 입장에서는 헤라라는 이름만 들어도 치가 떨리는 것이 당연하다. 그래서 그녀를 못된 계모나 악녀로 부르거나 구속시킬 수 있다면 그렇게 해도 아무도 이의를 제기하지 않을 상황이다. 그럼에도 불구하고 헤라를 자신의 이름 속에 넣은 헤라클레스의 행동이 이상하지 않은가? 그가 천하의 바보이든가 아니면 이름에 뭔가 특별한 의미가 숨겨져 있을 것 같다.

생산적 계모가 인생의 모든 영광과 성공을 선물한다
—

콩쥐, 신데렐라, 헤라클레스의 공통점은 계모의 악행과 괴롭힘으로 온갖 고생은 다 하지만 결국에는 신분 상승이 되고 성공한 사람이 되었다는 것이다. 성공에만 초점을 맞추면 그 과정에서 계모 같은 사람들이 수십 명 등장해 괴롭혀도 전혀 문제가 되지 않는다. 아무리 죽을 고생을 했더라도 일단 성공하게 되면 그 과정들은 "내가 이렇게까지 고생하면서 성공했다."라는 이야깃거리가 되고 아름다운 추억이 될 뿐이다.

노벨 경제학상 수상자 대니얼 카너먼은, 우리가 겪거나 경험하는 일에 대한 기억은 정점과 종점에 의해 결정된다는 의견을 제시했다. 가장 최고였던 순간과 끝나는 순간의 기억만 남게 된다는 의미다. 성공해서 가장 클라이맥스에 오르는 정점의 순간과 고생이 끝나는 종점의 순간이 겹치니 성공한 사람은 모든 것이 좋은 상태가 되는 것이다. 정점과 종점의 법칙에 의해 도중에 죽을 만큼 괴로웠던 순간들은 자연스럽게 기억의 뒷전으로 밀려난다.

거액의 복권 당첨도 마찬가지라 할 수 있겠다. 복권에 당첨되면, 평범하게 복권을 구입했던 과정도 절묘하고 기막힌 사연이 된다. 반면에 복권에 당첨되지 않은 수백만 명의 절실하고 간절한 사연 등은 전혀 조명되지 않는다. 내가 번호를 찍어서 복권에 당첨됐건, 부부 싸움을 하고 나와서 방황하다 구입한 복권이 당첨됐건 그것은 순전히 우연일 뿐이다. 결과가 좋으면 아무리 힘들고 나쁜 과정이나 상황에도 좋은 의미와 추억을 부여하는 것이 인간의 마음이다.

어쨌든 성공한 사람들에게는 계모가 있었기에 성공하고 신분 상승을 할 수 있었다는 의미가 된다. 성공한 사람들이 자신의 성공 요인을 밝힐 때도 마치 계모처럼 혹독하게 자신을 관리한 것이 일등공신이었다고 말하곤 한다. 하루에 3, 4시간씩 자고 도서관에서 책 보고, 연습장에서 훈련하고, 사업장에서 일을 했기 때문에 성공할 수 있었다고 말한다. 그런 사람들이라고 해서 피곤하지 않을 수가 없지만 자신의 목적한 바를 이루기 위해서 피곤함을 달고 생활했던 것이다. 수많은 사람들이 경쟁하며 사는 세상이라 혹독한 자기 관리 없이 이뤄 낼 수 있는 성공은 아마도 로또 당첨 외는 없을 것이다.

그러므로 헤라의 영광을 다른 말로 표현하면 '계모의 영광'이다. 이때의 계모는 의붓자식이 잘못되거나 죽으라고 구박하고 학대하는 악독한 계모가 아니다. 자신의 꿈이나 목표한 바를 이루기 위해 자신을 아주 냉정하고 원칙적으로 대한다는 생산적인 의미의 계모다.

악독한 계모는 사회악이고 생산적 계모는 개인과 사회의 선이므로 하늘과 땅만큼이나 다르다. 계모의 의미가 이처럼 다른 것은 사람의 피를 빨아 먹는 거머리를 수술 시 피가 응고되지 않게 의료용으로 사용하고, 마약 성분을 진통제로 사용하는 이치와 같다. 해악이 되는 계모와 약이 되는 '생산적 계모'가 동시에 존재하는 것이다.

자신을 생산적 계모의 입장에서 혹독하게 대하는 철저한 자기 관리가 개인들에게 영광이나 성공한 삶을 선물한다는 것은 인간 세상의 진리다. 계모처럼 혹독한 극한의 자기 관리를 해야 자신과의 싸움에서 백전백승하는 마음 천하장사도 될 수 있다. 이것이 그토록 자신을 괴롭혔던 헤라를 자신의 이름 속에 넣어 영광이라고 까지 표현했던 헤라클레스의 진심이다.

정치, 종교, 경영, 학문, 스포츠, 연예 분야 등에서 활동하는 사람들은 물론이고 살 빼기, 아이 키우기 등 생활 속 모든 분야에서 인생은 자기 자신과의 싸움이다. 이때 자기 자신과 싸워 이기기 위해서는 마음속에 생산적 계모 세력을 키워 견제하는 수밖에 없다. 자기 자신에 대해 매사에 오냐오냐하며 친어머니처럼 대하면 게을러지고 방탕해지고 의지도 물러져 성공이 요원해지기 때문이다. 생산적 계모가 마음속에 존재하지 않는 맹탕 같은 사람은 외적인 성공과 내적인 성공은 물론 그 어떤 성공적인 삶도 이뤄 낼 수 없다.

헤라의 영광 헤라클레스가 친어머니인 알크메네를 자신의 이름 속에 넣어 '알크메네클레스'라 부르지 않은 것에는 이런 사연이 있었던 것이다. 헤라클레스는 생산적 계모의 영광이라는 자신의 이름을 통해 사람들에게 철저한 자기 관리의 중요성을 널리 알리려고 했다. 헤라클레스는 자기 관리의 왕이자 세계 챔피언이었던 것이다. 앞으로 헤라클레스를 떠올릴 때 단순히 힘센 남자가 아니라, 철저한 자기 관리를 통해 자신과의 싸움에서 전승을 거둔 인류의 큰 어른으로 기억해야 할 것이다.

철저한 자기 관리의 목적은 폭넓은 정신적 힘을 기르기 위함
—

생산적인 계모 헤라가 헤라클레스가 이행할 '12과업'을 고안해 내긴 했지만 직접적인 명령을 내린 것은 에우리스테우스Eurysteus였다. 헤라클레스가 태어나려고 했을 때 제우스는 곧 태어날 페르세우스Perseus의 후손이 도시 미케네Mycenae의 통치자가 될 것이라고 말했다. 이때 헤라클레스 말고 에우리스테우스도 페르세우스의 후손으로 다른 여자의 배 속에 있었다.

그래서 헤라클레스를 질투한 헤라는 출산의 여신 에일레이티이아Eileithyia에게 지시해 헤라클레스의 탄생을 늦추고 대신 에우리스테우스가 일곱 달 만에 세상에 나오게 했다. 그 덕분에 제우스가 예언한 미케네의 통치권은 에우리스테우스에게로 돌아갔다.

이런 스토리 속에 일곱 달 만에 조기 탄생한 에우리스테우스는 칠삭둥이에 불과하다. 칠삭둥이는 좀 모자라거나 미숙한 사람을 지칭하는 대명사다. 헤라클레스가 이런 칠삭둥이의 명령을 받아서 열두 가지 과업을 수행했다. 사람은 태어날 때부터 정신적, 인격적으로 완전하게 성숙한 사람이 없다. 철저한 자기 관리하에 욕망 등을 다스리는 열두 가지 과업을 수행해야 인격적으로 성숙해 나갈 수 있다는 의미다.

칠삭둥이 미숙아이며 겁쟁이로 불리는 에우리스테우스는 그의 이미지와 달리 이름은 '폭넓은 힘'이라는 의미다. 헤라클레스가 그 힘든 열두 가지 과업을 수행한 목적이 정신적으로 폭넓은 힘을 기르기 위함임을 의미한다. 그러나 폭넓은 힘을 의미하는 에우리스테우스는 비겁자로 묘사되고, 헤라클레스는 용감한 영웅으로 묘사되는 이유는 무엇인가? 사람들은 누구나 에우리스테우스처럼 폭넓은 정신적인 힘을 기르고 싶어 한다. 그래야만 언제 들이닥칠지 모르는 인생의 비바람에도 흔들림 없이 살아갈 수 있기 때문이다. 중요한 것은 폭넓은 힘을 기르고 싶은 마음이 아니라 실천이 문제다. 폭넓은 힘을 실제로 기르기 위해서는 욕망과 쾌락을 절제하며 헤라클레스처럼 구하고 찾고 문을 두드리며 실천에 나서야 한다.

실천을 못 해 쾌락과 욕망에 빠져 방탕하게 살면서, 그럴 때마다 마음 한편에서는 "폭넓은 정신적인 힘을 길러야지, 길러야지." 백날 되뇌어 봤자 별 소용이 없다. 그것은 누구나 할 수 있는 생각이고 말이며 비겁한 행위일 뿐이다. 헤라클레스처럼 몸소 실천하며 마음 천하장사의 길로 나서야만 우리의 영혼이 칠삭둥이 미숙한 상태에서 벗어날 수 있는 법이다.

쾌락과 미덕, 한평생 어떻게 살아야 하는가?
—

헤라클레스는 제우스와 알크메네라는 여인 사이에서 태어났다. 그 당시 제우스는 교활한 바람둥이처럼 행동했다. 알크메네의 남편 암피트리온Amphitryon이 전쟁에 나간 틈을 이용해 가짜 암피트리온으로 변신한 후, 그녀와 관계를 맺어 헤라클레스를 낳게 했다. 이때 알크메네는 헤라클레스만 낳은 것이 아니라 암피트리온의 자식까지 쌍둥이로 낳았다. 그가 이피클레스Iphicles이며, 헤라클레스와는 아버지만 다른 동복同腹 형제다.

헤라클레스는 '헤라의 영광'이고, 이피클레스는 '이피의 영광'이란 뜻이다. '이피Iphi' 또는 '이피오스Iphios'는 그리스어로 '강한, 힘이 센, 통통한'이라는 뜻이다. 인간 세상에서 강하거나 힘이 센 것은 돈과 권력이다. 통통하다는 것은 잘 먹어서 살쪘다는 의미다. 이러한 것들은 세속에서 추구하는 가치다. 따라서 이피클레스는 '세속적인 영광'이라는 의미가 된다.

두 사람의 어머니인 알크메네는 '강한 여인'이라는 뜻이다. 따라서 헤라클레스는 정신적, 영적으로 강인한 사람이고, 이피클레스는 세속적으로 강한 사람이다. 헤라클레스는 열두 가지 과업이 상징하는 자신의 욕망을 다스리기 위해 고행에 가까운 인격 수련 과정을 거친다. 그 결과 이미지가 마르고 성스러운 모습이다. 다만 헤라클레스의 실제 외모는 울퉁불퉁한 지상 최강의 근육남으로 그려진다. 그것은 육체의 근육이 아닌 마음의 근육이 가장 잘 발달한, 마음 천하장사임을 상징한다. 사람의 마음 상태란 눈으로 직접 볼 수 없으며 이를 달리 표현할 방법이 없기 때문에 대신 육체적으로 강인한 상태로 표현한 것이다.

헤라클레스가 영적인 측면을 추구한다고 해서 세속적인 가치를 추구하는 이피클레스와 갈등하거나 반목하며 지내지는 않았다. 오히려 수많은 전투와 과업을 같이 치르며 동고동락했다. 이피클레스의 아들 이올라오스는 헤라클레스의 두 번째 과업인 히드라 처치에 크게 기여한 것으로 유명하다.

현실과 세속적인 삶을 무시한 영적인 삶만 추구하거나 거기에 몰두하게 되면 비현실적이고 공허한 삶이 된다. 반대로 세속적인 삶에 빠져서 쾌락 추구에 몰두하며 방탕하게 살면 욕망의 늪에서 허우적

그림 1. 안니발레 카라치, 「헤라클레스의 선택The Choice of Heracles」, 1596, 나폴리, 카포디몬테미술관
쾌락의 여인(오른쪽) 미덕의 여인(왼쪽) 사이에서 고뇌하는 헤라클레스. 엉덩이 쪽을 보이는 쾌락의 여인은 관능적이기는 하나 그의 옆에는 가면이 놓여 있어 그의 삶이 위선적임을 상징한다. 미덕의 여인은 높고 험하고 좁은 길을 가리키고 있으며, 그의 발치에서 책을 펼쳐 보고 있는 사람이 있다. 헤라클레스는 결국 미덕의 여인을 선택하고 열두 가지 과업을 완수한다.

거리게 된다. 영적인 것을 추구하되 세속적인 것을 무시하면 안 되고, 세속적으로 살되 영적인 것을 항상 염두에 둬야 탄탄한 인생이 될 수 있음을 의미한다.

헤라클레스와 이피클레스가 추구하는 삶의 태도는 사람들이 추구하는 가치관의 양대 산맥이다. 헤라클레스가 미덕과 인격적 성숙을 추구한다는 것은 그가 경험한 다음의 사건에서 잘 드러나고 있다.

헤라클레스는 18세가 되던 해에 두 명의 아름다운 여성을 만나게 된다. 둘 다 아름다웠지만 한 여인이 더 매력적이어서 첫눈에 끌렸다. 그녀는 아름답게 화장하고 보석들이 주렁주렁 달린 화사한 옷을 입고 있었으며 매혹적인 미소와 눈동자, 여인의 향기로 유혹했다. 그녀는 자신의 이름이 '쾌락'이라고 했다.

이해 비해 다른 여인은 첫눈에 끌리지는 않았지만 소박한 아름다움을 지녔다. 눈빛과 몸가짐에 우아함이 넘쳐 영혼의 고상함이 저절로 나타났다. 그녀는 자신의 이름을 '미덕'이라고 했다.

헤라클레스는 두 여인 사이에서 어쩔 줄 모르고 당황했다. 그러자 쾌락의 여인이 자신을 택하면 언제나 즐겁고 편안함과 기쁨으로 가득 찰 것이라며 유혹했다. 인생은 즐기기에도 짧으니 고생할 것 없이 자신과 매일 좋은 경치를 구경하고 맛있는 음식을 먹고, 가장 좋은 술을 마시며 즐기자고 제안했다. 헤라클레스가 쾌락의 여인을 따라가려고 하자 미덕의 여인이 큰 소리로 다음과 말했다.

"가장 강하고 현명한 자는 자신의 시간을 쾌락과 게으른 즐거움을 위해 보내기보다 욕망을 다스리고 미덕을 함양하는 데 보내며, 그런 사람만이 불멸의 삶을 누릴 수 있다."

헤라클레스는 고심 끝에 미덕을 선택했으며 그 이후에 열두 가지 힘든 과업을 수행해 냈다.

헤라클레스의 이 선택은 매우 유명한 장면으로 수많은 서양화가들의 그림 주제가 됐으며, 프랑스에서는 50프랑짜리 은화의 바탕 그림이 되기도 했다. 이처럼 사람들은 인생을 살아가는 데 있어서 쾌락과 미덕이라는 갈림길에서 선택의 기로에 서게 된다. 이때 수많은 사람들이 헤라클레스가 간 미덕의 길로 나가기보다 쾌락과 즐거움의 길을 선택한다.

사람들은 일도 열심히 하면서 봄에는 꽃구경, 여름에는 시원한 계곡이나 바닷가, 가을에는 단풍 구경, 겨울에는 스키장이나 해외여행을 떠난다. 1등급 소고기 스테이크나 바닷가재 요리 등 맛있고 진귀한 음식과 값비싼 포도주와 양주를 곁들여 먹으며 담소를 즐기려고 한다. 그래서 행락 철만 되면 관광 명소로 향하는 고속도로가 꽉막히고, 공항도 출입국객들로 미어터진다. 이름난 '맛집'들은 연중내내 들어찬 손님들로 만원이다.

그러나 한 점에 수십만 원이 넘는 참치 회, 송로버섯 등을 먹어도 24시간을 전후해 다 소화되어 대변으로 나온다. 한 병에 수백만 원하는 값비싼 술도 먹을 때는 기분이 좋지만, 간에 부담을 주고 결국소변으로 배출되기는 마찬가지다. 배우자나 멋진 상대와의 황홀한 섹스도 끝나고 나면 심리적 진공상태가 되어 허무해지기도 한다.

가까운 중국이나 동남아 여행을 다녀오면 비용과 시간이 더 드는 오세아니아나 유럽, 미주 여행을 다녀오고 싶어진다. 인간의 욕망은 이처럼 끝이 없으며 상대적인 가치를 지니기 때문에 공허하고 부질없는 측면을 지니고 있다. 그리고 '쾌락'이라는 단어는 문어적인 표현이 아니라 일상화된 현실 속에 깊숙이 녹아들어 있다. 따라서 많은 사람들이 쾌락적인 생활에 너무 익숙해져 자신이 쾌락을 추구하고 있음을 잊기도 한다.

쾌락을 선택하자니 자신의 미덕이 울고, 반대로 미덕을 선택하자니 자신의 쾌락이 울어 양다리를 걸치는 사람도 있을 것이다. 선택은 자유다. 다만, 헤라클레스는 미덕과 마음 천하장사가 되는 길을 선택해 자신의 마음근육을 최대한 발달시켜 나간 사람이다.

미친 헤라클레스와 처자식을 버린 석가모니

헤라클레스가 결혼해서 별 탈 없이 살자 헤라가 질투심에 사로잡혀 헤라클레스를 미치게 만들었다. 헤라클레스는 미친 상태에서 처인 메가라Megara와 세 아들을 활로 쏘아 죽였다. 헤라가 연적이나 그 자식들에게 못되게 군 것은 정평이 나 있다. 하지만 아무 죄 없는 헤라클레스의 처자식을 죽게 만든 것은 질투심에 눈먼 여신일지라도 너무 잔인한 처사였다. 특히 시기적으로 헤라클레스가 아무런 과오를 범하지 않았음에도 불구하고 그를 미치게 만들어 비극을 일으켰다. 헤라클레스가 이 광기 어린 비극에서 깨어나 속죄의 의미로 그 유명한 열두 가지 과업을 수행하게 된 것이다.

이렇게 되면 헤라클레스 같은 성인의 탄생을 위해 처자식이 죽어도 좋다는 말이 된다. 인간 세상은 자기 처자식을 죽인 사람을 윤리적으로 절대 용납하지 않기에 그의 행동 속에는 또 뭔가가 있다. 더욱이 그런 행동을 사주한 헤라를 자신의 이름 속에 넣은 헤라클레스의 미친 행동을 그 누구도 이해하지 못할 것이다. 이러한 헤라클레스의 비상식적인 이상한 행동을 이해하기 위해서는 그보다 후세에 태어난 성인인 석가모니의 행위도 비교해서 살펴볼 필요가 있다.

불교의 성인 석가모니가 스물아홉 되던 어느 날 문득 생로병사의 고통을 깨닫고 처자식과 부귀영화를 모두 버리고 출가를 단행했다. 현재는 석가모니가 인류의 성인으로 추앙받고 있다. 그러나 그 당시 보통 사람들의 입장에서는 그 좋은 부귀영화를 버렸던 석가모니를 미친 사람이라고 평하고도 남았다.

그리고 석가모니가 출가를 할 때 남겨진 그의 처자식들은 남편이자 아빠가 장차 왕이 되는 것보다 더 큰 일을 하러 떠나신다고 박수치며 기뻐하진 않았을 것이다. 오히려 유행가 가사처럼 울고불고 매달리면서 가지 말라고 애원했을 것이며, 혼자 가려거든 자신들을 다 죽이고 가라고 떼를 썼을 것이다. 처나 자식들 입장에서는 집안의 가장인 석가모니가 무책임하게 그들을 모두 배신하고 죽인 것이나 마찬가지로 느껴졌을 것이다.

눈부신 헤라의 영광, 헤라클레스는 앞에서 살펴봤듯이 쾌락과 미덕의 길 중에서 이미 미덕의 길로 나가기로 선택했다. 따라서 미쳐서 자신의 아내와 자식을 죽였다는 것은 석가모니가 부귀영화와 처자식을 버린 행위와 동일한 선상에서 바라봐야 한다. 헤라클레스가 혹독한 자기 관리를 통해 미덕의 길로 나가기 위해 장애물이 되는 세속적인 인연과 욕망을 끊는 모습이다.

　보통 사람들에게는 부귀영화와 처자식으로 대변되는 세속과의 인연을 끊는 것이 미친 행동으로 보인다. 부귀영화와 처자식이 없으면 인생살이가 쓸쓸하고 허전해서 무슨 재미로 세상을 살아가겠는가? 그래도 헤라클레스 같은 인류의 큰 어른들은 남들에게 미친 것처럼 보이는 그 길로 나간다. 그리고 극한의 자기 관리를 통해 열두 가지 과업을 수행하며 미덕을 쌓아 건강하고 평온한 삶을 영위했다.

　쾌락과 재미를 추구하는 삶이 한창때는 최고의 가치이며 좋은 것이기는 하나 나이가 들어 갈수록 그 가치가 점점 줄어들며 공허해진다. 미덕을 추구하며 세속적인 가치와 일정한 거리를 두면 나이 들어도 잃을 것이 없으며 평온한 생활을 하게 된다. 젊었을 때는 쾌락과 재미를 추구하는 쪽으로 시소가 기울어진다 해도 나이 들어서는 미덕을 추구하는 쪽으로 시소의 무게중심이 옮겨져야 전체적으로 건강한 삶이 되는 법이다.

제1과업
포악한 사자처럼 나를 잡아먹는 '화'

사자처럼 나를 잡아먹는 화를 다스리는 것이 인간의 출발
—

철저한 자기 관리의 제왕 헤라클레스의 첫 번째 과업이 네메아^{Nemea}라는 계곡의 괴물 사자를 잡는 일이었다. 이 사자는 그 계곡 일대에서 사람과 가축을 마구 잡아먹던 무시무시한 괴물이었다. 사람을 잡아먹는 맹수인 사자는 포악성과 화를 내는 것을 상징하기에 적합하다.

그림 2. 분노
맹수 같은 화를 디스리는 것이 인간 생활의 출발점이다.

사람을 사자 같은 맹수로 만드는 분노

나 화는 주변에 공포분위기를 조성하고 모든 인간적인 소통을 정지시킨다. 그래서 화를 다스리는 것은 도를 구하거나 인격 수련을 하는 성현들에게만 필요한 것이 아니다. 일상생활에서도 사자같이 포효하는 화를 다스려야 무식하고 야만적인 사람이라고 손가락질 받지 않고 손해도 보지 않는다. 사람들이 사자에게 잡아먹히지 않으려고 필사적인 노력을 하듯이 분노에 사로잡혀 먹히는 것만은 어떤 경우에든 피해야 한다.

그러나 사람들은 상대방이 나를 무시할 때, 약속을 어길 때, 기대에 어긋날 때, 공평하지 않을 때 등 다양한 원인과 이유로 짜증이나 화를 낸다. 그럼에도 불구하고 화를 참고 침착한 마음을 유지하는 것은 사회생활이나 인간관계에 매우 중요하다. 우리는 평상시 돌을 황금으로 만드는 마술은 못 부리지만 화를 내면 곧바로 맹수나 파충류 같은 동물로 변신하는 최악의 마술은 부릴 수 있기 때문이다.

그래서 성현들의 말씀, 각종 처세술, 고전, 종교 교리를 막론하고 가장 먼저 강조하는 것이 "화를 참아라."다. 그렇지 않으면 두고두고 후회하고 패가망신할 수 있기 때문이다. 헤라클레스는 첫 번째 과업으로 사자가 상징하는 자신의 괴물 같은 화를 다스렸다. 화를 다스린다는 것은 문명 생활의 기본 질서 확립과 마음의 평안을 얻기 위한 최우선적인 과업임을 알 수 있다.

태어날 때 "응애" 하고 온 동네 떠나갈 듯이 우는 것은 단지 생명의 탄생을 알리는 소리다. 사자같이 포악해지는 화를 제압해야 성숙한 인간으로서 탄생하고 본격 출발하는 것이다. 통제되지 않는 화를 지니고 출발하는 사람은 얼마 가지 못해 넘어지고 깨지고 손해 보고 갇히게 되므로 반드시 화부터 잡고 봐야 한다. "나를 버리고 가시는 임은 십 리도 못 가서 발병 난다", 화를 못 잡고 출발하는 사람들의 인생은 오 리도 못 가서 발병이 난다.

화는 사람 사는 곳이라면 어디서나 폭발할 수 있다. 애완견 끌고 공원에 나갔다가 지나가는 사람의 지적으로 화가 폭발하기도 한다. 좁은 술자리에서 지나가는 사람이 툭 쳐서 화가 나 시비가 벌어진다. 전철 안에서 옆 사람이 다리를 너무 벌려 은근히 화가 난다. 윗집에서 우당탕거리며 걸어 다녀 화가 폭발하기도 한다. 직장에서 선배인 자신보다 후배를 먼저 진급시켜 무시당한 느낌이 들고 화가 난다. 배우자나 자식이 기대에 못 미치는 행동을 해 화가 나기도 한다. 온라인으로 여행지 숙소를 예약하고 갔는데 시설이 형편없어 속은 느낌이 들고 화가 난다.

이렇게 일상 속에서 수시로 화가 일어난다. 그럴 때마다 실제로 격하게 화를 내면 인간관계를 망치고 고혈압과 심장병, 위장병을 촉진하는 등 만병의 근원이 된다. 가진 것 없고 아는 것 없어도 화를 다스리면 그런대로 인간답게 살아갈 수 있는 것이 세상 이치다. 반대로 화를 다스리지 못하는 사람은 마치 화약통을 지고 살아가는 사람처럼 불안 불안하다. 그래서 로마의 유명한 시인이었던 푸블릴리우스 시루스Publilius Syrus는 "분노한 사람은 제정신을 차렸을 때 자신에게 분노한다."라고 말했다. 나를 화나게 만드는 상대에게 분노할 것이 아니라 걸핏하면 화에 사로잡히는 자신에게 먼저 분노해야 인격의 질서가 잡힐 것이다.

자신이 가진 것 전부를 걸어야 화를 제압할 수 있다
—

헤라클레스가 네메아의 사자를 잡으러 갈 때 몰로르코스^{Molorchos}라는 가난한 농부를 만났다. 그는 사자 때문에 무수한 양떼를 잃고 들판이 황무지가 되는 피해를 입은 농부였다. 그래서 사자를 잡으러 가는 헤라클레스에게 자신의 전 재산인 양 한 마리를 바치려 했다. 헤라클레스는 자신이 돌아오지 않으면 자신을 위해 양을 제물로 바치고, 자신이 사자를 죽이고 돌아오면 제우스에게 양을 제물로 바치자고 제안했다.

몰로르코스가 상징하는 것은 내면에서 출몰하는 사자 같은 분노에게 매번 당하고 있는 힘없는 자아다. 짜증이나 화가 자주 출몰하다 보니 인간관계도 망치고 자신의 내면도 황폐화된다. 마지막 남은 한 마리의 양은 농부인 그에게 있어서는 전 재산이며 가장 소중한 것이다. 그것을 헤라클레스를 위해 바치려는 것은 화를 때려잡기 위해 자신이 가장 소중히 여기는 전 재산까지 바치겠다는 강한 의지의 표현이다.

자신이 목적한 바를 이루려면 자신이 현재 가장 소중하게 여기고 있는 무엇인가를 희생해야 한다는 것은 널리 알려진 인간 사회의 법칙이다. 아브라함^{Abraham}은 자신이 100세라는 늦은 나이에 얻은 귀중

한 아들 이삭Isaac을 하나님의 제단에 불태워 바치려고 했다. 그런 각오와 믿음이 있었기에 그에게는 열국의 아버지, 믿는 자들의 조상이 되는 영광과 보답이 주어졌다.

우리나라에서는 '에밀레종'으로 널리 알려진 신라의 성덕대왕신종이 어린아이의 희생으로 완성되었다. 『삼국유사』에 나오는 손순매아孫順埋兒 설화에서는 손순이라는 사람이 부모를 봉양하기 위해 자식을 산 채로 땅에 묻으려 하자 땅에서 석종이 나왔다. 나라에서 그의 효행을 가상히 여겨 큰 상을 주었다고 한다.

서양의 고전이자 대서사시인 트로이 전쟁 이야기에서는 그리스 군이 엄청난 함대와 전열을 갖추고 트로이로 향해 나가려는데 바람이 불지 않았다. 그래서 예언자에게 묻자 그리스 군의 총사령관인 아가멤논Agamemnon의 딸 이피게네이아Iphigeneia를 제물로 바치면 순풍이 불어 배가 움직일 수 있다는 점괘가 나왔다. 예언대로 딸을 제물로 바치자 순풍이 불어 그리스 군이 출발을 할 수 있었고 10년간의 대전쟁인 트로이 전쟁이 시작될 수 있었다.

그러므로 그리스 신화와 헤라클레스가 현대인들에게 묻고 있는 것이다. 당신은 분노 또는 화나는 마음을 잡기 위해서 당신이 가장 소중히 여기는 것을 정말로 버릴 각오가 되어 있습니까? 화나는 마음을 잡기 위해서는 당초부터 자신이 가장 소중히 여기는 것의 희생이 필요하다는 의미다. 그런 자세 없이는 화를 잡을 수가 없기 때문이다.

아무것도 아닌 일로 걸핏하면 짜증이나 버럭 화를 내고 나면 자신이 부끄러워진다. 평소 상대방을 무시하고 있었다는 증거밖에 안 되고 자신의 오만방자함이 드러나기 때문일 것이다. 그러나 그렇게 화를 내고는 건성으로 '내가 이래서는 안 되는데.' 하는 정도로는 화를 잡을 수 없다. 이번에 화를 참지 못하면 주변 사람에게 1인당 100만 원씩을 준다든가, 자동차를 넘겨주겠다든가 하면서 뭔가를 저당 잡혀야 바짝 긴장하는 자세가 생긴다. 그렇게 배수진을 쳐야 손실을 보지 않기 위해서라도 화내는 마음을 참으려는 동기가 생겨난다.

역사적으로 배수진을 쳐서 전쟁에 승리하며 뜻을 이룬 주요한 사례들이 있다. 중국 초楚나라의 항우項羽가 진秦나라와 싸울 때, 타고 온 배를 침몰시키고 솥을 깨뜨린 후 죽을 각오로 싸워 크게 이겼다. 여기서 '파부침주破釜沈舟'라는 고사성어가 유래했다. 로마의 줄리어스 시저도 도버 해협을 건너 고대 영국을 점령할 때 타고 온 배를 모두 불태워 결국 승리를 거뒀다고 한다. 스페인 태생의 정복자 에르난 코르테스가 1519년 멕시코 아즈텍 왕국을 점령할 때 일부 부하들이 되돌아가려 하자 타고 온 배를 모두 침몰시키고 싸워 왕국을 점령했다. 600명의 병력으로 500만 명의 왕국을 점령했으니 정말 대단한 일이었다.

신화는 구전으로 전해지는 이야기라 최대한 짧고 간략한 것을 생명으로 한다. 헤라클레스 모험 이야기에 몰로르코스라는 힘없는 농부 이야기를 군이 집어넣어 그만큼 이야기가 길어졌다. 천하장사 헤라클레스일지라도 자신이 가장 소중히 여기는 것을 희생할 각오를 하거나 배수진을 치고 올인하지 않으면 분노의 제압이 힘듦을 강조하려는 의도다.

이처럼 분노를 제압하는 것이 쉽지 않은 것은 인간이 선사시대 야생 생활을 할 때는 분노의 잦은 폭발이 적이나 포식자로부터 자신을 지키는 최강의 무기가 되었기 때문이다. 선조들로부터 이런 유전자를 물려받았기에 분노를 다스리기가 쉽지 않은 것이다. 그래도 배수진을 치고 모든 것을 걸면 그나마 어렵게나마 화를 제압할 수 있으니 다행한 일이다. 반대로 화를 잡는 데 모든 것까지 걸거나 배수진을 칠 생각이 없다면 화를 잡으러 나서지 말라. 그런 사생결단의 각오 없이는 결국 실패하기 때문이다.

화를 내고는 "내가 언제 그랬냐?" 하는 사람들
—

헤라클레스가 사자를 잡으려고 애를 썼지만 처음에는 사자가 너무 신출귀몰하게 움직여 번번이 허탕을 쳤다. 괴물 사자 체면에 헤라클레스를 보자 겁이 나서 피한 것은 분명 아니었다. 헤라클레스가 사자 발자국을 따라 동굴 입구까지 가서 지키며 사자가 나오길 기다렸다. 그러나 아무리 기다려도 사자가 나오질 않고 오히려 건너편 산에 그 사자가 나타났다.

헤라클레스는 자신이 눈 한 번 깜박이지 않고 지키고 있었는데 사자가 자기 앞으로 어떻게 빠져나갔는지 의아하게 생각했다. 나중에 알고 보니 반대편에 출입구가 하나 더 있었다. 이에 그가 거대한 바위로 반대편 출입구를 틀어막았다. 그런 후 사자가 원래 출입구로 들어가자 연기를 피웠고, 견디지 못한 사자가 밖으로 나오자 싸움을 벌였다.

헤라클레스가 들판에서 거대한 사자를 만나 한바탕 치열한 싸움을 벌여서 맨손으로 물리쳤다고 해도 그의 용기와 힘을 표현하는 데는 아무 지장이 없다. 그럼에도 불구하고 이 이야기는 사자 동굴에 구멍이 두 개가 있고 사자가 그곳으로 들락거려 처음에는 헤라클레스가 이를 전혀 알아차리지 못함을 강조하고 있다. 나중에 그 사실을 알게 되어 빠져나가는 구멍을 막아 버림으로써 사자와 대면하고 싸움을 벌였던 것이다.

사자가 상징하는 자신의 화를 붙잡으려면 그것이 들락거리는 두 개의 구멍이 있음을 알아차리는 것이 최우선적인 과제임을 알 수 있다. 이것을 모르면 헤라클레스는 물론 보통 사람들도 화를 붙잡고 싶어도 못 붙잡고 번번이 허탕을 치기 때문이다. 가족 간, 직장 동료 간, 연인 간에 있어서 툭하면 짜증이나 신경질, 화를 내면서도 이를 금방 잊어버리며 의식하지 못하는 사람들이 있다. 자신에게 화를 내는 구멍과 화를 낸 것을 잊어버리고 감추는 구멍이 따로 있는 것을 모르기 때문이다.

그만큼 인간은 자기 편의주의적, 미화적, 방어적인 동물이다. 이런 심리 때문에 자신이 화를 냈으면서도 상황이 정리되면 매번 내가 언제 그랬냐는 식으로 나온다. 이것은 화를 낸 당사자가 고의적으로 속이려는 의도가 아니다. 자신의 거친 분노가 표출된 것에 대한 일종의 무의식적 방어기제다.

대부분의 사람들이 크게 화를 내고 나면 상대방이 받은 충격만큼이나 당사자도 커다란 심리적 충격을 받게 된다. 평소에 자기 자신이 온순하고, 신사 숙녀이거나 대범한 사람이라고 자평하던 것과 상충되면서 심리적 갈등을 일으키기 때문이다. 그래서 화를 표출한 자신의 맹수적인 측면을 인정할 수 없다. 결국 자신이 화를 표출해 놓고는 언제 그랬냐는 식으로 슬쩍 감추며 무의식 쪽으로 숨겨 버리게 된다. 네메아 계곡의 사자가 출현했다가 반대편 구멍으로 빠져나갔던 이유다.

한 사람의 인격 속에는 소설 『지킬 박사와 하이드』에서처럼 친절하고 선량한 지킬 박사와 화 잘 내는 하이드가 공존하고 있다. 그래서 하이드처럼 화를 내고는 얼른 선량한 지킬 박사 얼굴을 앞으로 돌려 댄다. 그래서 화내는 자신을 제압하려는 사람들은 바로 이런 심리적 방어 자세를 이해하고 퇴로를 차단하는 것이 선결 과제다.

지킬박사와 하이드 같은 사람을 "이중성격자"라고 칭하지만 의외로 이런 사람들이 꽤 있다. 밖에서는 얌전하고 친절하며 화를 전혀 안 내는 사람이 집에만 돌아오면 화를 잘 내는 폭군이 되지만, 그런 성향을 그 사람만 인식하지 못하는 경우가 있다. 이런 사람들이 전형적인 네메아 계곡의 사자 같은 행동을 하고 있는지도 모른다.

이들은 밖이나 직장에서는 다른 사람들이라면 화를 낼 상황에서도 절대로 화를 내지 않을 정도로 착하고 순한 양같이 행동한다. 그래서 주변 사람들로부터는 신사요, 공자나 부처님 같다는 소리를 듣는다. 그리고 집에 와서는 조금만 맘에 들지 않으면 배우자나 자식들에게 마구 화내는 폭군이 된다. 그러나 이때 동물같이 화를 낸 자신에 대해 밖에서 들은 부처님같이 착하고 얌전하다는 평가와 이미지로 이를 상쇄시킨다. 그렇게 집에서는 걸핏하면 화를 버럭 내고는 교묘하게 미화 및 합리화시킴으로써 자신이 자상한 배우자나 인자한 부모라고 생각한다.

그래서 가족이나 가까운 사람에게 자기도 모르게 화, 짜증, 신경질을 잘 내는 사람들이 최우선으로 해야 할 일이 있다. 자신에게 네메아 계곡의 사자처럼 화가 들락거리는 두 개의 구멍이 있음을 의식하는 일이다. 그래야 헤라클레스처럼 빠져나가는 그 구멍을 차단함으로써 자신의 화의 실체를 똑바로 직면할 수 있기 때문이다.

그러나 헤라클레스조차도 처음에는 감쪽같이 속았듯이 이 두 구멍을 구분하는 것이 쉽지 않은 일이다. 특히 밖에서는 거의 화를 못내고 순한 사람, 조용한 사람이라고 평가를 받는다면 집에서는 반대로 짜증, 핀잔, 비꼬는 말 등 화를 많이 내고 있는지 점검해 볼 필요가 있다. 그래야 자신이 밖에서 얻어 온 착하고 마음씨 좋다는 이미지로 화내는 자신을 덮어 버리는 이중 인격적 행위를 개선해 나갈 수 있기 때문이다.

화는 꾹 참는 것 외에 이를 막아 낼 별다른 비법이 없다
―

네메아 계곡의 사자는 그리스 신화에서 가장 크고 강한 괴물인 티폰Typhon의 자식으로 보통 사자 열 마리에 맞먹는 힘을 갖고 있었다고 한다. 가죽이 매우 질겨 활이나 창, 날카로운 칼로도 뚫을 수가 없었다. 헤라클레스가 사자를 향해 쏜 화살이 마치 돌에 부딪친 것처럼 튕겨져 나왔다. 화살에 맞은 사자는 작은 벌레에 물린 정도의 반응밖에 보이질 않았다.

그림 3. 작자 미상, 「사자의 목을 조르는 헤라클레스」, 루벤스의 집Rubenshuis 소장

사람들이 사자처럼 분노할 때는 어떤 말로 타이르거나 충고하고, 위협하거나 비난을 가해도 이를 튕겨 내며 그 말이 전혀 먹혀들지 않는다. 거꾸로 다른 사람의 말을 받아들일 수 있다면 화나고 흥분한 상태가 아니라 이성적인 상태라 할 것이다. 화가 나면 녹색 괴물로 변하는 영화 속 헐크는 총이나 대포는 물론 강력한 미사일 등 그 어떤 무기를 맞아도 튕겨 내며 죽지 않고 끄떡도 없다. 무지막지한 힘으로 닥치는 대로 주변 모든 것을 때려 부순다. 그리고 이성을 상실해 상대의 말을 거의 알아듣지 못해 대화가 통하지 않는다. 헐크는 비난이 먹혀들지 않고 대화가

통하지 않는 화가 난 모습을 잘 표현하고 있다 하겠다.

그러나 그 어떤 무기에 의해서도 제압되지 않던 사자가 헤라클레스의 맨손에 의해 최후를 맞이하는 신화 특유의 모순을 보인다. 신화적 모순에는 그 모순을 통해 무엇인가를 더욱 강조하고자 하는 의도가 담겨 있다. 화살, 창, 칼 같은 무기는 평상시에는 사용하지 않고 화가 났을 때나 전쟁터에서 사용하는 무기다. 이 무기들은 사람의 몸속으로 파고들고 쑤시고 찌르고 베는 기능이 있다.

화가 났을 때 사람들은 그것을 가라앉히기 위해 스스로를 향해 창칼이 상징하는 '비난이나 충고, 위협' 등을 가한다. 상대방이 화를 냈다고 나도 화를 내면 똑같이 무식한 야만인이 되고 폭력 사건으로 비화할 수 있다고 스스로를 비난하고 위협하며 화를 잠재우려 해도 쉽게 수그러들지 않는다. 화가 치밀 때는 이런 자기비판이나 비난만으로는 제어하기 힘들다는 의미가 된다.

헤라클레스가 마지막으로 취한 분노 해결 방법은 아주 단순했다. 맨손이 상징하는 의지로써 분노의 목덜미를 감아 잡고 꾹 참고 견뎠더니 결국 화가 사그라지며 죽었다. 분노를 상징하는 사자를 제압하기 위해서는 마치 올림픽에 출전한 레슬링 선수처럼 온몸으로 치열한 일전을 벌여야 하는 셈이다. 이처럼 무기를 쓰지 않고 맨손으로 사자를 제압한 것에는 분노를 극복하는 최고의 비밀이 숨겨져 있다. 우리나라 단군檀君 신화 속에도 동일한 비밀이 숨겨져 있으므로 뒤에서 같이 살펴볼 필요가 있다.

헤라클레스가 괴물 사자의 목을 맨손으로 조일 때 힘이 들어 얼굴이 새빨개지고 땀이 비 오듯이 쏟아졌을 것이다. 화가 나면 얼굴이 새빨개지고 이를 참아 내느라 역시 얼굴이 새빨개지고 진땀을 흘리게 된다. 그가 거대한 사자의 목을 감아 쥐고 있을 때 그 괴물이 송곳니를 내밀고 으르렁거리며 이리저리 요동침에 따라 그의 몸도 이리저리 내동댕이쳐졌다. 그런 상황 속에서도 사자 목을 감아 쥔 팔을 풀지 않고 인내와 의지로써 버텨 낸 것이다.

화를 다스리는 것은 이처럼 결코 기교적인 것이 아니다. 단순 무식하게 분노의 목을 감아쥔 채 오로지 참고 견디는 수밖에 없다. 이렇게 혼신의 힘을 다해 마음을 쓰며 자신의 화를 제압하다 보니 헤라클레스의 마음근육이 울퉁불퉁하게 발달했던 것이다.

『플루타르코스 영웅전』의 저자이자 '최후의 그리스인'으로 알려진 플루타르코스Plutarchos는 「분노의 억제에 관하여」라는 수필 형식의 글을 썼다. 그가 살았던 약 2천 년 전 당시나 지금이나 분노는 사람들을 괴롭히고 파멸시키는 보편적인 감정 중에 하나다. 그는 분노에 대해 "우리는 아무나 가리지 않고 사랑하거나 시기하거나 두려워하지는 않지만, 분노가 공격하지 않고 내버려 두는 것은 아무것도 없다. 그래서 우리는 적들과 친구들은 물론 자식과 부모에게도, 심지어 신과 동물과 무생물에게도 분노한다."라고 말했다.

또한 "분노는 시기심처럼 남이 잘못되는 것을 좋아하지만 시기심보다 더 나쁜 측면이 있다. 분노는 자신이 고통받지 않으려고 노력하는 것이 아니라 적을 망하게 할 수만 있다면 무슨 고통이든 감수하기 때문이다."라고 분노의 파괴적인 속성에 대해서도 언급했다.

그가 제시한 분노를 극복하는 방법으로는 며칠 정도의 기간을 정해 놓고 그 기간 안에는 이유 여하를 불문하고 무조건 모든 화를 참아 보는 것이다. 화에 대해 단순 무식하게 접근하는 이 방식이 헤라클레스가 맨손으로 사자 목을 쥐고 버틴 방식과 거의 흡사하다. 그렇게 했더니 비록 짧은 기간이지만 화낼 상황에서 화를 내지 않고 참을 수 있는 마음이 생겨났고 이를 되풀이해서 한두 달 동안 했더니 효과를 얻었다고 한다. 그가 이런 방법으로 화를 다스렸다고 하니 현대인들도 적극 참고해 볼 필요가 있다.

마음근육을 발달시키고 싶은 사람들이여, 화를 제압하라

헬스장에 가서 여러 가지 기구를 사용해 반복적으로 운동하면 우람하거나 균형 잡힌 몸 근육을 만들 수 있다. 팔 근육 발달에는 아령이 좋고, 허벅지 근육 발달에는 바벨을 어깨에 짊어지고 앉았다 일어나길 반복하는 스쿼트 운동이 좋다. 그 결과 근육이 생겨나면 보기에도 좋고 기분도 좋아진다.

그러나 헤라클레스의 울퉁불퉁한 몸이 상징하는 것은 마음근육이다. 그리고 마음근육도 사용할수록 발달한다. 마음근육을 발달시키는 다양한 행위가 있지만 그중에서도 최고는 자신의 화를 제압하는 반복적인 행동이다. 짜증이나 화가 일어나려고 할 때 헤라클레스처럼 맨손으로 사자의 목을 쥐고 버티다 보면 주위 사람들이 알아볼 만큼 마음근육이 울퉁불퉁해진다.

분노와 비난을 마구 퍼부어야 할 상황에서도 느긋한 마음으로 상대방에게 부드럽게 대하면 사람들의 바라보는 눈이 확 달라진다. 대범한 사람이라며 존경하고 부러워하는 눈으로 쳐다본다. 마음근육이 발달하면 주변 사람들의 존경과 칭찬도 받고 마음이 평온해지고 행복해진다. 그러니 어찌 마음근육을 발달시키지 않을 수 있겠는가?

사랑을 실천하는 것, 극한적인 상황에서 인내심을 기르는 것, 사물을 긍정적으로 바라보는 것도 마음근육을 멋있게 성장시키는 행동임에는 틀림없다. 그러나 마음근육을 가장 잘 발달시키고 드러나 보이게 하는 것은 자신의 화를 제압하는 일임은 두말할 필요가 없다. 화는 폭발적이고 높은 내부 압력을 지니고 있다. 화를 자주 내는 사람은 주기적으로 폭발을 하는 활화산 같은 사람이라 할 것이다. 활화산 같은 화의 목덜미를 헤라클레스처럼 꽉 쥐고 견디다 보면 그 압력에 상응해서 마음근육이 울퉁불퉁하게 발달함은 자연스러운 일이다.

사자 가죽, 화를 다스린 사람이 얻는 평정심이라는 마음의 선물

헤라클레스가 죽은 사자로부터 가죽을 벗겨 내려고 했을 때, 강력하고 질겨서 창이나 칼 같은 어떤 도구로도 자르거나 흠집조차

낼 수 없어 쩔쩔매고 있었다. 이때 지혜의 여신 아테나^{Athena}가 사자의 발톱을 이용해 벗겨 내면 된다고 알려 줬고, 덕분에 가까스로 벗겨 내 자신의 갑옷으로 삼을 수가 있었다. 가장 단단한 보석인 다이아몬드를 가공하기 위해서는 다이아몬드를 사용해야 한다는 원리를 이 당시도 알고 있었던 것 같다.

헤라클레스는 이 가죽으로 만든 갑옷을 방패 삼아 온갖 괴물을 물리쳤다. 이 사자 가죽은 보통 가죽이 아니고 아주 강력하고 질겨서 화살, 창, 칼, 도끼 같은 어떤 무기로도 뚫리지 않았다. 다시 말하면 외부의 어떤 위협적이고 자극적인 말이나 행위, 상황에도 흔들리지 않는다는 의미다.

네메아 계곡의 사자와 그것으로부터 벗겨 내 헤라클레스가 쓰고 다닌 사자 가죽은 질병을 일으키는 병원체와 백신의 관계로 보면 이해가 쉽다. 네메아 계곡의 살아 있는 사자는 사람에게 분노라는 이름의 질병을 일으키는 병원체다. 이를 죽이고 벗겨 낸 사자 가죽은 분노의 상징이긴 하지만 살아 있는 분노는 아니다. 대신에 순기능이라 할 수 있는 외부의 비난이나 위협에 대해 꿈쩍도 하지 않는 백신 같은 면역력을 지니고 있다.

자신의 화를 진정으로 다스린 사람은 타인의 위협적, 자극적인 언사나 행동으로 인해 흥분하거나 화를 내지 않고 조금도 상처받지 않는다. 그는 분노에 대한 면역력을 지님으로써 분노를 유발하려는 외부의 온갖 자극에도 면역력을 지니고 있기 때문이다. 그리스 스토아학파의 대표적인 철학자 에픽테토스^{Epictetus}가 다음과 같은 말을 했다.

"누가 내 몸을 아무 사람에게나 줘 버린다면 분명 화가 날 것이다. 그러나 자신의 마음을 아무 경우에나 남의 장단에 놀아나도록 맡기고 마음의 평정을 잃어버리면 이 얼마나 수치스러운 일인가?"

남이 나를 칭찬하거나 아부하면 좋아하고 남이 나를 비난하거나 모욕감을 주면 버럭 화를 내며 평정심을 잃게 되는 경우가 있다. 이런 반응은 내 마음을 타인의 장단에 맡겨 버린 것이며 타인에 의해 내 마음이 마음대로 조종되는 상태와 다름없다. 흥분과 화를 다스림으로써 타인의 장단에 휘둘리지 않고 견고한 평정심을 유지할 수 있음을 의미한다.

살다 보면 타인의 비난과 비하, 모욕과 조롱, 비꼼, 분노와 적개심, 위협, 약 올림 등 온갖 공격적이고 자극적인 언사에 직면할 수 있다. 헤라클레스처럼 자신의 분노를 제압한 사람은 이와 같은 상황에서도 자극받거나 흥분하지 않고 침착함을 유지한다. 네메아 계곡의 사자 같은 자신의 분노를 제압하고 면역력을 지녔기 때문이다.

헤라클레스가 쓰고 다닌 사자 가죽 갑옷은 그 어떤 외부 자극으로도 뚫리지 않는 견고한 평정심을 상징한다. 자신의 화나는 마음을 진정으로 다스린 자에게만 주어지는 그런 마음의 선물이라 할 것이다. 점점 더 복잡해지고 스트레스가 많아지는 세상에서 이보다 더 좋은 무적의 방패는 없을 것이다. 돈 주고 살 수는 없으므로 헤라클레스처럼 괴물 사자가 사는 동굴의 한쪽 출입구를 막고 맨손으로 사자의 목을 꽉 쥐고 버티는 수밖에 없을 듯싶다.

단군 신화, 화를 다스리는 것이 홍익인간이다
—

이처럼 맹수 같은 화를 다스리는 것이 인간 생활의 기본적인 출발점이 된다. 반대로 화를 다스리지 못하면 사회생활을 할 수 없거나 장애가 발생하며 사회 부적응자가 된다. 화를 자주 내게 되면 맹수들이 쇠창살 우리에 갇히듯 결국은 사람들도 감옥에 갇히고 세상과 격리된다. 사람들은 단 한 번의 분노를 폭발시킨 결과 살인죄 등을 저질러 돌이킬 수 없는 과오를 범하기도 한다. 한 번 쓴 살인자라는 굴레는 평생 동안 따라다니는 주홍 글씨이자 비극의 주인공이 되는 것이 인간 세상의 현실이다. 동물처럼 무분별하게 폭발시키는 화는 용기가 아니라 심리적 장애이며 자신이 사회 부적응자라는 표시일 뿐이다.

그래서 각국의 신화는 화를 다스려 자신의 인격을 바로 세우는 것을 나라를 세우는 웅장한 건국 신화로 표현하기도 한다. 사자나 악어, 용과 이에 버금가는 괴물을 퇴치한 영웅들이 나라의 시조가 된다. 맹수나 파충류처럼 행동하게 만드는 화를 참아 내는 것이 한 사람의 인격을 바로 세우는 근본과 시조가 되기 때문이다. 인간으로서 당당하게 사회생활을 하며 살아가려면 누구나 첫째로 해야 할 일이 바로 맹수 같은 분노의 희생임을 알 수 있다.

우리나라 시조 신화인 단군 신화에 호랑이와 곰이 나온다. 호랑이와 곰 역시 사자처럼 인간을 해치는 맹수 같은 분노를 상징한다. 사람들은 누구나 사자, 호랑이, 곰, 악어처럼 화내는 본능을 지니고 태어난다. 그것은 생존 본능의 일부이기 때문에 피할 수 없다.

그러나 인간은 문명 생활을 영위하기 때문에 인간관계에 있어서 질서와 안정을 가장 중요시한다. 분노나 화를 폭발시키게 되면 법질서를 파괴하고 타인에게 해를 끼쳐서 집단이나 사회, 국가의 안정을 저해하게 된다. 마치 호랑이나 사자가 마을에 나타나 이리저리 휘젓고 다니며 사람이나 가축을 마구 잡아먹어 마을을 공포로 몰아넣는 모습과도 같다. 동네 주폭酒暴들도 술만 마시면 화를 표출하면서 마을이나 시장 일대를 돌아다니며 공포로 몰아넣는다.

이 두 동물이 사람이 되게 해 달라는 것은 화를 삭여서 인간화하려고 애쓰는 모습이다. 곰과 호랑이가 인간이 되기 위해 먹은 음식이 쑥과 마늘이다. 쑥은 쓰고 마늘은 아린 맛의 대명사다. 짜증나거나 화나는 마음을 억제하거나 마음속으로 삭여 내기 위해서는 마치 쑥이나 마늘을 먹는 것 같은 쓰고 아린 고통을 견뎌 내야 한다.

화를 참다 보면 혈압이 오르고, 체하거나 속이 쓰리고 위궤양이 발생하기도 한다. 그러나 쑥은 쓰지만 약이나 떡 등에 쓰이고, 마늘은 아리지만 온갖 음식의 풍미를 더하는 데 고루 쓰인다. 입에 쓴 약이 몸에는 좋다는 말이 있다. 화를 내고 싶지만 참아 내는 것이 당장에는 속을 쓰리고 아리게 만든다.

하지만 나중에는 자신 전체를 지켜 주는 약이 되거나 음식에 풍미를 더해 주듯이 화를 참을 때 유익함이 훨씬 크다는 의미다. 화를 참는 것이 무턱대고 타인에게 양보하거나 자신을 희생하는 것이 아니다. 자기 자신의 전체적인 유익을 구하고 보호하기 위함인 것임을 알 수 있다.

그림 4. 곰
인간으로서의 기본과 출발은 동물적인 분노와 야만성 표출을 곰처럼 참아 내는 것이다.
그래야 세상을 널리 이롭게 하는 홍익인간弘益人間을 이룰 수 있다.

이때 호랑이는 쑥과 마늘만 먹는 생활을 참지 못해 뛰쳐나갔고,
곰은 참아 내서 사람으로 변신하게 된다. 호랑이는 완전한 육식성
동물로서 채식을 겸하는 곰보다 더 포악하고 성급한 동물이다. 화
를 참아 내는 것 자체가 속을 쓰리게 하고, 화가 나는데도 가만히
있는 것이 바보같이 느껴져 도저히 견딜 수가 없다. 그래서 자신의
화를 참아 내지 못하고 폭발시키는 불쌍한 유형의 인간이다.

이에 비해 곰도 포악하기는 하지만 우직함과 미련함의 대명사인
동물이다. 벌집을 건드려서 화가 난 벌들이 마구 쏘아 대도 미련하
게 참으며 결국은 달콤한 꿀을 맛보는 것이 곰들의 습성이다. 곰과
같은 사람은 남들이 약을 살살 올리거나 쿡쿡 찔러 대서 화가 나려

할 때마다 미련하고 바보스러울 정도로 화를 꾹꾹 잘 참아 낸다. 헤라클레스가 네메아 계곡의 사자 목을 조르고 견뎌 내는 모습과 비슷하다.

인간 세상은 헤라클레스나 단군 신화 속의 곰처럼 주변에서 쿡쿡 찔러 대도 미련 맞게 화를 참아 낼 것을 요구한다. 누군가 합당한 이유도 없이 나를 찔러 대고 자극해도 우선은 참아야 한다. 일단 화에 사로잡히게 되면 빙판길에서 중심을 잃고 통제가 안 되는 자동차 같은 신세가 된다. 자신의 평상시 노선에서 완전히 벗어나 본의 아니게 이 차 저 차 다 들이받고 도로 밖으로 추락하기도 한다. 화에 사로잡히면 자신의 이성과 인간성에 손상을 입히고 인간관계도 해치므로 화내는 것 자체가 스스로에게 악을 행하는 격이 된다.

아무도 나를 비난하거나 자극하는 사람이 없어서 화를 안 내는 경우는 진짜 화를 안 낼 수 있는 사람이 아니다. 누군가 또는 어떤 상황이 나를 화나게 만들었을 때, 화를 안 내면 바보같이 느껴질 그런 순간에도 화를 참아 내야 진정으로 화를 다스리는 사람이다. 대화 시나 공개 석상에서 다른 사람이 약을 올릴 때 곧장 반응하기보다 일단 자제를 하면 심리 게임에서 우위를 선점하는 것이다. 그런 후 상대방이 그런 행동을 하는 동기를 냉정하게 판단한 후 대처를 해 나가도 늦지 않다.

상대방이 나를 약 올리는 동기는 나로 하여금 화를 참지 못하고 폭발하게 만들려는 일종의 전략인 경우가 많다. 그러므로 그 미끼를 덥석 물어 화를 폭발시키게 되면 상대방의 계략에 걸려들어 자신만 바보가 되는 결과를 초래한다. 화를 안 내서 바보가 되는 것이 아니라 화를 내는 순간 바보가 되는 것이 대부분의 사람들이 맞이하게 되는 냉엄한 현실이다. 화에 사로잡히게 되면 이성적인 판단이 불가능해지고 자신의 야수성을 드러내 여론이 악화되는 등 불리한 환경을 조성하기 때문이다.

인간 세상의 질서 유지는 사람들이 스스로 화와 욕망을 참아 내는 인내심, 의지력, 도덕심, 이성적인 힘 등에 거의 대부분을 의존한다. 형법이나 사법 체계는 화와 욕망을 제대로 참아 내지 못하는 약간의 나머지 사람들을 다스리고 교화시키기 위한 제도다. 사람들 대부분이 화와 욕망을 참아 내지 못하고 동물처럼 행동한다면 아무리 엄하고 잘 조직화된 형법이나 사법 체계도 무용지물이 된다. 따라서 화를 참아 내는 것이 인간 세상 질서의 시작일 수밖에 없다.

곰과 호랑이가 있던 동굴은 햇빛이 들어오지 못하는 캄캄하고 고독한 장소의 대명사다. 사람들이 동물과 같은 화를 제대로 삭여 내지 않고는 대명천지 밝은 세상으로 나올 수 없다는 의미다. 화를 삭여 내지 못하고 밝은 인간 세상으로 뛰쳐나간 호랑이 같은 인간은 세상에서 환영받지 못한다. 그의 인생길에는 험난한 가시밭길이 기다리고 있을 뿐이다. 그래서 곰이나 헤라클레스처럼 고독하게 화를 참아 낼 줄 알아야 하는 것이다. 자신을 화나게 만드는 사람에 대해 '똥이 무서워서 피하냐, 더러워서 피하지.'라는 자세로, 상대해 주지 않고 화를 안 내는 것이 인간관계의 상책이다.

무기를 안 쓴 헤라클레스와 마늘과 쑥을 먹은 곰의 동질성
—

헤라클레스가 네메아 계곡의 괴물 사자를 처치할 때 칼이나 창, 화살과 몽둥이 같은 좋은 무기가 있었는데도 이를 쓰지 않고 맨손으로 사자를 죽였다. 그 사자의 가죽이 워낙 견고해서 이런 무기들이 통하지 않는다는 설정이 되어 있기는 하다. 그러나 상식적으로 본다면 좋은 무기를 놔두고 무식하게 맨손으로 사자를 때려잡는 행위는 바보 같고 아둔한 행위로 느껴진다.

상대방이 나에게 큰소리치며 비방하고 화낼 때 나도 즉각적으로 화를 내며 대응하고 싶은 것이 인간의 마음이다. 그러나 그렇게 되면 똑같은 사람이 된다. 화의 소용돌이에 일단 휘말리게 되면 평소에 중요시 여기던 체면, 인간성, 윤리 의식이나 법도 안중에 없게 된다. 오로지 화를 통해 상대방을 공격하고 해쳐서 꼼짝 못 하게 하는 것만이 지상 최대의 과제가 된다. 이렇게 화에 소용돌이에 한번 휘말리게 되면 야수적인 측면을 표출함으로서 자신의 인간성에 심각한 타격을 받아 심리적 침체기를 상당 기간 겪게 된다. 그래서 일단은 화를 참으라는 것이다.

화를 낼 수 있는데 참고 화를 내지 않는 것이나 무기가 있는데 무기를 안 쓰고 맨손으로 사자를 붙잡는 행위는 똑같이 바보처럼 느껴진다. 단군 신화에서 호랑이나 곰이 먹었던 음식이 마늘과 쑥이다. 맛있는 고기 같은 음식을 놔두고 맛있기는커녕 아리고 쓴 맛을 내는 마늘과 쑥만 먹고 버티는 것도 아주 바보 같은 행위의 일종이다.

화를 낸다는 것은 무기를 사용해 남에게 상처를 주는 행위이며, 고기를 먹는 것처럼 자신의 야수적인 욕구를 화끈하게 충족시키는 행위다. 그러나 "분노한 사람은 제정신을 차렸을 때 자신에게 분노한다."라는 푸블릴리우스 시루스의 말처럼 분노는 대부분 커다란 문제를 야기하곤 한다. 그래서 헤라클레스나 곰처럼 화를 참는 자신들이 바보같이 느껴지더라도 참아 내야 하는 법이다. 그러나 이것이 쉽지 않기 때문에 우린 화를 내곤 한다.

보통의 경우 사람들은 타인이 자신을 무시하면 누굴 바보로 아냐면서 버럭 화를 내게 된다. 누군가 온당한 이유도 없이 자신을 무시하려 할 때 화를 내는 것이 당연하기는 하다. 그러나 화를 내더라도 야수적으로 돌변해 화의 소용돌이에 휘말릴 정도가 되면 곤란하다. 말하자면 과잉 방어가 되기 때문이다. 그래서 일단은 헤라클레스나 곰처럼 화를 참아 냄으로써, 화의 소용돌이 속으로 휘말려 들어가는 것은 피해야 한다. 상대방이 나를 무시할 때 화를 내지 않고 이를 그냥 놔두면 바보 같아진다는 느낌, 이것을 극복해야만 화를 정복할 수 있다.

단군, 화를 참아 낸 임금, 영주, 부모, 남편, 아내, 군자, 어진 이

곰이 사람으로 변한 웅녀가 낳은 사람이 바로 대한민국의 시조가 되는 단군이다. 짜증과 화를 잘 참아 낸 우직한 곰의 피가 흐르는 단군을 시조로 지닌 것이 한국인들이다. 이런 한국인들이 욱하는 성질을 참지 못해서 다양한 사고를 친다고 하니 다 새빨간 거짓말이다. 대한민국 사람이라면 모두가 단군의 피가 흐르고 있으므로 화를 잘 참아 내는 사람들이다. 무의식적으로도 그렇다. 화를 잘 삭여 낸 단군 신화 속 곰을 생각하며 우리 민족의 인간성을 재정립해 볼 필요가 있다. 단군이라는 한자어 이름 뜻에도 화를 참아 낸 곰의 후손이라는 의미가 담겨있다.

> **壇**: 단, 제단, 마루, 터, 기초, 사회
>
> **君**: 임금, 영주, 남편, 부모, 아내, 군자, 어진 이, 현자

단군壇君은 임금, 영주, 남편, 부모, 아내, 군자, 어진 이가 될 단을 쌓거나 기초나 터전을 갖춘 사람이라는 의미다. 이 이름처럼 어른스럽고 좋은 이름도 없을 것이다. 맹수 같은 화와 분노를 참아 냄으로써 사회 각 방면에서 진정한 어른이 되고 시조가 된다는 의미다. 반대로 걸핏하면 화부터 내는 사람은 어른이나 신사 숙녀가 될 수 없다는 의미이기도 하다.

임금, 영주, 군자, 현자, 남편과 아내 등은 하나같이 사람 구실과 제 역할을 잘하며 인간 세상을 널리 이롭게 다스려 나가는 사람들이다. 이분들이 모두 화를 다스린 곰의 자손들이다. 따라서 우리나라의 건국 이념인 홍익인간은 그냥 막연하게 널리 세상을 이롭게 한다는 것이 아니다. "화를 다스려라, 그럼 세상을 널리 이롭게 하는

사람이 될 것이다." 이것이 홍익인간이 지닌 진정한 의미다.

이와 반대로 화를 다스리지 못하고 호랑이처럼 뛰쳐나가면 어떻게 되는가? 걸핏하면 화를 내거나 화에 사로잡히는 사람에게서는 '君' 같은 사람이 나오지 않으며 될 수도 없다. 임금이나 영주 대신 하인이나 노예가 되고, 군자가 되는 대신에 소인배, 어진 이 대신 괜한 짜증을 내거나 신경질쟁이 등이 될 뿐이다. 좀 더 심한 사람들은 깡패나 범죄자 등이 되어 낙인이 찍히고 평생을 다리 절며 반쪽 인간으로 살아가게 될 것이다. 그래서 화를 참으라는 것이다.

이쯤 되면 홍익인간이 아니라 홍손인간弘損人間이라 불러야 할 것이다. 화를 다스리지 못하면 사람 구실 못 하기에 세상에 나가 봤자 여기저기 널리 폐만 끼치는 홍손인간이 된다. 그런 사람들은 인간 세상보다는 야생의 들판에 나가서 차라리 동물들과 같이 사는 게 나을지도 모른다. 그러면 최소한 화내고 싶을 때 마음대로 화내며 살아도 누가 뭐라 하지 않기 때문이다.

무기를 놔두고 맨손으로 사자를 제압한 미련한 헤라클레스처럼 곰 또한 속 쓰리고 아린 가운데 미련스럽게 자신의 분노를 억눌러 제압했다. 사회생활을 해 나가기 위해서 가장 먼저 배워 나갈 것은 "공자 왈 맹자 왈"이 아니다. 자신의 화부터 제압해야 한다. 분노를 제압하지 못해 그 제물이 되는 순간 10년 공부가 아니라 100년 공부도 도로 아미타불이 되기 때문이다.

헤라클레스는 인격 수양의 첫 관문을, 우리나라는 건국 신화의 시작을 화를 다스리는 것에서 출발하고 있다. 그만큼 화를 다스리는 것이 중요함을 알 수 있다. 화를 다스렸다는 것은 공자의 핵심 사상이자 인간의 기본 덕목인 어진 사람으로서 출발하는 것이다. 그리스와 단군 신화 속 사자와 곰이 상징하는 맹수 같은 화를 참고 다스리는 것은 세상 사람들 모두에게 선택이 아니라 필수다.

어린아이들도 화부터 다스려야 사람 된다
━

아이들이 많이 부르는 동요 중에 「악어 떼」가 있다. 이 노래를 통해서 아이들은 자신들의 파충류 같은 분노가 나타나는 것을 조심하고 억제해야 한다는 메시지를 반복적으로 받아들이게 된다.

> "정글 숲을 지나서 가자, 엉금엉금 기어서 가자, 늪지대가 나타 나 면은 악어 떼가 나올라, 악어 떼!"

정글 숲은 사나운 맹수들이 들끓는 무서운 공간이다. 그런 곳을 지나갈 때는 엉금엉금 기듯이 아주 조심해야 한다. 늪지대처럼 누군가가 내 앞길을 막거나 발목을 잡아 오도 가도 못하는 상황에 빠지게 되면 숨어 있던 악어 떼 같은 분노가 나타나 폭발할 수 있다. 형이나 동생, 친구가 내 장난감을 빼앗거나 나를 무시하면 별안간 악어 떼 같은 분노가 폭발해 물어뜯거나 밀치고, 때리고 할퀴는 동물적인 행동을 할 수 있다. 그래서 "악어 떼!"라고 소리쳐 외침으로써 악어 같은 분노가 폭발하는 것을 경계하게 된다. 아이들도 이렇게 분노 표출을 경계하면서 차츰 어른으로 성장해 나간다.

그러나 어른들의 세상에도 코로나19와 경기 침체, 사회적 거리 두기에 따라 곳곳에 늪지대가 형성되어 있다. 생계가 위협받고 만남이나 음주 가무가 제한, 금지됨으로써 우울해지는 '코로나 블루'를 넘어 분노가 치민다는 '코로나 레드'까지 언급되고 있다. 그래서 어른들에게도 분노의 입을 크게 벌리고 수십 개의 이빨을 드러내는 악어 떼가 나타날 가능성이 더욱 높아졌다. 그래서 조심해야 한다. 악어 떼를.

우리 옛이야기, 호랑이를 세 번 만난 사람
—

화를 참아야 한다는 것은 아무리 강조해도 지나치지 않다. 틱낫한이라는 승려는 '화'라는 단일 주제만으로 책을 두 권이나 집필했을 정도이고, 인터넷 서점에서 '화'와 '분노'를 입력하게 되면 수백 권의 책이 나올 정도다. 그만큼 사람들에게 화를 잘 다스리는 것이 자기 관리와 인간관계의 기본이 되기 때문이라 할 것이다.

그래서 화를 다스리는 멋진 방법이 들어 있는 「호랑이를 세 번 만난 사람」이라는 우리의 옛이야기도 살펴볼 필요가 있다. 화를 다스려야 한다는 주제는 일관되게 같지만 화를 다스리는 방법 등에 있어서 색다른 맛이 있어 폭넓게 섭렵할 충분한 가치가 있다.

옛날에 남의 집 머슴살이를 하는 사람이 있었는데 주인을 잘못 만나 10년 동안 새경을 한 번도 받지 못했다. 하루는 고개를 셋이나 넘으며 먼 산으로 가서 나무를 해 오다가 첫 번째 고개에서 담배를 한 대 피우며 쉬고 있었다. 그때 호랑이가 나타나 그를 담뱃대와 함께 잡아먹었다.

머슴이 호랑이 배 속에서도 담배를 피다가 조그마한 구멍으로 바깥이 보이자, 그 호랑이 똥구멍에 담뱃대를 걸어 잡아당겼더니 호랑이의 안과 밖이 홀랑 뒤집어지면서 밖으로 탈출할 수 있었다. 다시 나뭇짐을 지고 두 번째 고개를 넘어가다 또다시 호랑이를 만났는데 호랑이가 머슴의 옷깃만 문 채 호랑이 굴로 데려갔다. 그곳에서 호랑이 새끼의 목에 걸린 가시를 빼 달라고 하기에 빼 줬더니 어린아이만 한 동삼童蔘이 묻혀 있는 곳을 알려 주어 횡재를 했다.

마지막으로 세 번째 고개를 넘는데 또다시 호랑이가 나타나 잡아먹으려는 기세로 무섭게 덤비자 머슴이 꾀를 냈다. 울면서 호랑이에게 "형님"이라 부르고 서로 헤어진 사유 등을 이야기하며 신세타령을 하자 호랑이도 울면서 잡아먹지 못했다. 이렇게 호랑이와 친하게 되자 머슴은 호랑이를 데리고 새경을 받지 못한 주인집에 가서 겁을 주어 새경을 한꺼번에 모두 받아서 잘살게 되었다고 한다.

앞뒤 안 가리고 화부터 내면 죽도 밥도 안 된다
—

이야기의 주인공이 머슴살이하면서 받아야 할 새경이란 일한 대가로 받는 월급의 일종으로 정당한 권리다. 주인공이 10년 치의 새경을 받지 못했다는 것은 자신의 정당한 권리를 누리지 못하고 있는 것이다. 다른 사람 아래서 거친 음식을 먹으며 마소처럼 죽어라고 일만 한 머슴이 1년 치도 아니고 무려 10년 치 월급을 못 받았으니 분노가 치밀 만도 하다.

그러던 어느 날 머슴이 고개에서 쉬며 담배를 피우다가 호랑이를 만나 잡아먹혔다. 호랑이는 뱀처럼 사람을 통째로 삼키지 않고 갈기갈기 찢어서 먹기에 실제로는 살아남을 수가 없다. 따라서 이 호랑이는 실제의 호랑이가 아님을 단번에 알 수 있다.

호랑이는 헤라클레스가 물리친 네메아 계곡의 사자와 같이 인간이 표출하는 화 또는 분노를 상징한다. 사람이 일상생활에서 호랑이처럼 화를 내게 되는 때는 무시당하거나 장애물과 어려움 등을 만났을 때다. 고갯길에서 호랑이를 만난 머슴도 뼈 빠지게 일했어도 월급을 못 받는 등 일이 뜻대로 풀리지 않자 고비가 되고 화가 폭발했던 것이다.

머슴처럼 어떤 사람이 앞뒤 전혀 안 가리고 동물 같은 분노를 표출하게 되면 한동안은 그것에 사로잡혀 아무것도 보지 못하게 된다. 머슴이 화를 상징하는 호랑이 배 속에 들어가 있는 상황이다. 머슴처럼 비록 자신의 정당한 권리가 침해당했다 해도 무작정 동물

같이 화를 내면 죽도 밥도 안 되는 상황에 갇힌다는 의미다. 동물처럼 화를 폭발하게 되면 폭력을 마구 행사하고 물건도 때려 부수는 등 혹 때려다 오히려 혹을 서너 개 더 붙이는 상황으로 악화되기도 한다.

화내는 것이 세 보이지만 실상은 무섭고 징그러울 뿐이다
—

호랑이 배 속에 있던 머슴이 호랑이 똥구멍에 담뱃대를 걸어 호랑이의 안과 밖을 홀랑 뒤집고 밖으로 탈출한다. 아이들이 박수 치며 좋아할 만한 대목이다. 다른 동물들과 한눈에 구별되는 멋진 줄무늬, 한 번 물거나 후려치는 것만으로 사람이나 다른 동물을 즉사시키는 파괴적인 송곳니와 발톱, 우렁찬 목소리를 지닌 호랑이는 위엄과 권위를 지닌 백수의 왕이다. 이와 같은 호랑이의 자태와 속성은 사람들이 폭발시키는 분노의 외관을 상징한다. 인간관계에 있어서 경우에 맞지 않거나 자신에 맘에 들지 않을 때 주변 사람에게 화를 폭발시키는 사람이 세 보이며 남자답다는 생각이 들기도 한다.

그러나 분노의 실상은 밖으로 튀어나온 호랑이의 내장처럼 피비린내가 진동하고, 경악스럽고 역겨울 뿐이다. 예를 들어 일상 속에서 사소한 의견 차이로 상대방의 거친 분노에 일격을 당한 사람은 당혹스럽거나 경악스러움을 느끼게 된다. 별것 아닌 것으로 분노를 폭발시킨 상대방에 대해 호랑이처럼 위엄 있고 멋진 사람으로 느끼지 않는다. 그 대신 사람으로서 어떻게 이런 짐승 같은 행동을 할 수 있나 하면서 야만인, 악마 같은 사람으로 느낄 것이다. 화를 내서 다른 사람을 제압하고 으쓱거리는 것에 대해 한번 생각해 볼 대목이다.

화를 다스리는 역지사지의 자세
—

평소 화를 경계하며 화에 사로잡히지 않기 위해서는 화를 내는 사람과 화를 당하는 사람 간에 바뀌서 생각해 보는 역지사지易地思之의 태도가 필요하다. 생각만으로는 부족하므로 서로의 입장과 역할을 바꾸는 연극을 해 보든가 상대방과 신발을 바꿔 신든가 해 봐야 한다. 사소한 일로 버럭 화를 내는 사람은 누구도 원하지 않고 질리게 만든다. 인간관계의 황금률은 "남에게 대접을 받고자 하는 대로 너희도 남을 대접하라." 하는 것이다. 누구나 분노의 피해자가 되길 매우 싫어하므로 다른 사람을 대접하려면 화를 내지 않는 것이 당연하다 하겠다.

이야기에서 머슴이 호랑이의 안과 밖을 뒤집는 역지사지의 태도를 취함으로써 분노에서 빠져나올 수가 있었다. 화를 내는 당사자는 그 행위가 호랑이의 겉모습처럼 세 보이고 남자다워 보이는 측면이 있다. 그러나 화를 당하는 입장에서는 그것이 호랑이의 내장처럼 피비린내가 진동하는 공포스럽고, 경악스런 일일 뿐이다. 내가 화를 냄으로써 상대방이 그런 역겹고 경악스러움에 처하게 되는 상황을 만들지 않는 것이 인간관계의 황금률이고 역지사지의 태도다.

목에 걸린 욱하는 분노의 가시 빼내기
—

머슴이 두 번째 만난 호랑이는 그를 잡아먹지 않고 옷깃만 문 채 목에 가시가 걸려 있는 자기 새끼에게 데려갔다. 머슴은 새끼 호랑이 목에 걸린 가시를 제거해 주고 그 대가로 동삼을 얻었다. 여기서 목에 걸린 가시는 '욱' 하고 화를 내는 마음이 목에 가시처럼 걸려 있는 상태를 의미한다. 누가 조금만 나를 방해하거나 무시하고 비판하면 짜증, 신경질, 화나는 말을 내뱉거나 폭발시키려는 욱하는 분노의 가시라 할 수 있다.

머슴은 첫 번째 고개에서 역지사지의 태도로써 화를 내는 가해자와 화를 당하는 피해자의 입장 차가 하늘과 땅처럼 다름을 이해하게 되었다. 그러나 정작 중요한 것은 화내는 행위도 습관화가 된다는 것이다. 대화 시, 거리를 걸을 때, 사업 관계, 스포츠나 취미 생활을 할 때 누가 나를 조금만 자극하거나 발목을 잡는다고 생각되면 기다렸다는 듯이 화를 내는 사람들이 있다. 바로 이런 사람들 목에는 욱하는 분노의 가시가 걸려 있는 상태라 할 수 있다.

어린 호랑이는 미숙한 감정을 상징한다. 욱하고 화내는 미숙한 감정을 잘 삭이고 제거해 내면 그 대가로 동삼을 얻게 된다. 동삼은 건강에 유익하고 활력을 불어넣어 주는 자양 강장 식품이다. 인간관계에서 미숙한 감정이자 분노의 일종인 욱하거나 꽁하는 마음을 빼내면 이처럼 건강해지고 활력 있는 생활이 됨을 의미한다. 화 잘 내던 사람에서 여유 있고 대범한 사람이 될 수 있다.

이성적이고 적절한 분노는 문제 해결 수단
—

머슴이 세 번째 고개에서 호랑이를 또 만났다. 이때 머슴은 호랑이 앞에 넙죽 엎드려 "형님"이라고 부르며 서로가 헤어지게 된 사연을 애달프게 말하며 자신의 신세타령을 했다. 그러자 호랑이도 알아들었는지 함께 울다가 머슴의 딱한 사정을 듣고는 같이 주인집으로 갔다. 호랑이가 위엄 있게 어흥 하며 주인을 겁주어 그동안 밀렸던 새경을 대신 받아 줬다.

살아가면서 때로는 정당하고 합당한 이유가 있다면 무조건 참을 것이 아니라 화를 내 주어야 문제가 해결될 수도 있다. 구체적인 사안과 경우에 따라 정당한 화와 분노는 자기 자신과 세상의 정의를 지켜 나가는 커다란 힘이 되기 때문이다. 다만 분노를 표출하더라도 무제한적으로 표출하는 것이 아니라 법질서 테두리 안에서 정당하게 표출해야 보호받을 수 있다.

이 이야기에서 머슴은 호랑이가 상징하는 화내는 마음을 형님으로 모시고 살아간다. 나를 기준으로 할 때 형님은 일반적으로 나보다 앞서 나가는 윗사람으로 사회 경험이 많고 성숙하고 정의로운 사람에 해당한다. 따라서 머슴이 호랑이에게 넙죽 엎드려 형님으로 모신다는 것은 미성숙한 분노가 아니라 성숙하고 정의로운 분노를 형님처럼 모신다는 의미가 된다. 설화의 정교함을 엿볼 수 있는 대목이다.

겉으로 드러나지 않는 작은 화를 다스리는 것이 더 필요하다
—

고함을 치고 주먹을 휘두르고, 주변에 있던 물건을 마구 던지는 등 겉으로 표출되는 큰 분노는 일반인들에게도 경계의 대상이다. 그래서 그런 분노는 평상시에 쉽게 표출되지 않고 억제된다. 그러나 겉으로 표출되지도 않고 당사자 외에는 전혀 알아차리기 힘든 그런 작은 분노들이 있다.

예를 들어 내가 급하게 어디를 가야 해서 택시를 탔는데 기사가 신호와 속도 등 지킬 것 다 지키면서 천천히 운전할 수도 있다. 이런 상황이 되면 급한 마음에 택시 기사에 대해 속으로 은근히 화가 난다. 목적지에 빨리 도착해야 하는 내 처지나 기준에 맞지 않기 때문에 택시 기사를 향해 속으로 운전도 못한다거나 바보 같다는 비난의 화살을 날리게 된다.

이렇게 매사에 세상이나 상대방이 내 생각이나 입장, 처지, 기대대로 움직여 주지 않는다고 속으로 비난의 화살을 날리는 경우가 있다. 이것도 일종의 화나는 마음이며 그것이 쌓여서 중독이 되고 습관화된다. 그렇게 되면 겉으로는 화를 안 내는 것 같지만 속으로는 걸핏하면 화를 내고 있는 것이다. 휴일 날 가족들이 늦잠을 잔다고 속으로 핀잔을 하고, 직장에 와서는 직장 동료의 근무 태도에 대해 역시 속으로 온갖 비난의 화살을 날리기도 한다. 화의 일상화가 진행되는 모습이다.

그러므로 진정으로 화나는 마음의 뿌리까지 뽑아내고 싶다면 이런 숨겨진 작은 분노들까지 제압할 필요가 있다. 내 생각이나 입장, 기대한 대로 움직여 주지 않는 세상이나 상대방에 대해 '바보 같다, 아둔하다'라는 비난의 화살을 날리는 것을 중지할 필요가 있다. 그 대신에 차라리 내가 바보 같다, 아둔하다는 소릴 들을 각오를 하고 화를 참아 내면 평온한 마음이 찾아오는 법이다.

세상을 한번 뒤돌아보라. 지금까지 살아오면서 내 뜻대로 움직여 주지 않거나 기대에 못 미치게 행동했다고 세상이나 타인을 향해 속으로 온갖 비난과 욕을 했을 것이다. 미친 세상, 어이없는 세상, 말세적인 세상이라고 수백 번도 더 비난하고 욕했지만 세상은 내 말을 한 번도 못 들었는지 멀쩡하게 잘 돌아가고 있다. 또한 내가 마음속으로 비난하고 그렇게 욕을 했던 사람들 중에 정말로 바보가 된 사람은 단 한 명도 없고 오히려 성공해서 잘 살아가고 있기도 하다. 쩨쩨하고 치사하게 속으로 세상이나 타인에 대해 화를 내고 비난의 화살을 날릴 필요가 없다. 결국은 나만 손해이기 때문이다.

화를 다스리는 것이 문명과 질서의 시작이다

―

일반적으로 맹수 같은 화는 남녀노소 모든 사람들이 가장 먼저 다스려야 할 마음속 괴물이자 파괴적인 감정이다. 지금 이 시간에도 이 괴물의 희생양이 되어 재판받고 교도소의 냉방이나 골방에서 자신의 운명을 저주하는 사람들이 있다. 그리고 이 괴물과 막 조우하고 있는 사람들도 셀 수도 없이 많다. 이 파괴적인 감정이 내면에 있을 때는 이성적인 자아와 구분이 잘 되지 않으므로 외부로 끄집어내어 괴물화시켜 인식할 필요가 있다.

그래서 헤라클레스 과업에 나오는 네메아 계곡의 사자가 탄생한 것이다. 이 괴물을 나 자신과 구분하며 항상 일정한 거리를 두고 경계하지 못한다면 전생에 나라를 구했다 해도 괴물의 희생양이 되지 말란 법은 없을 것이다. 이 괴물을 잘 다스림으로써 차분함과 여유로움의 근육이 울퉁불퉁한 마음을 지니게 되면 인간 세상은 물론 나 자신도 널리 이롭게 될 것이다.

타인이 나를 모욕하고 비난하는 것 자체로는 나에게서 아무런 목적도 달성할 수 없다. 그런 일은 술주정뱅이, 마약쟁이, 정신이상자, 어린애, 바보, 무식쟁이도 밥 먹듯이 할 수 있는 일이기 때문이다. 그들이 나를 무시하고 모욕해 소기의 목적을 달성할 수 있는 경우는 그것에 반응해 내가 화를 내며 흥분할 때다. 특히 앞뒤 안 가리고 화를 낸다면 나를 동물 수준으로 끌어내려 그 목적을 100퍼센트 달성하는 것이다. 그래서 화를 참아야 한다.

예수는 산상수훈에서 화내지 말 것을 강조했고, 석가와 불교는 탐욕과 분노, 어리석음을 삼독=毒이라 하며 경계할 것을 가르치고 있다. 공자는 『논어』 첫 장부터 남이 자신을 알아주지 않아도, 다시 말해 무시해도 화내지 않아야 군자라고 했다. 화내면 동물 되고 인간관계에서 지는 것이며 타인의 지배에 들어가는 것이다. 맹수가 되게 만드는 화를 다스려야 인간으로써 기본이 서기 때문에 인류의 큰 어른이 되려는 사람들은 물론 보통 사람들의 첫 번째 과업도 화를 다스리는 것이다.

제2과업
교활한 뱀같이 일어나는 '부정적 생각과 걱정'

부정, 비관, 걱정이라는 생각의 늪에 빠진 사람들
—

헤라 여신이라는 특별하고 생산적인 계모를 뒀던 헤라클레스가 두 번째로 처리한 과업은 레르네 지방 늪에 사는 무시무시한 괴물 뱀 히드라Hydra였다.

옛날 레르네 지방 늪 근처에 머리가 아홉 개인 '히드라'라는 괴물 뱀이 살면서 아미모네8) 샘을 막아 사람과 가축을 해치고 농작물을

---

8) 아미모네Amymone: 그리스 신화 속 아르고스의 왕 다나오스의 50명의 딸 중 한 명이다. 나라에 가뭄이 생기자 아버지의 명령에 따라 샘물을 찾으러 다니다가 괴물에게 겁탈당할 위험에 처했다. 바다의 신 포세이돈의 도움으로 위기를 벗어난 후 포세이돈과 관계를 맺는다. 포세이돈은 아미모네에게 샘이 있는 곳을 알려 줬으며 그 샘은 그녀의 이름을 따서 아미모네 샘이라 불리게 됐다.

망쳤다. 헤라클레스가 이 괴물 사냥에 나서서 곤봉(또는 칼)으로 머리를 쳐서 땅에 다 떨어뜨렸다. 그러나 머리가 잘린 자리에서 다시 머리 두 개씩이 더 나와서 괴물의 머리가 더 불어나기만 했다. 이에 헤라클레스는 조카 이올라오스Iolaus에게 자신이 괴물의 머리를 자르는 순간 잘린 부위를 횃불로 지지게 했다. 그러자 더 이상 새 머리가 돋아나지 않았다. 그러나 대장인 불사의 머리 하나는 그런 식으로도 죽일 수가 없었다. 헤라클레스는 불사의 머리를 베어 그것을 땅에 묻고 거대한 바위로 눌러놓았다.

인간은 생각하는 기능으로 만물의 영장이 되었고 오늘날 누구나 스마트폰을 하나씩 들고 다닐 정도로 고도의 과학 문명 생활을 누리고 있다. 그러나 인간의 생각하는 기능은 부작용도 지니고 있다. 사람은 생각을 통해 문제를 해결하고 환경에 적응해 나가지만 자신과 사물에 대해 너무 많이 생각하거나 걱정과 비관의 늪에 빠지기도 한다.

히드라는 뱀의 머리가 아홉 개나 달린 괴물이다. 사람들은 뱀 한 마리만 봐도 순간적으로 긴장되고 심장 박동이 올라간다. 그런 머리가 아홉 개나 달린 히드라를 본다면 보통 사람들 같으면 심장이 멎을 수준이다. 징그러운 몸통에 작고 가는 눈으로 의심하듯 바라보는 뱀은 대표적인 냉혈동물이다. 그래서 『삼국지』에 나오는 조조처럼 교활하고 사악하며 부정적이고 비관적인 생각의 대명사다.

그리고 뱀은 평상시에는 고개를 내리고 있다가 먹잇감 등을 공격하기 위해 고개를 쳐드는 속성이 있다. 고개를 쳐든 히드라의 9개의 머리는 많은 생각이 고개를 쳐들고 끊임없이 일어남을 상징한다. 그것이 시와 소설도 되고 창의적인 발명품도 만들어 내는 아름답고 긍정적인 생각이라면 왜 괴물로 형상화 시켰겠는가? 뱀의 머리는 기본적으로 낮은 곳에서 고개를 쳐드는 저질 생각을 상징한다. 그래서 히드라는 불신과 부정, 비관이라는 저질 생각이나 걱정이 꼬리를 물며 일어나 사람을 괴롭히는 상황을 괴물로 형상화시킨 것이다.

그림 5. 한스 세발트 베함, 「히드라를 격살하는 헤라클레스와 이올라오스」, 1545

이 뱀이 살고 있던 곳이 그리스의 레르네라는 늪이다. 사람들이 불신과 부정, 비관적인 생각이나 걱정에 자주 사로잡히다 보면 그것이 어느새 생각의 늪이 되곤 한다. 나중에 정신 차리고 그 늪에서 빠져나오려고 발버둥 처 보지만 그럴수록 오히려 더 깊게 빠져든다. 그런 늪에 빠져들게 되면 결국 아무것도 할 수 없는 무기력하고 우울한 사람이 된다.

그래서 부정적, 비관적인 생각의 늪에 빠지고 질식당한 영혼들이 단체로 여관, 펜션, 자동차 안에 모여서 번개탄 불을 피워 놓고 집단 자살을 하는 비극이 연중 꾸준하게 발생한다. 특히, 부정과 비관의 괴물 히드라에 자아가 압도당한 사람들이 여럿 모였을 때 비관이 비관을 불러일으키며 증폭되어 가장 좋지 않은 결과를 초래한다. 보통 사람이라면 비난의 대상이 될 부정적이고 비관적인 생각에 대해 그런 사람들은 서로 정당성을 인정하고 지지해 주기 때문이다.

생명체로서 죽음을 멀리하는 것이 인간의 본능인데 오죽 사는 것이 힘들었으면 그런 최악의 선택을 했겠냐고 동정이 가는 측면도 있다. 그러나 그들을 사로잡은 비관적이고 부정적인 생각의 뿌리는 결코 고결하거나 영적인 것이 아니다. 그들을 죽음으로 내몬 생각들이 뱀처럼 사악하고 교활하고 저질적인 생각이라는 것에 대한 인식 결여가 초래한 결과일 뿐이다.

그렇다고 생을 비관해 유명을 달리한 망자들 자체는 비난해서는 안 된다. 다만, 그런 비극이 되풀이 되는 것을 예방하기 위해서는 그런 나쁜 생각들이 뱀처럼 고개 쳐들고 일어날 때 저질스런 생각이라고 스스로 맹비난하며 경계할 필요가 있다.

백설공주 이야기에서 계모 왕비가 세상에서 누가 가장 아름답냐고 마법의 거울에게 물어보곤 한다. 그러면 거울은 일단 사악한 계모 왕비도 보기 드문 미인이라고 인정부터 한다. 그런 후 눈처럼 흰 피부를 지닌 백설공주는 계모 왕비보다 1,000배는 더 아름답다고 말한다.

이 부분은 심리적으로 매우 중요한 의미를 지닌다. 계모 왕비 같은 부정적인 사람이나 생각에 대해서도 그 존재 가치를 부정하지 않고 인정을 한다는 것이다. 그러나 백설공주처럼 하얗고 밝은 긍정적인 생각이나 자세가 1,000배는 더 가치 있다는 진실을 피력한다. 부정적이고 비관적인 생각도 나름 가치가 있기는 하지만 그런 생각들은 긍정적, 낙관적인 생각에 비해 상대적으로 천분의 일의 가치도 안 된다. 한마디로 말해 긍정적이거나 낙관적인 생각이나 가치에 비해 형편없는 가치에 불과하다는 의미다.

세상과 인생을 부정하고 비관해 자살로 삶을 마감하는 것도 나름 가치가 있을 수 있다. 어차피 죽을 목숨 고통스럽게 사느니 죽는 것이 낫다는 생각도 한편으로 들기 때문이다. 다만 그런 고통스럽고 엄중한 상황 속에서도 인생을 긍정하고 살아가는 것이 1,000배는 더 가치가 있다는 것은 인간 세상에 널리 통용되는 진실이다.

독사보다 물뱀 히드라가 더 징그럽고 무서운 이유

히드라는 우리나라 전설에 나오는 나그네 잡아먹는 거대한 구렁이나 이무기, 아나콘다 크기는 된다. 머리가 아홉이나 달려 무시무시하게 생긴 히드라는 느낌상 독사 같은데 그리스어로 물뱀이라는 뜻이다. 히드라를 낳은 어미인 에키드나Echidna는 독사인 살모사라는 뜻인 데 비해 자식인 히드라는 독 없는 물뱀임을 강조하고 있다. 기왕이면 거대한 몸통에 킹코브라처럼 강한 독을 지니고 있다면 더욱 무서운 괴물로 느껴졌을 것이다. 그리스인들도 이러한 사실을 알면서 히드라가 물뱀임을 강조하고 있다. 그것을 통해 오히려 이 괴물만의 특성을 표현하려는 숨겨진 의도가 있음을 알 수 있다.

맹독이 있는 독사에게는 한 번만 잘못 물려도 사망하거나 마비증세 등 신체장애가 생긴다. 사람들이 지닌 분노와 성적인 충동도 단 한 번 표출하는 것으로 개인들을 되돌릴 수 없는 치명적인 위험에 빠트리게 된다. 따라서 독사는 사람들이 지닌 매우 공격적인 욕망이나 충동을 상징하기에 적합하다. 그래서 사람들은 분노나 성적인 욕망을 표출하는 것을 독사에게 물리는 것처럼 매우 위험한 일로 인식하고 경계를 한다.

반면에 독 없는 물뱀은 처음에는 어떤 해를 끼치는지조차 모르는 가운데 사람을 서서히 조여 질식시키고 메마르게 해서 죽어 가게 만든다. 히드라는 살모사의 자식이므로 생물학적으로 봤을 때는 독사인 것이 당연하다. 그럼에도 불구하고 물뱀이라고 이름 지은 것은 그 해악이 사람들이 잘 알아채지 못하는 가운데 서서히 조여 오는 것임을 강조하려는 것이다.

이런 상황은 '뜨거운 물속 개구리' 이론과 비슷하다. 개구리는 뜨거운 물 자체는 매우 위험함을 알기에 뛰쳐나와서 오히려 위험하지가 않다. 그러나 서서히 온도를 증가시키면 개구리가 경계심을 푸는 바람에 데어 죽게 만들어 더 위험하다고 한다.

자기 자신이나 사물에 대해 한두 번 부정하거나 의심하고 비관에 빠지는 것은 정신 건강에 크게 영향을 끼치지 않는다. 그러나 그런 생각들이 아홉 개의 머리를 지닌 뱀처럼 고개를 쳐들고 몸을 전후 좌우로 움직이며 계속해서 일어나면 문제가 달라진다. 끊임없이 일어나는 부정적이고 비관적 생각, 걱정 등에 마음이 사로잡히면 서서히 숨이 막히고 살맛이 나지 않게 된다.

그 징그러운 뱀의 몸통이 정신적인 숨통을 서서히 조이게 되면 나중에는 숨 한 모금도 제대로 쉴 수 없는 임계점에 도달하게 된다. 그렇게 되면 당사자는 살아 있다는 것 자체를 감당하지 못한다. 식욕을 완전히 상실해 체중이 급감하고 불안하고 초조해진다. 극도의 죄의식, 초라함, 무기력감을 느끼고 우울감에 사로잡혀 자해나 자살 같은 불상사로 연결되기도 한다.

사람들은 평소에 독사 같은 분노나 성 충동에 휩싸이는 것은 거리를 두고 매우 경계를 한다. 일순간의 욕망 때문에 일찍 죽거나 감옥에 갇히는 등 자신의 인생을 그르칠 일이 없기 때문이다. 그러나 물뱀 히드라처럼 서서히 조여 오는 부정적인 생각이나 비관, 걱정에 대해서는 당장 해악이 크게 나타나지 않기 때문에 경계가 느슨한 편이다. 그 결과 히드라 같은 생각들은 사람을 서서히 질식시키고 메마르게 해 죽인다. 독사 같은 생각이나 충동보다 오히려 더 사악하고 해롭고 징그럽다 할 것이다.

그러므로 매사에 걱정을 하고, 세상에 대해 부정적이고 비관적으로 생각하고 말을 하는 사람이라면 이런 행위를 처음부터 경계하고 적극 대처해야 한다. 그런 생각이 계속해서 쌓이고 쌓이면 나중에는 독사에 물린 것보다 해악이 심각해지기 때문이다. 따라서 걱정이 많고, 부정적이고 비관적인 생각에 자주 빠진다면 그것을 마음의 병으로 생각하고 치료받을 필요가 있다.

아미모네 샘, 자신감과 행복의 샘

괴물 히드라가 징그러운 뱀 머리를 아홉 개 달고 있거나 말거나 그것이 사람들에게 해를 끼치지 않으면 신경을 쓸 필요가 없었다. 그러나 이 괴물은 레르네 지역에 물을 공급하는 아미모네라는 샘을 막고 있었기 때문에 그곳 일대가 메마르고 황폐화되어 사람들이 고통을 받았다.

오늘날로 치자면 깨끗한 물을 잘 공급하던 정수장이나 댐 등을 테러 단체가 장악해 물을 끊거나 갑작스런 사고로 끊긴 것 같은 상태라 할 수 있다. 물은 사람이나 동식물의 생명 유지에 필수적인 것이므로 히드라가 이 샘물을 막고 있는 것은 매우 심각한 상황이다.

큰 가뭄이 들어 사람이나 동식물에게 물이 부족하게 되거나 끊기게 되면 생명 유지가 어렵게 된다. 농작물, 나무 등이 시들시들해져 축 처지고 색이 누렇게 바래고 활력이 없어진다. 땅은 메마르고 거북 등짝처럼 쩍쩍 갈라진다. 사람들 또한 물이 없게 되면 불편함은 이루 말할 것도 없고 물을 전혀 마시지 못하면 5일에서 10일 이내에 사망에 이르게 된다.

물이 흔하게 있을 때는 그다지 가치를 못 느끼지만 사람과 동식물의 생명을 유지하기 위해서 필수적이다. 물이 사람 몸에 생명수가 되듯이 사람들의 정신에 생명수가 되는 물이 있다. 그것이 바로 아미모네 샘이다. 이 샘의 그리스어 뜻은 다음과 같다.

아미모네: 비난할 수 없는, 깨끗한, 떳떳한, 뛰어난, 고귀한, 훌륭한

아미모네 샘물은 사람들로 하여금 자신이 비난받을 일이 없고, 깨끗하고, 뛰어나고, 떳떳하고, 고귀하다고 느끼게 하는 긍정의 샘, 정서적인 생명수다. 그래서 아미모네 샘을 우리말로 표현한다면 '당당함의 샘' 또는 '자신감의 샘'이라 할 것이다. 식물들의 생기와 활력에 해당하는 것이 사람들의 당당함, 자신감, 긍정적인 마음 자세라 할 것이다. 비타민을 먹어야 활력과 생기가 넘쳐나는 것이 아니다. 아미모네 샘을 통해 당당함과 자신감이 줄기차게 공급되어야만 활력과 생기가 넘쳐난다.

특히 아미모네 샘이 지닌 의미 중 '비난할 수 없는'이라는 의미가 중요하다. 비난할 수 없거나 비난받지 않는다는 것은 깨끗하고 떳떳하고 고귀하고 훌륭하다는 의미 등을 포함하고 있기 때문이다. 이기적이거나 동물적이지 않으며 속물적이거나 저질스러운 행동을 하지

않는다는 의미를 내포하고 있다.

　비난받지 않는 사람은 자신의 지위나 직책에 맞는 실력이나 능력이 있고, 도덕과 양심, 사회 정의 측면에서 깨끗하다. 부모, 자식, 친구, 직장인, 학생, 정치인, 종교인, 사회 운동가로서 자기 몫을 다하기 때문에 비난받지 않는다. 그래서 비난할 수 없는 사람은 온 몸과 마음이 당당하며 자신감 덩어리라 할 수 있다.

　이런 의미를 지닌 아미모네 샘물이 잘 흘러나오는 사람들은 행복하고 당당하다. 그래서 사람들은 자신을 무시하거나 자신과 적대 관계에 있는 사람들을 향해 쌍욕을 하며 비난하기도 한다. 상대방을 비난해 아미모네 샘물이 제대로 흘러나오지 못하게 함으로써 우울하고 불행하게 만들려는 무의식적인 의도가 깔려 있다.

　잘 흘러나오고 있는 아미모네 샘물을 막아 버리려는 상대방의 이와 같은 행위를 좋아할 사람들이 없다. 그래서 사람들이 상대방의 비난이나 욕에 대해 참지를 못하고 발끈함으로써 싸움이 일어나고 큰 사건으로 비화되기도 하는 것이다. 내가 상대방을 향해 비난하거나 욕을 할 때는 나도 모르게 상대방의 아미모네 샘을 막는 부정적 상황이 이뤄진다는 사실을 염두에 둬야 할 것이다.

　여기서 타인의 비난과 욕, 조롱, 멸시 등에 대해 반응하거나 흔들리지 않는 마음 자세를 가질 수 있는 방법이 생겨난다. 아미모네 샘의 유일한 관리자가 자신이라고 생각하는 것이다. 내가 이 당당하고 행복감을 느끼게 해 주는 샘물의 관리자인데 비난과 욕설로써 타인이 이를 넘보게 하거나 이 샘물의 관리 권한을 넘겨줄 필요가 없다. 타인이 나를 비난하거나 무시하든 말든 내가 절대로 아미모네 샘 관리 권한을 넘겨주지 않겠다는 의지만 있다면 인간관계에서 오는 스트레스가 많이 줄어들 것이다.

부모들이 맘에 들지 않는 행동을 하는 자식들에 대해 기를 죽일까 봐 구박하거나 비난하지 않는다. 비난하게 되면 역시 자식들에게서 흘러나오던 아미모네 샘을 막는 꼴이 되기 때문이다. 그렇게 되면 자식들이 기가 죽어 위축되고 자신감을 잃는 부작용이 생길까 봐 걱정하는 것이다.

아미모네 샘이 잘 흘러나오고 있는 사람들은 내면의 기가 센 사람들이라 할 수 있다. 그래서 누가 뭐라고 해도 여간해서는 기가 죽지 않는다. 그러나 이런 사람들조차도 바로 히드라처럼 장기간에 걸쳐 서서히 조여 오는 근심 걱정과 비관적인 생각에 기가 꺾여 자신감을 상실하고 우울증에 빠지게 한다.

심리학적인 측면에서 봤을 때 아미모네 샘은 사람들로 하여금 자신이 고귀하거나 중요한 사람임을 느끼게 해 주는 감정이기도 하다. 이 샘물이 잘 흘러나오는 사람들은 항상 왕자나 공주처럼 당당하고, 매사에 주인공처럼 적극적이고 자신감이 넘친다. 활력 있고 무성하게 잘 자란 나무가 돋보이듯 이런 사람들은 어딜 가나 돋보이고 빛나 보인다.

칭찬이야말로 아미모네 샘물이 콸콸 흘러나오게 하는 과학적인 방법
—

전 세계적으로 6천만 부가 팔렸고, 현존하는 최고의 투자가이자 '오마하의 현인'이라 불리는 워런 버핏의 인생관도 바꿨다는 책이 데일 카네기의 『인간관계론』이다. 그 책의 첫 장에서 가장 먼저 다루고 있는 주제가 다른 사람을 비난하거나 비판하지 말라는 것이다.

저자인 데일 카네기는 범죄자나 잘못을 저지른 수많은 사람들의 예시를 들면서, 사람들은 자신의 잘못에 대해 외부에서 아무리 비난해도 인정하지 않으며 소용없다고 말한다. 자신의 잘못을 스스로 인정하고 바로잡아야 개선의 여지가 있음에도 불구하고 사람들은 왜 자신의 잘못을 인정하지 않을까? 외부의 비난이나 비판을 인정하고 받아들이게 되면 바로 자신의 아미모네 샘물이 막히게 때문이다.

아미모네 샘물은 세상을 살아가면서 자신이 비난받지 않고, 떳떳하고, 고귀하고, 훌륭하다고 느끼게 해 주는 정서적 샘물이다. 이런 상태를 한마디로 말하면 기분 좋은 상태에 있음을 의미한다. 그러므로 자신이 당당하며 기분 좋은 상태에 있는데 누군가 비난이나 비판을 통해 이런 기분을 깨려 한다면 자신의 행위의 옳고 그름을 떠나서 반발이 먼저 생긴다. 그래서 데일 카네기가 인간관계에 작용하는 이런 심리를 꿰뚫고 어떠한 경우에도 비난이나 비판하지 말라고 내세우며 강조했던 것이다.

그다음, 그가 두 번째로 강조했던 것은 비난이나 비판 대신에 상대방에 대해 진심으로 칭찬을 하라는 것이다. 비난이나 비판을 하면 아미모네 샘이 막히지만 반대로 칭찬을 하면 사람들을 당당하고 기분 좋게 만드는 아미모네 샘물이 콸콸 흘러나오기 때문이다. 사람들이 타인을 칭찬하는 현상을 자세히 살펴보면 상대방의 아미모네 샘물의 수도꼭지를 활짝 열어 주는 행위임을 알 수 있다.

아미모네 샘물은 '비난할 수 없고, 고귀하고, 훌륭하고, 뛰어나고, 깨끗하다'는 의미를 지니고 있다. 이러한 의미 자체가 다 칭찬의 말이다. 그러므로 사람들을 기분 좋게 만드는 아미모네 샘물은 칭찬할수록 더 많이 흘러나오는 샘물이라 할 것이다. 그러므로 칭찬을 통해 타인의 마음을 움직인다는 것은 아미모네 샘물이 많이 흘러나오게 함으로써 타인을 기분 좋게 만들어 행동하게 하는 매우 과학적인 방법이라 할 것이다.

걱정 자체는 걱정할 일이 아니라 정상적인 기능

머리 아홉 개인 히드라처럼 지속적으로 고개를 쳐들며 일어나 사람들을 자주 괴롭히는 부정적인 마음 중에 하나가 걱정이다. 걱정은 정서를 소진시키고 갖가지 질병의 원인도 되기 때문에 쓸모없다고 알려져 있다. 그렇다고 이를 마음대로 안 하거나 멈출 수 있는 사람은 드물다. 그래서 티베트에는 "걱정을 해서 걱정이 없어진다면 걱정이 없겠다."라는 속담도 있을 정도다.

그러나 불안과 걱정 같은 불쾌한 감정은 통증 같은 감각기능처럼 생명체를 질병이나 이상으로부터 보호하기 위한 일종의 정상적인 기능이다. 그래서 그것 자체를 의지로 조절할 수는 없다. 사고나 질병으로 신체 장기가 크게 훼손되면 심한 통증이 수반된다. 이때 아픈 부위를 고치지 않고 통증만 제거하는 진통제만 쓰면 그 사람은 죽게 된다. 사람들에게 불쾌감을 주는 불안이나 걱정도 마찬가지다. 불안과 걱정의 근본적인 원인 자체를 제거하지 않고 이를 완화시키는 신경 이완제만 쓰면 결국 병만 더욱 악화시키거나 최악의 상황도 초래할 수 있다.

인류가 동굴 등에 숨어 살면서 수렵과 채집에 의존하던 선사시대에는 사방에 포식자와 적이 있었다. 24시간 내내 포식자나 적들을 경계해야만 생존할 수 있었기에 철저한 경계심은 사랑, 자비, 배려 등 현 인류의 보편적인 가치보다 앞서는 최고의 정신적인 가치였다. 예를 들어 선사시대에 혈기왕성한 사춘기 청소년이 낯선 곳에서 맛있는 나무 열매를 발견하고 그것을 따 먹는 데만 정신이 팔리면 어떻게 되겠는가? 언제 어디서 사자나 호랑이 같은 포식자가 나타나 그의 목덜미를 물지 모르고, 적들이 나타나서 그를 해칠 수도 있었다.

외부 환경에 대한 적정한 경계심이 없다면 생명을 잃을 수 있기 때문에 이를 항상 유지할 필요가 있었다. 그 결과 경계심이 느슨해지면 불안감이나 걱정이 생기게 해서 경계심을 다시 복원시키곤 했다. 반대로 경계심만 잘 유지하고 있으면 자신의 생명을 최대한 지킬 수 있기에 막연한 불안감이나 걱정은 생겨나지 않는다.

민형사상의 사건에서 선량한 관리자로서의 주의의무를 다하지 않으면 처벌이나 배상이 따른다. 마찬가지로 포식자나 적들에 대해서도 주의의무나 경계심을 다하지 않으면 처벌이 따른다. 불안감과 걱정이 일어나게 함으로써 심리적 고통을 주는 내부 처벌이라 할 것이다. 반대로 민형사상의 사건에서 주의의무 등을 충분히 다했다면 처벌을 면하거나 약해진다. 포식자나 적들에 대해서도 충분히 주의하고 경계하면 걱정과 불안감을 면하게 되는 것이 자연의 이치다.

사람들의 생활이 문명 생활로 전환된 이후에 더욱 중요해진 것이 외부가 아닌 바로 내부의 적에 대한 경계심이다. 야생과 달리 문명 생활에서는 자신의 본능적 욕망이나 충동을 일정 부분 희생하거나 억제하며 살아가야 한다. 그래야 윤리 의식이나 법 등 인간 사회의 질서가 지켜질 수 있기 때문이다.

자신의 본능적인 욕망이나 충동에 대해 어린아이처럼 아무런 경계심이 없다면 그런 사람은 인간 세상에서 거의 살아갈 수 없게 된다. 길거리를 지나가다 아무 상대나 붙잡고 성관계를 시도하고, 충동에 따라 다른 사람이 지니고 있는 재물을 빼앗고 폭력을 휘두르면 강력 범죄자가 된다. 이런 사람들은 사형을 당하거나 징역형을 받고 감옥에 갇히는 위기를 맞이하고 비극의 주인공이 된다.

자신의 욕망이나 충동에 대해서 경계심을 풀고 방치한 상태에서 걱정만 없애려고 하는 것은 극도로 위험한 일이 아닐 수 없다. 이를 막기 위해서 문명인들은 선조들이 야생의 들판에서 포식자와 적을 경계했듯이 자신의 내부의 적인 욕망과 충동을 경계하게 되었다. 외부로 향하던 경계심이 내부로 향하게 된 것이다.

그 결과 자신의 본능적인 욕망과 충동에 대해 경계심이 느슨해지면 자신을 보호하기 위해 불안감과 걱정을 느끼는 유전자가 커지도록 설계된 것이 인간이다. 그러므로 어떤 걱정이라도 걱정 자체는 걱정할 것이 아닌 정상적인 기능이다. 걱정을 유발한 원인이나 행동을 제거하거나 바꾸라는 내면의 신호다.

맹수 같은 포식자들은 사냥할 때 사냥감이 방어할 틈을 주지 않기 위해 기습 공격을 하거나 은밀하게 접근한다. 사람들의 욕망이나 충동도 사고를 칠 때 이성이나 자아를 향해 선전 포고하며 자신들의 존재를 알려 주는 법이 없다. 오히려 이성이나 자아가 방어할 틈을 주지 않기 위해 기습 공격하거나 무의식적으로 은밀하게 다가오는 속성이 있다. 그래서 미리 걱정이나 불안으로 이를 경계시키지 않으면 속수무책으로 당할 수밖에 없다.

걱정은 이 밖에도 다양한 위험에 대해 주의를 기울이고 경계 할 필요가 있을 때 발생한다. 인간 세상은 봄에 씨앗을 뿌리지 않으면 추수 시기가 되어도 수확할 것이 없게 된다. 그러므로 봄에 게으름을 피우며 씨앗을 뿌리지 않는 사람들에게는 막연한 불안과 걱정이 생겨나게 된다. 이런 이유로 불안과 걱정이 일어나는데 그것 자체만 없애려고 시도하는 사람이야말로 어리석은 사람이다. 시기와 장소에 따라 자신에게 주어진 일을 열심히 해야 걱정이 예방될 수 있는 것이다.

걱정 자체는 개체를 보호하려는 심리적 순기능이다. 그러므로 그 누구도 걱정 자체만을 없애려고 해서는 안 된다. 다만 과도하고 집착적인 걱정은 사람들을 괴롭히기 때문에 정당한 방법으로 이에서 벗어날 필요가 있다. 자신의 본능적인 욕망과 충동을 항시 경계하며 문명 생활과 인간 세상의 질서에 맞게 열심히 일하며 사는 것이 바로 걱정에서 벗어나는 첩경이다.

연속되는 걱정에 시달려 겉늙고 기력이 없어져 의사로부터 죽음까지 통보받았던 사람들이 바쁘게 일하거나 생활함으로써 다시 건강을 회복하고 걱정도 극복하는 사례가 무수히 많다. 우리의 마음속 깊은 곳에 태곳적부터 각인된 유전자는 경계를 게을리하거나 일을 하지 않으면 막연한 불안감과 걱정을 작동시킨다. 항상 내부의 적을 경계하고 열심히 일하며 살면 쓸데없는 걱정이 발을 붙이지 못한다.

메마른 감정이나 열정에 불 지펴 걱정 등 생각 멈추기
—

헤라클레스가 아미모네 샘을 꽉 틀어막고 있는 히드라를 처치하기 위해 처음에는 곤봉이나 칼로 쳐 내도 그 괴물이 죽지 않았다. 오히려 머리가 두 배로 늘며 상황이 악화되자 조카의 도움을 받아 마른 장작에 불을 붙여 히드라 머리를 지짐으로써 문제를 해결했다. 걱정과 부정의 괴물 히드라는 칼이 상징하는 비난이나 비판만으로 죽일 수가 없다. 쓸모없는 생각이라며 비판하며 안 하려고 할수록 더 생기는 것이 걱정 등의 속성이기 때문이다.

그래서 필요한 것이 바로 마른 장작이었다. 마른 장작은 메마른

감정이나 열정을 상징한다. 걱정이나 생각이 많은 사람들은 아미모
네 샘이 막힘에 따라 십중팔구는 감정이나 열정이 메말라 있기 마련
이다. 감정의 표현인 노래를 부를 때 생각이 많으면 몰입해서 잘 부
를 수 없듯이 생각과 감정은 서로 상극인 측면이 있다. 마른 장작에
불을 붙인다는 것은 메마른 감정이나 열정이 타오를 수 있게 불을
지피는 모습이다.

그림 6. 장작
장작불은 메마른 감정에 불을 질러 활성화시키는 것을 상징. 단체 야유회나 야영의 백미
중에 하나가 장작불을 피우는 캠프파이어다.

  걱정하는 마음에 대해 괜한 걱정이라며 순간적으로는 쳐 낼 수
있지만 이내 달라붙으며 되살아난다. 이처럼 걱정이 되살아나는 것
을 막기 위해서는 활성화된 감정이나 열정의 불꽃으로 히드라 머리

를 뜨겁게 지질 필요가 있다. 불로 지진다는 것은 걱정이나 부정적인 마음이 다시 달라붙을 틈을 주지 않는다는 의미다. 그렇게 되면 걱정이나 비관적인 마음이 다시 자리를 잡지 못해 자연스럽게 사라지게 된다.

집 안이나 사무실 안에 있으면서 걱정 자체만 비난의 칼로 쳐 내서는 걱정이 자꾸 되살아난다. 그러므로 걱정이 달라붙을 틈을 주지 않는 구체적인 사례를 살펴보자. 하루 종일 걱정이나 잡생각을 하던 사람이 설악산같이 높은 산에 하루 종일 오르는 등산을 할 수 있다. 그 과정에서 근육을 사용하고 가쁜 호흡을 하며 새소리, 물소리, 바람 소리를 듣고, 계곡이나 산세 등 멋진 풍광을 경험하게 된다. 이렇게 되면 자연스럽게 감각이나 감정 기능이 활성화되고 번잡한 생각이 줄어들어 홀가분한 마음이 된다. 이런 상태에서는 모든 것을 먹어도 맛이 있고 산행하는 사람들 상호 간에도 마음이 열려 서로 우호적인 상태가 되고 인사도 나눈다.

자신이 생활하고 있는 거주지를 멀리 떠나 국내나 해외를 여행해도 높은 산에 올랐을 때와 마찬가지로 감각이나 감정 기능이 활성화된다. 특이하고 새로운 음식을 맛보고, 낯선 사람과 문화, 멋진 풍광을 계속해서 경험하느라 히드라적인 생각이 끼어들 틈이 없다. 이 밖에 자신의 감정이나 열정을 활성화시키는 일이나 취미 활동들도 히드라적인 걱정이 달라붙을 틈을 주지 않는 데 도움이 된다. 달리고 있는 사람이나 날고 있는 새는 걱정할 틈이 없듯이 바쁘면 걱정이 달라붙을 틈이 없게 된다.

장작불은 뜨겁고 열이 나게 만들고 화기애애한 분위기를 조성한다. 그래서 단체 야유회나 야영 시에 백미 중에 하나가 마른 나무 가지를 쌓아 놓고 불을 피우는 캠프파이어다. 타오르는 장작불을 보는 순간만큼은 온갖 잡생각이 멈추고 감정이 활성화된다. 그래서 유튜브 영상이 발달한 요즘에는 백색소음으로서 장작불 타는 장면과 소리만을 몇 시간씩 보여 주는 영상이 수도 없이 많다.

불사의 대장 머리, 생각 자체를 전혀 안 하고 살 수는 없다

인간의 사고 기능이 머리 아홉 달린 히드라처럼 폐해와 부작용을 낳는다고 해도 사고 기능 자체를 완전히 없애는 것은 불가능한 일이다. 생각을 적게 하고 살아야 마음이 편하다고 하지만 매사에 생각을 전혀 안 하며 살아갈 수는 없다. 생각 자체는 인간이 지구상에서 살아가는 데 있어서 가장 강력한 무기이기 때문이다. 직장과 수입도 없는데 직장을 구해 볼 생각도 안 하고 신경도 쓰지 않으면 굶어 죽기에 딱 알맞으므로 최소한의 생각은 해야 한다.

그래서 신화가 친절하게도 히드라의 머리 중 대장 머리 하나는 불사의 머리라고 알려 준다. 천하의 헤라클레스도 히드라의 아홉 개의 머리 중 여덟 개는 처리했지만 대장 머리는 죽이지 못했다. 커다란 바위로 눌러놓는 것으로 과업을 마쳤다. 생각을 바위로 무겁게 눌러놓아 활성화되지 못하게 하는 모습이다. 그렇게 되면 자신을 비롯해 사물에 대해 의심하고 걱정하는 마음도 최소한도만 남는다. 살아가는 데 있어서 기본적이고 상식적인 수준의 의심하고 걱정하는 마음도 필요하기 때문이다.

세상은 마음씨 좋은 사람이나 천사들만 살지 않는다. 눈 뜨고도 코 베이는 것이 야박한 세상 인심이다. 밑지며 판다는 장사꾼들, 당신이니까 큰돈을 벌 수 있는 정보를 알려 준다는 사기꾼들 등 금전이나 상업적 거래에서는 거짓말이 밥 먹듯이 난무한다. 수많은 낚시꾼들이 강물이나 바다에 미끼를 낀 낚시 대를 드리우고 있듯이 적이나 사기꾼들이 생활 곳곳에서 미끼를 던지고 기다리고 있는 것이 세상이다. 보이스 피싱의 경우에는 사람들이 알고도 당하는 경우가 허다하다. 따라서 최소한의 의심, 걱정하는 자세는 유지할 필요가 있다. 히드라의 여덟 개의 머리는 없애고 대장 머리 하나는 살려 둔 이유다.

케세라 세라, 될 대로 되라
—

세상은 매일같이 수많은 일들이 일어난다. 사건 사고와 테러나 전쟁도 일어나고 또한 평화 협상 타결 소식도 전해진다. 주식과 가상 화폐 시장은 늘 올랐다 내리기를 반복하고, 연예계에서는 인기 스타의 순위가 바뀌고, 스포츠 뉴스에서는 늘 패자와 승자의 소식이 전해진다. 날씨는 흐렸다 맑았다 하고 가끔 지진이나 태풍, 집중호우 소식도 들려온다. 국회의원들은 자당의 이익을 위해 수시로 말을 바꾸고 1년 365일 상대 당을 헐뜯는 성명을 발표하기도 한다. 날씨 탓으로 물가가 일시적으로 오르기도 하고, 코로나19 바이러스, 조류독감, 구제역, 미세먼지 발생이 주요 뉴스로 전해지기도 한다. 해외여행객이 사상 최대 또는 최소라는 뉴스, 수출입 실적의 변화 등이 주요 뉴스거리가 되기도 한다. 드라마나 영화는 매번 주제는 비슷하지만 인물을 바꾸고 상황을 약간 다르게 설정해서 쉼 없이 새로운 것을 발표한다. 아침저녁으로는 매일같이 먹거리를 주제로 한 방송이 이어지기도 한다.

세상은 따지고 보면 이처럼 다 알려져 있는 것들이 주기적으로 반복해서 일어나거나 간혹 갑작스럽게 일어나기도 한다. 이때 그러한 것들에 대해 생각을 안 하거나 신경을 안 쓰면 무슨 큰일이라도 나는 것처럼 반응할 필요가 없다. 그러한 일들은 내 권한 밖의 일이며 내 의지와 관계없이 수시로 일어났다가 소멸하기를 반복한다. 마치 하늘에 뜬 구름처럼 변화무쌍하게 잠시 형성되었다가 사라지기를 반복하는 사건 사고와 뉴스거리 들일 뿐이다.

바로 그런 뉴스들에 내가 생각이나 관심을 못 버리고 신경을 쓰고 있는 것이다. 뉴스 생산자들은 고객의 이런 심리를 적극 활용해 뉴스를 더욱 가공해서 내보낸다. TV의 주요 뉴스는 각 시간대 정각에 커다란 활자와 음향효과를 곁들여 약간 빠른 어조로 발표함으로써 마치 큰일이라도 생긴 것처럼 자극한다. 신문도 주요 뉴스는 큰 활자의 제목과 사진을 곁들여 1면에 빼내서 최대한 독자를 자극하려고 한다. 따라서 뉴스 생산자들의 이런 심리 전술에 말려서 매일같이

TV 앞에 자동적으로 앉거나 신문을 집어 들게 된다. 그렇게 되면 쓸데없이 흥분하기도 하고, 비난도 하며 근심과 걱정거리가 생겨난다.

먼 곳으로 여행을 가서 아침부터 저녁까지 진행되는 바쁜 일정으로 한동안 국내외 뉴스에 완전히 신경 끄고 살아도 아무 일도 일어나지 않는다. 생각과 신경을 너무 쓰며 살면 만사가 피곤해지고 세상은 온통 걱정거리들로 가득 찬다. 물론 이들 매체를 통해서 살아가는 데 필요한 기본적인 정보는 획득할 필요도 있다. 다만 너무 습관적으로 시청하거나 구독하면서까지 의존해서는 안 된다는 의미다. 특히 요즘은 유튜브, 페이스북 등 SNS가 발달해 신경을 과도하게 쓰고 잡념의 원인을 제공하는 측면이 있다. 때론 생각과 신경을 완전히 끄고 유유자적하는 삶도 필요하다. 그래야 히드라적 압박에서 해방 된 아미모네 샘에서 살맛 나게 하는 긍정과 낙천의 샘물이 풍요롭게 흘러나올 수 있다.

"될 대로 되라."라는 뜻의 "케세라 세라que sera sera."라는 팝송 가사처럼 세상사라는 것이 일어날 것은 모두가 일어나고야 만다. 그러나 임진왜란, 6.25 전쟁, 제2차 세계대전, 코로나19 바이러스 창궐, 월드컵이나 올림픽같이 세상을 공포와 흥분의 도가니로 몰아넣거나 떠들썩하게 만들었던 사건들도, 그 또한 지나가기 마련이다. 자신의 권한 밖의 일인 세상사에 너무 깊숙이 빠져들어 가서 너무 많은 생각을 하면 평정심을 잃고 흥분하거나 걱정만 많아진다. 아프리카 평원에 있는 배부른 사자의 무심한 표정처럼 세상사에 대해 어느 정도의 무관심이 필요하다.

제3과업
겁쟁이 사슴처럼 달아나는 '현실 도피'

케리네이아의 암사슴, 고고함에 취해 살아가는 사람들
—

마음 천하장사 헤라클레스의 세 번째 과업은 아르테미스^{Artemis} 여신이 보호하는 케리네이아의 암사슴을 산 채로 잡아오는 것이었다. 이 괴물 암사슴은 황소보다 컸고, 화살보다 빠르고, 암컷임에도 황금으로 된 뿔이 달려 있어서 마치 수사슴처럼 보였다고 한다. 헤라클레스는 아르테미스 여신의 노여움을 피하기 위해 여신에게 사슴을 털끝 하나 다치지 않게 잡았다가 다시 돌려주겠다고 약속한 후 사로잡았다.

이 사슴은 괴물이긴 하지만 네메아 계곡의 사자나 히드라처럼 인간 세상에 직접적인 해를 끼치진 않았다. 바람처럼 잘 달리는 이 사슴을 붙잡는 것은 단순하게 헤라클레스의 달리기 실력을 평가하는 것처럼 보였지만 거기에는 좀 더 숨겨진 의미가 있었다. 사슴은 소나 말, 돼지처럼 가축화된 동물이 아니지만 인간에게는 친근한 야생동물이다. 사슴은 초식동물로써 목이 길며 순하고 착하게 생겼다.

육식동물들은 포악하고 욕심이 있지만 초식동물들은 대부분 공격적이지 않고, 순하다. 각종 육식은 세속적 욕망과 쾌락의 상징인 반면에 풀과 열매 위주의 초식은 종교적이고 고고한 삶을 상징한다. 또한 사슴처럼 목이 길다는 것은 백조나 학처럼 고결하거나 고상함을 상징한다. 원래 이 사슴은 거인 아틀라스의 딸인 타이게테[9]가 변한 것이라고 한다. 타이게테는 그리스어로 '목이 긴'이라는 뜻이다.

사슴은 마을이나 민가가 상징하는 세속에서 멀리 떨어진 산속에서 채식 위주의 거친 식사로 만족하며 고고하게 살아가는 사람을 상징하기에 적합하다. 특히 암사슴은 더 순하고 어질며 겁도 있다. 사슴은 사람과 거리를 두며 만나게 되면 도망치며 회피한다. 이것은 개인들이 고고하게 살면서 사람 사는 마을이나 도시가 상징하는 번잡하고 세속적인 삶과 부딪히는 것을 피하는 모습이다. 이런 속성을 지닌 사슴이 화살처럼 빨랐다는 것은 현실 도피적인 생활을 하

---

9) 타이게테Taygete: 거인 신족 아틀라스의 딸로서 아르테미스를 섬기며 사냥을 했다. 제우스가 구애를 하자 순결의 상징인 아르테미스는 타이게테가 제우스의 유혹에서 벗어날 수 있도록 암사슴으로 변하게 했다. 그러나 제우스를 피하지 못하고 결국 관계를 맺어 스파르타의 조상이 된 라케다이몬을 낳았다.

는 데 선수나 전문가라는 의미 정도가 될 것이다.

그림 7. 사슴
사슴은 사람과 떨어져 숲속에서 사는 고상한 동물로서 속세에서 벗어나 고상하게 살아
가는 사람을 상징한다.

   '먹물을 가까이 하면 검어진다.'라는 뜻의 사자성어 '근묵자흙近墨者
黑'이 있다. 이 말뜻처럼 세속에서 생활하거나 사람을 많이 만나게 되
면 필연적으로 뒤따르는 것이 욕망이라는 굴레다. 또한 사람을 많
이 만나게 되면 자연적으로 애증 관계로 엮이게 된다. 그 과정에서
사랑과 이별, 우정과 질투, 집착과 분노, 미련과 슬픔과 같은 감정들
이 나타나게 된다. 번민으로 가득 찬 세속적인 삶에서 벗어나 정신
적 자유를 누리며 고고하게 살려는 것이 사슴 같은 사람들이다. 이
러한 생활을 유지하기 위해서는 사슴처럼 이웃 사람과 꽤 먼 거리

를 두거나 만나면 도망치는 현실 도피적인 생활을 해야 한다.

우리나라 절들도 세속과는 멀리 떨어진 산속에 있지만 유럽의 수도원도 마을과 멀리 떨어진 곳에 위치해 있는 경우가 많다. 대표적인 것이 그리스 테살리아 지역의 메테오라^{Meteora} 수도원들이다. 그곳 수도원들은 300m에서 500m 높이의 깎아지른 수직 바위 위에 있어 세상과 거의 단절되다시피 생활했던 곳이다.

영적이며 고고한 생활에 취해 살아가는 사람들은 10년 동안의 묵언^{默言}이나 면벽^{面壁}수행도 예사로 한다. 매력적인 여성조차도 '뼈가 든 가죽' 정도로 대하며 영적인 생활을 하는 사람들이다. 맛있는 식사와 함께 술 마시고 노래하고 춤추며 살아가는 보통 사람들은 상상도 할 수 없는, 고상하고 영적인 생활을 하는 사람들이다.

모가지가 길어서 슬픈 짐승이여

시인 노천명이 노래한 「사슴」이라는 시를 보면 고고하게 살아가는 사람들의 삶의 모습이 잘 드러나 있다.

모가지가 길어서 슬픈 짐승이여,

언제나 점잖은 편 말이 없구나.

관이 향기로운 너는

무척 높은 족속이었나 보다.

물속의 제 그림자를 들여다보고

잃었던 전설을 생각해 내고는

어찌할 수 없는 향수에

슬픈 모가지를 하고 먼 데 산을 바라본다.

    화가 모딜리아니의 그림 속에 나오는 목이 긴 여인들처럼 긴 모가지를 갖고 고고하게 살아가는 사람들은 산속의 사슴처럼 세속과 일정한 거리를 유지하며 살아간다. 특히, 시인은 "모가지"라는 단어를 통해서 고고한 삶에 대한 이중적인 감정을 절묘하게 표현하고 있다. 모가지는 '목'의 속된 표현이므로 약간의 경멸적인 감정이 담겨 있다. 사슴처럼 고고하게 사는 것도 좋지만 현실을 외면하는 도피적인 삶을 경멸하는 감정이 느껴진다. 고고한 삶은 인적이 드물어 외로워 보이고 보는 사람들에 따라서는 슬픔까지 느껴진다. 이런 사람들은 말수가 없고 점잖은 사람 축에 속한다. 자신의 고고한 향기에 취해 세인들에 대해 일종의 우월감을 느끼며 사는 산속의 성자 같은 족속들이기도 하다.

    그러나 물속의 제 그림자를 들여다보고 잃었던 전설을 생각해 내는 장면은 나르키소스Narcissus의 전설을 연상시킨다. 긴 모가지를 갖고 고고하게 살다 보면 자기 자신의 영적인 생활, 고상한 삶에 애착하는 나르시시즘에 빠지는 슬픔으로 연결될 수 있음을 암시한다. 먼 데 산을 바라보는 것은 눈앞의 현실이나 세속에는 관심이 없어 세상을 멍하게 바라보는 고고한 사람들의 모습이기도 하다.

고고하게 살되 그 노예나 겁쟁이가 되지 않기
—

아폴론Apollon과 아르테미스는 쌍둥이 남매 신이다. 쌍둥이는 닮거나 비슷한 점이 많다. 두 신은 쌍둥이라는 비슷한 측면을 지님과 동시에 남자와 여자라는 측면에서 정반대의 성격을 지니고 있다. 아폴론은 태양신이고 가장 미남 신이다. 부귀영화 등 외적인 성공을 거둔 사람들이 태양처럼 높고 눈부시게 빛나며 가장 멋지게 보이는 모습을 의미한다. 아폴론을 숭상하고 따르는 사람들은 인생에 있어서 외적 성공의 추구를 최고의 가치로 여긴다. 그들은 실력으로 최고의 자리에 오르거나 많은 돈을 벌고 높은 인기를 구가하는 정치인, 기업가, 인기 연예인, 스포츠맨, 사회 운동가 등이다.

아폴론과 쌍둥이이면서 남매 지간인 아르테미스는 아폴론과는 반대되는 성격을 의미한다. 외적인 성공의 정반대인 내적인 성공을 추구하는 여신이다. 그녀는 달을 상징하고 산속에 사는 여신이다. 달도 밝기는 하지만 태양보다 빛나지는 못한다. 다만 달빛은 은은하게 비추고 사람들의 마음을 차분하게 해 주는 묘미가 있다.

인격적 성숙을 추구하며 마음의 안정을 이룩하는 것은 내적인 성공이다. 해처럼 세상을 화끈하고 떠들썩하게 비추지는 못하지만 달처럼 신비스럽고 은은하게 빛난다. 아르테미스 여신은 처녀 신이다. 누구와도 관계를 하지 않는다. 이것은 모든 세속적 인연과 욕망에서 벗어나 있으며 쾌락 추구적인 생활과 관계를 맺지 않는 측면을 반영한다.

결국은 헤라클레스가 그 암사슴을 무려 1년간이나 따라다닌 끝에 털끝 하나 다치지 않고 생포했다가 다시 아르테메스 여신에게 되돌려줬다. 긴 모가지를 갖고 고고하게 살아가는 삶을 인정을 하지만 그것에 집착하거나 노예가 되지는 않겠다는 의지의 표현이다. 혼자서만 고고하며 독야청청해서는 세상과 소통할 수 없다.

사람은 사회적 동물이지만 세상이 너무 복잡하고 힘들어 겁쟁이 사슴처럼 내팽개치고 달아날 수도 있을 것이다. 그러나 세상이 잘못되면 결국은 자신도 잘못되고 불행해지는 것이 세상의 이치다. 욕망과 고통으로 신음하고 있는 중생도 구제해야 하고, 세상이 잘못되어 있으면 올바로 변화시키면서 세상과 소통하며 살아가야 한다. 그것이 인간으로서의 의무이고 조건이기 때문이다.

니체의 저서 『짜라투스트라는 이렇게 말했다』에서 주인공 짜라투스트라는 10년간 산속에서 고독을 즐기며 도를 닦은 후 다시 인간이 되기 위해 세상으로 내려간다. 산을 내려가다 숲속에서 성자聖者를 만나서 다음과 같은 유명한 말을 한다.

"도대체 이런 일이 있을 수 있는가! 이 늙은 성자는 자기의 숲속에 있으면서 신이 죽었다는 것에 관해 아직 아무것도 듣지 않고 있다."

사람은 사회적인 동물이므로 혼자만 고고하게 살아가면 그 때부터 사람의 속성을 잃고 동물화되어 가는 역설적인 상황이 초래된다. 세상과 떨어진 채 혼자만의 세계에 고립되어 살면 타인이나 세상에 지을 죄도 없고, 신의 존재 유무조차 그다지 필요가 없게 된다. 혼자 사는 사람에게 신이 나타나서 이렇게 저렇게 살아가라고 간섭할 필요조차 없기 때문이다. 신은 사회적인 동물로서의 인간에게 필요한 존재다. 깊은 산속, 자기만의 숲속에서 살아가는 사람에게는 짜라투스트라가 말한 것처럼 오히려 신은 죽은 상태가 되는 것이 아닐까?

제4과업
멧돼지같이 거칠고 질긴 '욕망'

욕망이라는 저돌적인 멧돼지
—

철저한 자기 관리의 제왕 헤라클레스의 네 번째 과업은 에리만토스 산의 거대한 괴물 멧돼지를 생포하는 것이었다. 돼지는 만족할 줄 모르고 끊임없이 욕망을 탐한다. 항상 먹을 것을 찾아 꿀꿀대는 돼지처럼 사람들도 욕망의 노예가 되면 마음의 안식이 없다. 일이 끝나고 집에 와서도 자신의 야망이나 쾌락 추구가 멈추지 않는다.

이런 사람들에게는 퇴근도 퇴근이 아니고 휴일도 휴일이 아니다. 그래서 편안하고 여유 있게 휴식을 취하지 못한다. 어떻게 하면 돈을 더 벌 수 있는지, 더 높은 자리에 올라갈 수 있는지, 좀 더 쾌락을 추구하며 살 수 있는지에 골몰하며 욕망이 멈추지 않는다.

욕망이라는 멧돼지는 워낙 저돌적이며 돌진하길 좋아해서 통제가 안 된다. 이곳저곳 기웃거리지 않는 데가 없으며 닥치는 대로 파헤치고 들쑤셔 놓아 내면을 황폐화시키기도 한다. 자신을 막아서거나 제지하는 것에 대해서는 강철 같은 어깨로 들이받고 칼처럼 날카로운 어금니로 마구 물어서 중상을 입히기도 한다.

그림 8. 루이스 투아일리온, 「헤라클레스와 에리만토스의 멧돼지」, 1904
인간은 멧돼지 같은 저돌적인 욕망과 평생을 같이한다.

욕망은 채울수록 좀 더 강하고 스릴 있고 자극적인 것을 원하게 만든다. 욕망은 사람들로 하여금 탄탈로스[10]처럼 감질나게 만들고, 에리시크톤[11]처럼 왕성한 식욕으로 자신의 살까지 뜯어 먹게 만든다. 하나를 갖고 있어도 두 개를 탐하다가 욕심쟁이 개처럼 둘 다 놓치기도 한다.

---

10) 탄탈로스Tantalos: 신들을 기만한 죄로 타르타로스 감옥에 갇혔다. 그곳에 있는 연못 안에서 목이 말라 물을 마시려고 하면 물이 발 아래로 사라졌고, 과일을 따 먹으려 하면 구름 위로 올라가서 아무것도 먹고 마시지 못하는 고통을 당했다. '애타게 만든다'라는 뜻의 영어 단어 'tantalize'는 그의 이름에서 유래했다.
11) 에리시크톤Erysichthon 테살리아의 왕이었으나 주위의 경고를 무시하고 데메테르 여신에게 봉헌된 신성한 참나무 숲을 베었다. 화가 난 여신이 그에게 채워지지 않는 굶주림에 시달리는 벌을 내려 나중에는 제 몸까지 뜯어 먹고 죽었다.

욕망은 그 에너지가 다 소진될 때까지 끝없이 내달린다

—

에리만토스 산의 괴물 멧돼지는 인근 농작물에 막대한 피해를 줬으며 빠르게 도망쳐 잡기가 어려웠다. 멧돼지가 살고 있던 에리만토스 산은 그리스에서도 알아주는 높은 산이다. 백두산보다는 낮고 한라산보다는 높은 해발 2,224m의 험준하면서 울창한 산이다. 인간의 욕망이 마음속에 마치 에리만토스 산처럼 위용 있게 떡 버티고 서 있는 모습이다.

우리나라에서는 호랑이를 산의 왕이라는 뜻으로 '산군山君'이라고 부른다. 에리만토스 산을 대표하는 동물이자 산군, 혼령이 바로 이 멧돼지다. 이를 통해 인간의 욕망이 지닌 웅장함, 무성함, 거침, 끈질김 등을 잘 표현하고 있다. 사람들이 제압하거나 정복해야 할 대상인 욕망이 이처럼 웅장하고 거칠고 무성하니 평생 동안 달려들어도 쉽지 않은 일이 된다. 보통의 경우는 우리가 멧돼지 같은 욕망을 붙잡으러 다니는 것이 아니라 욕망이 세상 이곳저곳으로 우리를 끌고 다닌다 하겠다.

욕망은 평소에는 안정을 유지하며 잘 제어되고 있다가도 일단 이성의 방어막을 뚫고 튀어나오게 되면 강렬해져 다루기가 쉽지 않다. 과음, 과식, 과소비, 도박, 주식 투자 중독, 불륜 등은 욕망이 이성의 문턱을 넘어 들락거리면서 일으키는 대표적인 소동이라 할 수 있다. 인간을 끌고 사방으로 질주하는 욕망의 괴력이다.

헤라클레스가 욕망이라는 멧돼지를 눈 덮인 에리만토스 산의 높은 산봉우리 사이의 계곡으로 몰아갔다. 히말라야나 알프스 산처럼 흰 눈으로 덮인 산봉우리를 보노라면 깨끗하고 신비스러운 느낌, 고 상하고 영적인 느낌이 든다. 속세나 욕망에서 벗어난 피안의 세계 같기도 하다. 흰색은 뜨거웠던 열이나 홍분이 식고 에너지가 다 소 진된 깨끗한 상태를 의미한다. 헤라클레스가 멧돼지 같은 욕망을 이런 상태로 몰아갔기에 결국은 붙잡는 데 성공했던 것이다. 헤라 클레스조차도 욕망이 지녔던 에너지가 다 소진되고 나서야 붙잡을 수 있었던 것은 사람들에게 의미하는 바가 크다.

얼간이가 안고 다니는 황금 거위 이야기, 돈아 돈아 돈아!
—

전 세계적으로 욕망 또는 과욕에 관한 신화와 전설이 무수히 많 다. 그 중에서 돈과 재물을 쫓는 사람들의 욕망과 심리를 잘 보여 주는 이야기가 독일 그림 형제의 「황금 거위 이야기」다. 옛날 독일 마을에 한 얼간이가 살았는데 하루는 숲속에 나무하러 갔다가 우 연히 황금 거위를 얻게 되었다. 그가 마을로 내려와 황금 거위를 안 고 다니자 처음에는 이를 탐한 처녀 세 명이 그의 꽁무니에 달라붙 었다. 다음에는 처녀들에게 정숙하지 못하다고 나무라던 목사가 달 라붙었고, 이런 식으로 농부 두 명과 문지기 등 일곱 사람이 얼간이 꽁무니에 찰싹 달라붙어 줄줄 따라다녔다.

황금 거위는 소위 세간에서 황금 알을 낳는 사업으로 알려진 부동산, 주식, 가상화폐, 다단계 등의 사업을 상징한다. 황금 거위같이 돈 되는 사업에는 처녀들로 대변되는 세속에 물들지 않은 순수한 젊은이들도 예외가 없다. 그래서 아파트값이 천정부지로 오르자 20, 30대 젊은 층이 영혼까지 끌어모아 대출을 받으며 집을 사는 사태까지 벌어졌다. 젊은이들은 기성세대에 비해 세속의 때가 덜 묻은 상태이지만 경제가 어려워지자 너 나 할 것 없이 부동산과 주식, 가상화폐 시장으로 뛰어들었다.

대중을 이끌고 좋은 길로 안내하는 목사님 같은 사회 지도층도 처음에는 처녀들을 꾸짖으려 했다. "젊은 사람들이 열심히 노력해서 돈을 벌 생각을 안 하고 벌써부터 투기에나 관심을 두다니…. 쯧쯧." 하며 혀를 차는 모습이다. 그러나 목사님조차도 막상 돈 되는 사업을 가까이 해 보니 장난이 아니다. 부동산이나 주식 투자를 통해 단기간에 수천만 원에서 수억씩 버니 생각이 달라진다. 남들도 뒷구멍으로는 다 그렇게 해서 목돈을 장만하는데 자신만 가만있으면 바보라는 소릴 듣거나 '벼락거지'가 될 수 있기 때문이다. 그래서 그 역시 황금 거위에 착 달라붙어 수익을 내기 위해 줄줄 따라다닌다.

남들의 모범이 되어야 할 국회의원, 장관, 판검사, 교수, 인기 연예인 등 사회 지도층도 열심히 황금 거위 꽁무니를 쫓아다닌다. 국회 인사 청문회에 나오는 사회 지도층 인사들만 봐도 알 수 있다. 그들의 재산 공개 내역을 보면 부동산과 주식 투자로 일반 국민에 비해 훨씬 많은 재산을 불리고 있다. 이들 중 몇몇은 황금 거위 따라다니는 것을 포기할 수가 없어 청와대 등 정부의 핵심 요직까지 포기하는 경우도 있다.

먼 들판에서 이 광경을 지켜보고 있던 농부들도 사회 지도층 인사인 목사님을 흉보다가 그들도 철썩 달라붙어 떨어지질 못한다. 큰돈에 욕심 안내고 내가 땀 흘린 만큼만 벌어서 살아가겠다는 사람들이 농부 같은 사람들이다. 그러나 그런 사람들조차도 뉴스라든가 주변 여기저기서 부동산과 주식 투자로 큰돈을 벌었다고 하니 돈에 욕심이 생기는 상황이다. 성실근면하게 살아가는 수많은 직장인이나 자영업자들이 이 계층에 해당한다 할 것이다.

마지막으로, 나이 들고 배운 것 없거나 은퇴한 교회 문지기도 처음에는 부동산과 주식 등 돈 되는 사업에 혈안이 된 사람들을 보며 말세라고 외친다. 세상이 투기 광풍으로 미쳐 돌아가고 언젠가는 거품이 터져 폭락할 수 있다고 혀를 찬다. 그러나 그런 사람들조차도 주변에서 고수익을 올린 사람들이 새 차와 집을 사고 고급 음식점을 들락거리고 해외여행을 가는 것을 목격하게 되면 마음이 혹해서 황금 거위에 달라붙게 된다.

이처럼 남녀노소와 사회적 지위 고하를 막론하고 큰 수익이 나는 사업, 부동산, 주식, 가상화폐, 다단계, 고금리 등으로 사람들이 찰싹 달라붙어 몰려다닌다. 그래서 황금 거위를 끌고 다니는 얼간이에 달라붙었던 인간 군상들이 처녀 셋, 목사 하나, 농부 둘, 문지기 하나를 합해 일곱 명이었던 것이다. '7'은 형형색색의 일곱 색깔 무지개를 의미하는 숫자다. 돈을 쫓는 사람들이 특정 계층이나 연령, 직업을 가진 사람들에 한정되는 것이 아니다. 전 계층, 전 연령대, 남녀 구별 없이 다양한 사람들이 돈을 쫓고 있는 상황을 의미한다.

일곱 색깔 무지개처럼 처지와 개성이 다양하고 천차만별, 형형색색인 사람들이 강남 집값이 급등하면 강남으로 우르르 몰려간다. 다시 그곳의 규제가 심해지면 과천, 용인, 수원, 송도, 청라, 그 밖의 지방 등으로 몰려간다. 이것이 부귀영화를 향한 대중들의 열망이며 현주소다. 결코 우리나라만 그런 것이 아니다. 합리주의자들이 많이 산다는 독일도 그렇기에 이런 이야기가 생겨난 것이고, 블랙 먼데이와 금융 위기의 본산인 미국은 말할 것도 없다.

주식 시장에서는 이름만 들어도 알 만한 대권 후보자 주식, 신종 코로나 관련 주식, 바이오 주식 종목으로 하루에 수천 채의 아파트 값에 해당하는 돈이 몰리기도 한다. 황금 거위가 가는 대로 너 나 할 것 없이 졸졸 쫓아다니는 인간 군상들의 모습이다. 그곳에서 어떤 사람은 황금 깃털 부스러기를 잡기도 하고 어떤 사람은 왕창 손실을 보기도 한다. 지금 이 시간에도 사람들은 인터넷과 스마트폰을 켜 놓고 위치 좋고 목 좋은 부동산이나 유망 주식 종목, 가상화폐 등을 찾고 있다. 열심히 "돈아, 돈아, 돈아!"를 외치며 황금 거위를 쫓고 있는 것이다.

여기서 배를 잡고 웃게 만드는 사실이 한 가지 있다. 황금 거위를 끌고 다니는 주인공이 바로 얼간이이기 때문이다. 그는 얼간이라 아무 생각이 없다. 그냥 자기 기분 내키는 대로 그날그날 이리저리 황금 거위를 끌고 간다. 그런 와중에 얼간이가 우연찮게 강남으로 갔다. 그랬더니 그를 따르는 처녀, 목사, 농부, 문지기 등 인간 군상들이 교육과 교통, 문화 여건이 최상이라는 평계 등을 대고 우르르 그곳으로 몰려서 강남 집값이 오른다. 내일은 얼간이가 신종 코로나 바이러스 주로 발걸음을 옮겨서 신종 코로나 바이러스 관련주가 급등을 한다.

강남 같은 곳에 위치한 집에 살면 행복이 저절로 넘치는 천국 같고, 무병장수하는 등 대단한 가치가 있어서 오르는 것이 아니다. 얼간이가 그곳으로 자주 가서 그곳의 집값이 올라 수익이 크게 나므로 가치가 높아지고 사람들이 아우성치며 찾는 것이다. 주식 투자도 마찬가지다.

다만 황금 거위를 끌고 다니는 얼간이가 어디로 튈지는 뉴턴과 아인슈타인 같은 대천재를 비롯해 그 누구도 예측할 수 없다. 그는 얼간이라 특정한 생활의 패턴이 있는 것도 아니고 원칙도 없고 그 누구와도 대화가 통하지 않고 친하지도 않다.

주식 투자의 귀재 워런 버핏의 스승인 벤자민 그레이엄은 『현명한 투자자』에서 증시를 '미스터 마켓'이라는 변덕스런 사람에 비유했다. 그는 조울증 환자로 어느 때는 굉장히 낙관적이고 어느 때는 패닉에 빠질 정도로 비관적이다. 이 미스터 마켓이 바로 얼간이에 해당한다 할 수 있다.

미스터 마켓의 속성을 잘 보여 줬던 사례가 17세기 네덜란드에서 있었던 튤립 투기 광풍으로 튤립 알뿌리 하나에 집 한 채값까지 올라갔다 폭락했다. 2021년 1월 초에 미국 주식 시장에서 '게임스톱'이라는 주식은 약 2.5달러에 불과했지만 한 달 만에 480달러까지 폭등해 180배까지 올랐었다. 단기간에 수익을 올리려는 욕망에 모두 다 미스터 마켓이나 얼간이에 홀려서 벌어진 진풍경이었다.

천재 과학자이자 수학자였던 뉴턴과 아인슈타인도 주식 투자를 했다가 쫄딱 망했다고 한다. 특히 뉴턴은 주식 투자 때문에 망한 이후로 자신 앞에선 주식의 '주' 자도 꺼내지 말라고 했다고 한다. 그는 "불규칙한 천체의 움직임을 계산할 수는 있지만 미치광이들이 어떻게 움직일지는 알 수 없다."라는 말을 남겼다고 한다.

서시, 저녁 시간대만 되면 눈이 반짝이는 사람들

그림 9. 청나라 혁달자赫達資가 그린 서시 그녀의 이름은 저녁 시간대에 머물며 방탕하게 산다는 뜻이다.

중국의 유명한 고사성어 중에 하나인 '와신상담臥薪嘗膽'과 관련해 서시西施라는 미인에 관한 이야기가 나온다. 그녀는 당나라 때의 양귀비, 『삼국지』에 나오는 초선 등과 같이 4대 미녀 중 한 사람이다. 사람들이 미녀인 그녀의 행동을 따라 하면 예뻐 보일까 봐 심장병으로 얼굴을 찡그리는 모습까지 따라 해 '서시빈목西施嚬目'이라는 사자성어까지 생겨났을 정도다. 오늘날 인기 연예인의 말투나 행동, 패션을 따라 하는 것과 같은 현상이다.

보통의 남자들은 서시 같은 매력적인 미녀와 연인 관계가 되어 같이 생활하고 즐긴다는 것은 꿈속에서조차 언감생심이라고 생각한다. 그러나 사실은, 동서고금을 막론하고 대부분의 남자들이 서시와 놀아났고, 현재도 그녀의 치마폭 속에서 놀아나고 있는 중이다. 특히, 남자들뿐만이 아니라 여성들도 동성애자처럼 그녀와 질펀한 사랑놀이를 벌이고 있다.

그래서 서시의 정체를 정확하게 알기 위해서는 먼저 그녀의 한자어 이름 뜻부터 살펴볼 필요가 있다. 역사적 인물에 대한 정보가 부족할 때는 그의 이름을 살피면 그가 어떤 사람인지, 추구했던 바가 무엇인지 등에 대한 결정적인 단서가 나올 때가 있다. 호랑이는 죽어서 가죽을 남기지만 사람은 죽어서 이름을 남기기 때문이다.

西: 서녘, 서쪽, 깃들이다
施: 베풀다, 실시하다, 번식하다

서시를 직역하면 '서쪽이나 서녘에 베풀다'라는 의미다. 동쪽에서 해가 뜬다면 서쪽은 해가 지는 저녁이나 밤중, 휴식 시간을 상징한다. 그래서 서시는 저녁이나 밤중에 베푼다는 의미가 된다. 세상을 밝게 비추는 태양 아래서 땀 흘리던 사람들도 땅거미가 지면 일손을 놓고 휴식을 취하거나 삼삼오오 모여서 회포를 풀며 향락을 즐긴다.

사람들은 좋은 일을 기념하기 위해 잔치를 베풀고, 가족들과 외식 자리를 갖고, 동료나 친구들과 회식 자리, 술자리 등을 갖는다. 그래서 식당과 술집, 유흥 음식점, 노래방, 나이트클럽, 당구장 등이 이 황금 시간대를 놓치지 않기 위해 분주하게 움직이며 손님을 맞이한다. 서시 시간대에는 사람들이 낮에 마시던 물과 음료 대신 술을 마시고, 일하며 흘리던 땀은 춤과 노래의 향연을 벌이며 흘린다.

서시 시간대인 밤의 세계, 밤 문화는 태양이 중천에 떠 있을 때와는 사뭇 다르다. 뒷골목 유흥가에는 네온사인 불빛이 휘황찬란하고, 짙은 화장을 한 거리의 여자들과 호객꾼들, 흐느적거리는 취객과 연인들이 넘쳐난다. 수차례에 걸친 술자리가 끝나고 집에 돌아가기 위해 몽롱한 눈빛으로 택시를 잡거나 대리 기사 등을 부르는 진풍경이 연출되는 것이 서시 시간대의 일상이다.

저녁이나 한밤중에 베푼다는 것은 일손을 놓은 저녁에 음주 가무와 성적인 탐닉 등을 벌이며 즐기는 것을 의미한다. 결국 서시라는 이름은 향락주의적 삶을 베풀거나 추구하는 것을 의미한다. 여기서 서쪽 방향에 베푼다는 뜻의 서시보다 저녁에 베푼다는 '석시夕施'라고 미인의 이름을 표현했더라면 좀 더 이해가 쉬울 것 같다. 그러나 서시는 저녁인 밤에만 베푸는 것이 아니라 대낮의 휴식 시간이나 휴일에도 베풀며 즐기는 포괄적인 의미를 지닌다.

쉬는 날에는 등산, 자전거, 여행, 축구, 낚시, 영화 감상, PC 게임 등 수많은 취미 생활을 하면서 서시와 함께 아름답게 보낼 수 있다. 일부 바람난 남녀들은 지인들을 피해 대낮에도 교외로 나가 맛있는 음식과 술을 곁들여 먹은 후 한적한 모텔에서 서시적인 쾌락을 즐기기도 한다. 생활에 여유가 있는 계층은 해외로 나가서 느긋하게 서시와 함께 뒹굴기도 한다.

이러니 서시는 동서고금의 남녀노소로부터 사랑받는 절대 미인이 될 수밖에 없었던 것이다. 눈 깜짝할 사이에 지나가는 인생살이에서 예나 지금이나 재밌고 즐거운 생활을 마다할 사람들이 없기 때문이다. 미스코리아, 미스월드, 미모의 TV나 영화배우 같은 여성들일지라도 쉰 넘으면 다 늙고 피부의 탄력이 떨어진다. 그러나 서시는 실제 여성이 아니라 즐기는 삶, 쾌락적인 삶을 의미하기에 천년만년 늙지 않을 것이다. 세계 최고의 미인으로서 우리들의 영원한 애인으로서 영원히 함께할 것이다.

그리고 서시라는 여인은 미인임에도 자신을 전혀 내세우지도 않고 까탈스럽지 않아서 좋다. 오로지 사람들이 인생을 즐길 자세만 되어 있다면 그녀는 자신의 모든 것을 내줄 준비가 되어있다. 베르디의 오페라 〈라트라비아타La Traviata〉에 나오는 「축배의 노래」 가사처럼 사람들은 그저 즐길 자세만 되어 있으면 서시가 알아서 품에 안길 것이다.

인생이란 한없이 덧없는 것

이 시간이 흐르면 아무 소용없는 것

함께 노래해, 즐거운 이 순간 노래해

브라보, 축배의 잔을 높이 들고

노래해 즐거운 사랑 이야기

이 밤 웃음소리 가득한 곳

노래해, 새벽 올 때 까지

　사람들은 자신이 살아 있다는 사실만큼 서시를 애인으로 두고 있는 것도 사실이다. 다만 너무 익숙해져 있기 때문에 이를 의식하지 못해 문제가 된다. 지인들과 만나서 음식 잘하기로 이름난 집에 가서 한잔하고, 시간 되면 노래방 등으로 2차를 가고, 3차로 당구장에 가는 것도 서시적인 생활이다. 이 과정에서 유흥 주점 등에서 도우미나 접대부를 추가하면 말 그대로 주색잡기의 향연이 벌어진다.

　코로나19로 인해 거리 두기를 함에 따라 만남과 음주 가무 등 서시와 함께 뒹구는 것이 제한되자 소비와 일자리가 줄어들어 사회 곳곳에서 난리가 아니다. 수차례에 걸친 재난지원금도 지원했지만 영업을 제대로 못 해 손해 본 것에 비하면 턱도 없이 부족하다. 일명 '코로나 블루'라는 우울증 환자도 급증했다고 한다. 서로 만나서 소통하며 즐거움을 나누게 하는 아름다운 여인 서시를 못 만나게 했으니 그럴 만도 하다. 이처럼 우리는 세상에서 가장 아름다운 여인인 서시를 너무 가까이에 두고 있었기에 평소 그녀의 아름다움과 가치를 미처 인식하지 못했다. 코로나 팬데믹 상황이 터진 연후에야 그녀가 정말 아름다운 미인이었으며 내 곁에 있었던 것이 실감나게 된 것이다.

　월나라 왕 구천^{句踐}이 앙숙 관계에 있는 오나라 왕 부차^{夫差}에게 서시를 보냈다. 이것은 부차로 하여금 쾌락적이고 방탕한 생활에 푹 빠지게 함으로써 개인적인 능력이나 국력의 향상 발달을 등한시하게 하는 계략이다. 매일같이 술 마시며 놀자 판으로 살게 되면 개인이나 국가 모두 경쟁력을 유지할 수 없어 망하는 것은 시간문제다. 이런 나라는 쉽게 정복할 수 있고, 이런 사람이 챔피언이라면 그로부터 챔피언 벨트를 뺏는 것은 시간문제일 뿐이다.

　동양의 서시와 헤라클레스의 12과업과는 아무런 연관이 없어 보이지만 실제로는 불가분의 관계가 있다. 앞에서 헤라클레스가 18세가 되던 해에 쾌락이라는 여인과 미덕이라는 여인을 만나는 장면을 살펴봤다. 쾌락의 여인은 아름답게 화장하고 보석들이 주렁주렁 달린 화사한 옷을 입고 있었으며, 매혹적인 미소와 눈동자, 여인의 향기를 지니고 있었다. 또한, 자신을 택하면 언제나 즐겁고 편안함과 기쁨으로 가득 찰 것이라고 유혹한다. 인생은 즐기기에도 짧으니 고생할 것 없이 자신과 매일 매일을 좋은 경치를 구경하고 맛있는 음식을 먹고, 가장 좋은 술을 마시며 즐기자고 한다. 이 쾌락의 여인을 서양의 서시라고 불러도 이의를 제기할 사람은 아무도 없을 것이다.

동시, 새벽부터 일하는 사람
—

　서시만 있었던 것이 아니라 동시東施라는 여인도 있었다. 두 사람의 이름이 서쪽과 동쪽을 의미하는 앞부분만 다르고 뒷부분은 같았다.

중국의 미인 서시는 가끔 위장병으로 고통을 받았는데, 증세가 나타나기만 하면 손으로 심장 근처를 누르고 눈살을 찌푸리곤 했다. 그런데 서시가 아픔을 참으려고 눈살을 찌푸리는 모습까지도 사람들은 아름답다고 말했다. 인근 마을에는 동시라고 하는 아주 못생긴 여자가 살았다. 어느 날 서시를 보고는 두 손으로 심장을 누르고 눈살을 잔뜩 찌푸린 채 마을을 돌아다녔다. 마을 사람들은 이 모습을 보고 놀라서 다들 달아나거나 숨었다고 한다.

'빈축嚬蹙'은 '눈살을 찌푸리고 얼굴을 찡그림'이라는 뜻이다. 못생긴 여자가 미인 서시의 행동을 따라하면 예뻐 보일까 봐 따라 한 데서 생겨난 말이라고 한다. 여기서 서시를 따라 했다는 못생긴 여자가 동시라는 사실이 중요하다. 그녀의 이름은 '동쪽에 베푼다'라는 의미로서 서시와는 정반대 방향에 베풀고 있다. 이름만 봐도 두 사람은 정반대의 가치관을 지니고 있음을 알 수 있다.

서시는 해가 진 저녁 시간대에 술 마시고 노래하며 쾌락을 추구하는 삶의 자세인 반면에 동시는 해가 뜨는 동쪽 시간대에 베푸는 삶의 자세다. 대부분의 사람들에게 있어서 새벽이나 아침 시간대는 하루 일과를 준비하고 부지런히 일해 나가는 시간대다. 술에 절어 사는 알코올 중독자, 노숙자가 아니면 아침 시간대부터 술 마시며 방탕한 생활을 하는 사람은 없다.

서시적인 사람은 퇴근 후 딱 한 잔만 하겠다던 다짐이 일단 한 잔이 들어가면 물거품이 된다. 2차, 3차로 이어지며 네다섯 시간이 훌쩍 지나가고 자정을 넘기기가 일쑤다. 그래서 다음 날 과음과 수면 부족으로 피곤해서 얼굴에는 "나 어제 술 마셨어요."라는 표정이 역력하게 나타난다.

반면에 동시적인 사람은 새벽에 일어나서 한두 시간 하려던 공부나 일에 재미가 붙어 조금씩 늘어난다. 궁금한 것을 더 알려고 하거나 기왕에 내친 김에 좀 더 하려는 마음이 생겨서 역시 서너 시간씩 하게 된다. 이런 유형의 사람은 하루가 오전, 오후가 아니라 새벽, 오전, 오후가 된다. 남보다 거의 반나절을 더 살고 나오는 아침형 인간이자 미라클 모닝형의 사람들이다.

그래서 동시적인 사람도 피곤하기는 마찬가지다. TV의 맛집 프로그램에서 거액의 매출을 올리는 사장님들은 대부분 밤 12시까지 일하고 다시 새벽 3, 4시에 나오며 부지런히 살고 있음을 보여 준다. 시청자들은 그렇게 동시처럼 사는 사람을 볼 때 존경스럽고 대단하다는 느낌이 든다.

서시적인 사람이 쾌락적인 삶을 즐기고 난 후 느끼는 피로감과 동시적인 사람이 부지런히 일하고 난 후 느끼는 피곤함은 다르다. 서시적인 피로감은 자신의 행동에 대한 일종의 후회와 자책이 곁들여지는 피로감이다. 반면에 동시적인 피로감은 무엇인가를 성취할 수 있다는 자신감을 느끼게 해 주는 피로감이다. 어떤 삶의 자세를 지녔는가에 따라 이처럼 하루 중 많은 시간을 소비하는 방식이 달라진다. 이것이 수십 년에 걸쳐서 축적되게 되면 후일 두 사람의 모습은 하늘과 땅처럼 차이가 나기 마련이다.

열심히 살아가는 동시 같은 사람들 입장에서는 서시처럼 행동하는 사람들이 맘에 들 리가 없다. 그들의 눈에는 서시 같은 사람들이 일은 안 하고 밥이나 축내는 '식충이', 남들 일할 때 그늘에서 노래나 부르는 '게으름뱅이 베짱이' 정도로 느껴진다. 그래서 동시가 건달처럼 사는 서시적인 사람들에 대해 눈살과 얼굴을 찡그리며 인상을 쓰는 것이 당연하다. 드라마에서도 부지런하고 꼬장꼬장한 아버지가 빈둥거리며 놀기 좋아하는 자식에 대해 항상 빈축하며 대하는 모습을 볼 수 있다. 그래서 '동시빈축東施嚬蹙'이라는 말이 생겨난 것이다. 동시라는 못생긴 여자가 서시의 행동을 단순히 따라 한 것이 아님을 알 수 있다.

이솝 우화 「매미와 개미」 이야기를 보면, 여름 내내 시원한 그늘에서 노래나 하며 놀고먹은 매미가 추운 겨울이 되자 양곡을 많이 모아 둔 개미집을 찾아간다. 우리가 어린 시절에 배운 바로는 부지런하고 마음씨 좋은 개미가 매미에게 식량을 나눠 준 것으로 되어 있다. 그러나 이솝 우화 원전에서는 개미가 매미를 향해 "여름 내내 그늘 아래서 노래를 불렀으니 이제는 춤을 추시면 되겠네."라고 비꼬며 문전박대하고 쫓아냈다고 한다. 가히 동양의 동시빈축에 버금가는 서양의 '개미빈축'이라 할 것이다.

쾌락을 추구하며 방탕하게 살아가는 서시는 미인으로 대접받는다. 그러나 하루 종일 고되게 일만 하는 동시는 추녀醜女라고 일컬어진다. 이를 통해 즐겁고 쾌락적인 삶과 일만 죽도록 하는 삶에 대한 사람들의 태도와 가치관을 엿볼 수 있다. 다람쥐 쳇바퀴 도는 것 같은 평범한 삶을 살아가는 회사원들은 복권이라도 당첨되어 직장을 당장이라도 그만두고 싶다. 국내외 여행을 수시로 다니며 멋진 풍광과 식도락을 즐기는 여유 있는 삶을 살고 싶어 한다. 이런 여유 있는 삶은 대부분의 사람들이 원하고 사랑하며 갖고 싶어 한다. 그래서 서시는 만인에게 사랑받는 미인이요, 애인이다.

반면에 하루 종일 개미나 소, 당나귀처럼 죽도록 일만 하는 사람들도 있다. 간단한 식사로 끼니를 때우고 장시간 일벌레처럼 일만 하거나 거친 중노동을 하는 것을 좋아할 사람들은 없다. 그래서 동시는 대부분의 사람들이 싫어하는 못생긴 추녀로 표현된다. 그래도 자녀들 키우면서 먹고살려니 그 아름다운 서시가 바로 곁에 있는데도 같이 즐기질 못하고, 못생긴 동시와 살아갈 수밖에 없는 것이 서민들의 삶이다.

그러나 살아가는 데 있어서 서시만을 끼고돌며 애지중지하거나 반대로 동시만을 그렇게 해서도 안 된다. 인생을 전체적으로 놓고 볼 때 사람은 제대로 일할 줄도 알아야 하고 동시에 즐길 줄도 알아야 한다. 그래서 서시와 동시를 대할 때는 중용의 도가 필요하다. 어느 한쪽으로 치우치지 않고 두 여인 모두 사랑하며 가치를 부여함으로써 균형 잡힌 삶이 된다.

동시 같은 사람의 전형적인 유형이 미국의 석유왕 존 록펠러다. 1881년 그는 미국에서 생산되는 석유의 95%를 손에 쥐고 있었고 그의 자산 가치는 현재의 빌 게이츠의 세 배 정도였다고 한다. 그는 50대 초반까지 오로지 일과 돈만 알았으며 술, 여자, 담배를 멀리했고 운동이나 오락을 즐길 여유가 없었다. 극장에도 가지 않았고, 도박도 하지 않았다.

그렇게 일과 돈에 빠져 살던 그가 53세 때 자신의 사업에 대한 온갖 걱정과 사람들의 시기와 질투로 스트레스성 소화기 질환에 걸려 머리와 눈썹이 다 빠져 버렸다고 한다. 말하자면 그는 동시만 편애하는 생활을 함으로써 서시의 질투와 저주를 받았던 것이다. 계속 그렇게 살면 죽을 수도 있다는 말을 듣고 그때서야 비로써 정신을 차렸다.

그래서 은퇴 후에는 그동안 못 했던 골프도 치고, 카드 게임과 노래도 하고, 정원도 가꿨다. 특히 그는 독실한 기독교 신자로 교회와 자선사업에 많은 기부를 했다. 그의 기부로 문을 닫았던 시카고 대학이 되살아났고, 말라리아, 유행성 독감, 디프테리아 등 전염병 극복도 그의 기부에 힘입은 바 크다. 그 결과 그는 97세까지 장수했으며 그의 기부에 대한 모범은 빌 게이츠 등 후대 기업인들에게까지 이어지고 있다. 그가 장수할 수 있었던 원동력은 동시처럼 일만 하던 자세에서 나중에는 서시도 사랑하고 아끼며 인생을 풍요롭게 즐기고 균형 잡힌 삶을 살았기 때문이다.

서시와 동시, 소비와 생산의 원동력
—

경제적인 측면에서는 서시와 동시적인 요소가 모두 필요하다. 먹고 마시며 즐기는 서시적인 측면은 소비생활을 촉진해 경제를 확장시키고 성장의 한 축을 이룬다. 그래서 국가나 경제학자들은 서시적인 요소가 주축을 이루고 있는 소비가 위축되면 전쟁이라도 난 것처럼 호들갑을 떨며 금리를 내리고 돈을 마구 풀기도 한다. 미국의 금융 위기나 전 세계적인 코로나19 바이러스 위기가 닥치자 각국에서는 재난지원금 등 천문학적인 돈을 풀어 사람들이 서시와 뒹굴도록 적극 장려하기도 했다.

반면에 사람들이 필요로 하는 재화를 땀 흘리며 생산해 내는 동시적인 측면도 새로운 문물을 창조해 내고 산업 생산과 경제 발전에 이바지한다. 열심히 공부하고 창의적으로 생각하고 근로를 통해 생활에 필요한 온갖 물품을 만들고 주택과 도로, 발전 시설 등을 건설해 나감으로써 역시 경제가 성장한다. 그래서 사회나 국가에서는 공부와 근로를 장려하고 산업 경쟁력을 확보하기 위해 안간힘을 쓴다. 김유신, 세종대왕, 이병철, 정주영, 카네기, 빌게이츠, 아인슈타인 등 동시적인 부지런한 생활 자세를 가진 사람들이 성공한 사례들은 바닷가의 모래알보다 많아서 언급할 필요조차 없다.

이처럼 서시와 동시는 소비와 생산의 밑바탕이 되는 강력한 원동력이 되고 있음을 알 수 있다. 서시적인 소비와 동시적인 생산이 균형을 이루는 국가가 선진국이자 최고의 복지국가다. 그리고 명심해야 할 것은 서시와 동시라는 여인은 모든 개인들의 마음속에 같이 자리 잡고 있다는 사실이다. 어느 한쪽만 편애하면 반대편의 질투와 저주가 매우 심하다는 것을 알고 두 여인 모두 사랑하고 아껴야 편안하고 균형 잡힌 삶이 된다.

욕망에 대한 칠종칠금
—

중국 위·촉·오 삼국시대에 맹획이라는 남쪽의 오랑캐가 문제를 일으키자 『삼국지』 최고의 전략가 제갈량이 정벌에 나섰다. 제갈량이 그 오랑캐를 진심으로 굴복시키기 위해 일곱 번 붙잡았다가 다시 일곱 번 놓아준 것에서 '칠종칠금七縱七擒'의 고사가 만들어졌다. 전쟁터에서 적장을 붙잡았다가 실수로 놓칠 수는 있어도 일곱 번이나 잡았다가 풀어 주는 행위는 삼척동자도 하지 않을 행위다. 그러므로 맹획은 단순한 오랑캐가 아님이 분명하므로 그의 이름 뜻부터 알아볼 필요가 있다.

　　孟: 첫, 처음, 맏이, 우두머리, 애쓰다, 크다, 사납다
　　獲: 얻다, 붙잡다, 포획물

맹획孟獲의 이름 뜻은 '무엇인가를 얻거나 획득獲得하려고 힘쓰거나 그런 욕구가 큼'을 의미한다. 다시 말하면 돈이나 재물을 얻으려고 애쓰고, 그것을 자나 깨나 생각하고, 그에 대한 욕심이 매우 크거나 강렬함을 의미한다. 헤라클레스가 붙잡았던 에리만토스 산의 멧돼지와 급이 같은 것이 맹획이다. 인간의 여러 가지 욕망 중에서도 첫

째가는 욕망이 재물에 대한 욕망임은 두말할 필요가 없다. 그가 오랑캐였다는 것은 사람들이 지닌 재물에 대한 욕망이 온갖 사고와 말썽을 부리며 바람 잘 날 없게 만드는 것을 의미한다.

사람들은 재물 때문에 온 가족이 모이는 화기애애한 명절날에도 칼부림 사건을 일으킨다. 부모 형제와 친구 간에 의가 상하는 것, 동업이나 계약이 파기되고 서로 고소 고발을 하고 소송까지 불사하는 것도 모두 재물에 대한 욕심 때문에 일어난다. 청렴하던 공무원, 유명 정치인들이 뇌물을 받아 구속이 되는 모습은 어제오늘의 일이 아니다. 돈 자체는 좋지만 그것을 획득하거나 차지하는 과정에서 이처럼 개인들의 삶에 온갖 평지풍파를 일으키기에 돈에 대한 욕망을 오랑캐라 하는 것이다.

돈이나 재물에 대한 욕망은 권력욕, 성욕, 명예욕 등 인간의 여러 가지 욕망 중에서도 가장 보편적이고 드세고 질기다. 이런 질긴 욕망을 단번에 붙잡아 잠잠하게 만들면 좋겠지만 그것이 거의 불가능에 가깝다. 그래서 공명이 일곱 번 잡았다가 일곱 번을 풀어 주길 반복하며 재물욕이 지닌 힘을 빼서 결국은 완전하게 굴복시켜 붙잡은 것이라 할 수 있다.

사람들은 맹획처럼 돈과 재물을 얻기 위해 새로운 사업을 벌이거나 부동산과 주식 투자, 가상화폐, 다단계, 높은 이자를 준다는 펀드에 투자를 하기도 한다. 그래서 재물욕이 있는 보통 사람들의 대화 주제는 항상 부동산이나 주식, 펀드 등의 이야기로 가득 찬다. 어느 아파트가 얼마나 올랐고, 누가 그곳에 투자해서 얼마를 벌었으며, 어느 곳이 유망하다고 말한다. 어느 곳에 지하철역, 대형 마트 등이 들어오는지 귀를 쫑긋 세우고 정보를 알아내려고 노심초사한다. 그런 곳에 미리 집을 사 둬야 집값이 오르기 때문이다.

재물욕이 좀 더 깊어지면 자다가도 한밤중에 일어나 우리나라 주식 시장에 영향을 끼치는 미국 증권 시장을 들여다보기도 한다. 부동산 사이트에 들어가 어느 곳이 얼마나 올랐고 호재가 있는지 수시로 체크하기도 한다. 사람들의 몸과 마음 건강에 가장 심각한 영향을 끼치는 것은 "코인"이라 불리는 가상화폐 투기다. 24시간 거래되고 가격 제한 폭이 없어 이곳에 투기한 사람들은 이곳에서 거의 눈을 떼지 못하는 실정이다. 투기를 해 놓고 잠시 한눈팔면 수백 퍼센트씩 오르락내리락하기 때문이다. 이렇게 되면 잠도 제대로 잘 수가 없다. 내 부동산, 주식, 가상화폐, 내가 샀어야 하는 아파트나 주식 생각과 근심 걱정으로 마음이 산란해지고 나도 모르게 맥이 빠지고 속이 썩어 들어가게 된다.

그래서 맹획의 이름 중에 하나인 '획獲'이 '확'으로 읽힐 때는 '실심 失心하다', '상심하다'라는 뜻이 있다. 실심이나 상심은 '근심 걱정으로 맥이 빠지고 마음이 산란하고 속을 썩이게 된다.'라는 뜻이다. 재물을 추구하는 사람들에게 나타나는 부정적인 측면이다.

때론 성공도 거둘 수 있겠지만 내 생각이나 뜻대로만 되지 않는 것이 세상일이다. 그래서 내가 산 집, 내가 산 주식, 가상화폐 가격이 매수와 동시에 폭락을 하는 경우도 비일비재하다. 또는 내가 수년간 보유하고 있다가 시세 변동이 전혀 없어서 판 부동산이 팔자

마자 폭등하는 경우도 있다. 돈을 벌려고 이처럼 노심초사하며 집착하다 보니 스트레스로 속이 썩어 들어가기 마련이다. 그대로 방치하다가는 돈을 벌기는커녕 스트레스로 위궤양, 뇌출혈, 심장마비, 울화증, 심지어 암까지 걸려 세상을 일찍 하직할 수도 있다. 그래서 맹획을 반드시 붙잡아 굴복시킬 필요가 있는 것이다.

낚시에서 대어를 낚을 때 낚싯줄을 단번에 당기면 줄이 끊어지거나 고기가 도망을 친다. 적정하게 당겼다 풀기를 반복하면서 물고기의 힘을 뺀 후 대어를 낚아 올린다. 돈과 재물에 대한 인간의 욕망도 마찬가지다. 그 욕망은 워낙 거칠고 힘이 세기 때문에 한두 번 바짝 죄고 붙잡는 것으로는 정복되지 않는다. 그래서 제갈량이 맹획을 일곱 번 잡았다가 풀어 주길 반복하며 재물욕이 지닌 거센 힘을 소진시킨 후 결정적인 순간에 완전히 정복해 감화시켰던 것이다.

재물욕 때문에 근심 걱정이 끊이지 않고 마음이 상한다면 완전히 없애 버리는 것은 어떨까? 이에 대한 세상의 답은, '그럴 수 없다'라는 것이다. 인간은 동물과 달라 돈 또는 재물 없이는 세상을 살아갈 수 없기 때문이다. 의식주를 비롯해 공부하고, 취미 생활하고, 병원 가고, 아이 키우는 등 거의 모든 일상생활에 돈이 들어간다. 기본적인 돈이나 재물이 없으면 자유와 독립된 생활이 멀어지고 비굴한 인생이 되는 것이 현실이다.

그래서 사람들은 몸과 마음이 망가지고 피폐해지거나 말거나 돈을 추구한다. 그것도 아주 열렬하게 추구한다. 불나방도 불을 열렬히 좋아한다. 불을 좋아하다가 불에 타 죽는 일이 빈번하게 발생한다. 사람들도 돈을 아주 좋아하고 일확천금에 구미가 너무 당겨서 앞뒤 안 가리고 돌진하다가 큰 사고를 초래하거나 사망에도 이른다. 맹획 같은 사람들이 일으키는 소동이 쉽게 제압되지 않는 이유를 설명해 준다.

산상수훈에서 예수는 "아무도 두 주인을 섬기지 못한다. 한쪽을 미워하고 다른 쪽을 사랑하거나, 한쪽을 중히 여기고 다른 쪽을 업신여길 것이다. 너희는 하나님과 재물을 겸하여 섬길 수 없노라."라고 말했다. 재물을 추구하게 되면 마음의 평안과 경건한 신앙심을 유지하기가 어려움을 의미한다.

돈이라는 주인을 섬기며 갈망하게 되면 만족이 없다. 1억을 벌면 10억, 100억을 벌고 싶고, 내가 10억을 갖고 있는데 상대방이 50억, 100억을 갖고 있다면 나는 상대적으로 적게 갖고 있는 것이다. 그리고 부동산, 주식, 가상화폐 등으로 쉽게 번 돈은 쉽게 빠져나간다. 돈을 써도 다시 주식이나 가상화폐 등으로 쉽게 벌 수 있다는 논리가 마음속에 자리 잡기 때문이다.

살아가는 데 돈은 필요하지만 그래도 건강이 제일이라는 사실은 동서고금을 통해 변함이 없다. 건강을 잃으면 돈은 말할 것도 없이 모든 것을 잃는 것이다. 잠자리가 편안하고 하루를 쉬더라도 쉬는 것같이 쉬고 싶다면 내 마음속 오랑캐 맹획의 존재를 철저하게 깨닫고 칠종칠금하는 지혜가 필요하다. 그렇지 않으면 맹획이 때만 되면 출몰해 심란하게 만들고 자아를 비웃으며 오랑캐 같은 소동을 부릴지 모른다.

동양의 고전 『삼국지』에서는 주기적으로 변방에 나타나 세상을 쑥대밭으로 만들고 말썽을 부리는 오랑캐 맹획의 무리를 욕망으로 표현했다. 서양의 고전 헤라클레스 신화에서는 역시 세상을 쑥대밭으로 만들고 사람들을 해치는 괴물 멧돼지를 욕망으로 표현했다. 오랑캐와 괴물 멧돼지는 수시로 출몰해서 세상을 쑥대밭으로 만들고 사람들을 해친다는 공통점을 지니고 있어 인간의 욕망을 상징하기에 적합하다.

또한 제갈량은 자신의 욕망을 붙잡음에 있어 칠종칠금을 해서 진을 다 빼서 굴복시켰다. 헤라클레스 역시 욕망을 상징하는 멧돼지를 눈 덮인 산골짜기로 몰아 힘을 모두 소진시킨 후 붙잡았다. 동서양이 욕망을 표현하는 방법과 이를 극복해 나가는 과정이 거의 동일함을 알 수가 있다.

나이 들어서 자신의 욕망을 관리해야겠다는 생각이 든다면 가장 먼저 해야 할 일이 나 자신과 하나 되어 있는 욕망과의 거리를 두는 것이다. 욕망과 일단 거리를 두게 되면 과음, 과식, 과도한 성욕이나 재물욕, 권력욕을 추구하는 자신에 대해 "꼭 이렇게 해야만 하는 걸까?"라는 식의 다른 관점이 생길 수도 있다. 그런 생각이 욕망에 대한 그동안의 시각과 인식을 변화시키고 행동으로 이어질 수도 있다. 그러므로 자신의 욕망을 다스리는 왕도는 처음부터 욕망과 전면전을 치르기보다 하나 되어 있는 욕망과 우선 거리를 두고 보는 것이다.

상상해 보라! 아무 생각 없는 얼간이가 황금 거위를 옆에 끼고 오전에는 부동산 시장, 오후에는 주식 시장, 밤에는 가상화폐로 수많은 사람들을 끌고 다니는 진풍경을. 시장을 실질적으로 움직이는 것이 보이지 않는 손이 아니라 보이지 않는 얼간이임을. 얼간이를 따라다니는 사람들은 결코 얼간이가 아니며 경제학이나 대학까지 배운 사람들이 대다수다. 장난하는 것도 아니고 심각하다.

　이런 가운데도 세상은 생각보다 잘 돌아가고 있다. 그러니 이런 세상 풍경에 대해 비난하거나 부정하기보다 한바탕 크게 웃어 볼 필요가 있다. "세상은 요지경"이라는 말이 딱 맞다. 욕망에 질질 끌려 다녀서 영혼이 이곳저곳 멍든 지금의 우리에게는 가상화폐 코인의 영광이 아니라 풍성한 마음의 평화를 가져다주는 헤라의 영광 헤라클레스가 더 필요하지 않을까?

제5과업
똥 냄새 풍기는 '생활 속 중독'

중독은 똥과 같다

—

마음근육이 가장 발달한 헤라클레스의 다섯 번째 과업은 아우게
이아스Augeas 왕의 외양간을 치우는 일이었다. 엘리스 지역의 왕 아
우게이아스는 3,000마리의 황소를 기르고 있었는데 그 외양간은 자
그마치 30년간 한 번도 치워진 적이 없었다. 3일이나 3주면 모르지
만 무려 30년간 3,000마리의 소가 싼 똥이 방치돼서 웬만한 야산
정도 크기로 똥이 쌓여 있는 상태였다.

똥은 곁에 두면 냄새가 역겹고 각종 질병의 원인이 되기 때문에
내다 버려야 할 대상이다. 사람들은 살아가면서 스스로 똥 같은 역
겨움을 느끼면서도 과음, 과식, 담배, 도박 등 병폐적인 나쁜 습관

을 버리지 못하는 경우가 많다. 따라서 아우게이아스 왕의 외양간에 쌓인 똥처럼 나쁜 습관이 한 해 두 해 쌓여 가기 시작한다.

예를 들어 과음을 하면 건강과 인간관계도 나빠지고 돈과 시간도 낭비하게 된다. 그래서 매번 적당량을 마시거나 술을 마시지 않겠다고 입버릇처럼 되뇌지만 몇 시간이나 며칠 가지 못하고 또 과음을 하게 된다. 그래서 그 음주 습관은 제때 치워지질 못하고 아우게이아스 왕의 외양간처럼 계속 쌓이고 산더미를 이뤄 중독 상태가 된다.

술에 중독되면 술 냄새, 담배에 중독되면 담배 냄새로 똥 같은 역겨운 냄새를 풍기기도 하지만 더 역겨운 것은 중독에서 발생하는 해악이다. 술이나 담배에 중독되는 것 자체가 건강한 생활에 아무런 해를 끼치지 않는다면 전혀 문제가 되지 않는다. 그러나 술에 중독되면 내장 질환이 생기고 암까지 유발하며, 성격 이상과 알코올성 치매 등을 유발해 사회생활을 점점 어렵게 한다. 담배는 대표적인 발암 물질로 자신은 물론 주변 사람의 건강까지 해친다.

사이비 종교나 도박에 중독된 사람들도 정상적인 사회생활을 영위하지 못하곤 한다. 자꾸 먹어서 음식에 과도하게 중독 된 사람들은 성인병을 유발하는 비만이라는 해악이 나타난다. 이처럼 무엇인가에 중독된 사람들은 주변에 똥처럼 역겨운 냄새를 풍기는 경우가 많다.

헤라클레스는 이런 중독 상태를 두 줄기 강물을 끌어들여 단숨에 치웠지만 그렇지 못한 사람들은 똥을 1년, 10년, 30년까지 계속 쌓아 가기만 한다. 그 과정에서 그 똥을 치워 낼 수많은 기회가 있었지만 미루거나 놓치면 아우게이아스 왕의 똥 산처럼 거대하게 쌓이게 된다. 생활 속 중독을 의미하는 그 똥 산은 결국은 임계점을 넘어 가 다양한 질병을 유발시킨다. 오랜 과음의 결과 위, 간, 췌장, 대장 등에 암과 같은 병이 생겨서 어쩔 수 없이 술을 끊기도 한다. 중독을 주기적으로 청소하거나 통제하지 않으면 마치 암 덩이처럼 제멋대로 커지거나 강해진다. 이렇게 되면 중독된 생활이 심신의 양분과 열정, 시간과 돈 등을 암 덩이처럼 다 빼앗아 기형적이거나 피폐한 인간으로 전락시킨다.

여기서 발상의 전환을 해야 한다. 며칠간 술을 안 마신다는 것은 술 마시고 싶은 욕구와 싸우며 인내하는 것이 아니다. 내 몸과 마음에 쌓인 더럽고 냄새 풍기는 똥을 주기적으로 치우는 일이라고 생각하는 것이 보다 현실적이다. 술을 마시면 알코올 중독이라는 똥, 담배를 피우면 담배 중독이라는 똥, 음식을 많이 섭취하면 비만이라는 똥이 매번 쌓인다.

술은 본래부터 중독성을 지니고 있다. 술의 신 디오니소스^{Dionysos}에게 '어머니가 둘인 자'라는 별명 '디메토르^{Dimetor}'가 괜히 있는 것이 아니다. 술을 마실 때만큼은 두 명의 어머니를 두어야 한다는 의미다. 두 명의 어머니가 번갈아 가며 술 좀 그만 마시라고 잔소리하고 보살피듯 자기 관리를 두 배로 철저히 해야 중독에 빠지는 것을 예방할 수 있다. 그렇게 하지 않으면 알코올 중독이 되고 만취해서 기억이 끊겼다가 다음 날이나 되살아나곤 한다. 성서에서는 예수님이 부활했지만 알코올 중독자들은 매번 부활을 경험하곤 한다. 그래서 디오니소스에게는 '거듭 태어난(부활한) 자'를 의미하는 '폴리고노스 Polygonos'라는 별명도 있을 정도다.

사회생활 하면서 똥으로 범벅된 옷을 입고 다른 사람을 만날 수는 없다. 그리고 내 집 앞마당이나 대문 앞에 똥을 산더미처럼 쌓아 놓고 살아갈 수도 없다. 그러나 사람들은 내 몸과 마음에는 태산 같은 중독의 똥을 쌓아 두고 거실이나 침대 위에 떨어진 콩알 정도의 실제 똥은 걸레, 물티슈, 소독제로 박박 닦아 낸다. 자신을 진정으로 사랑하는 사람이라면 거실에 떨어진 똥 치우듯 내면에 쌓여 있는 똥도 당장 치워야 할 것이다.

중독의 규모 파악이 가장 먼저 할 일이다

아우게이아스 왕의 외양간 똥은 30년 동안 제대로 치우질 않아 어마어마하게 쌓여 있다. 중독이란 이처럼 하루아침에 형성된 것이 아니라 오랜 세월에 걸쳐서 차곡차곡 쌓아 온 결과물이다. 담배, 술, 도박, 비만이 되는 살 중독 등이 그렇다는 것이다. 보통 독한 마음을 먹기 전까지는 중독에서 벗어나거나 손 씻기가 쉽지 않은 구조적인 이유다. 사람들이 중독에서 벗어나는 데 실패하는 주요 원인도 중독이 이뤄진 오랜 세월과 엄청나게 축적되어 있는 규모를 제대로 인식하지 못하기 때문이다.

그러므로 무엇인가에 중독되었을 때는 아우게이아스 왕의 마구간에 종합 운동장 크기 정도로 쌓인 똥의 규모부터 떠올리는 것이 중독의 현실을 제대로 진단하는 첩경이 된다. 헤라클레스가 이번 과업에 성공할 수 있었던 것도 자신이 무엇인가에 중독되어 있는 엄청난 규모를 정확하게 파악했기 때문이다.

비유적으로 설명하면 중독이란 외관상으로 보면 그리 커 보이지 않고 귀여워서 사람들이 만지게 되는 사자나 곰 새끼처럼 보인다. 그러나 그것을 건드리는 순간 인근에 있던 무시무시하고 화가 난 어미들이 나타나 사람들을 해치는 상황과 같다 할 것이다. 생활 속 어떤 중독이든 결코 얕잡아 보거나 쉽게 대할 상대가 아니라는 의미다.

중독의 어마어마한 규모를 제대로 알고 중독을 극복하려고 한다면 절반 이상은 성공한 것이나 다름없다. 내가 싸우려는 상대가 그만큼 크고 시간도 오래 걸리는 어려운 일이기에 그것을 극복하겠다고 쉽게 나서지 못한다. 그래서 사람들은 마라톤이나 울트라 마라톤 등 엄청난 고통과 인내심을 수반하는 경기에 함부로 나서지 않는다. 따라서 중독과의 제대로 된 싸움에 나서기 위해서는 우선 중독의 어마어마한 규모를 파악한 후 이에 상응하는 시간과 노력, 인내심을 바칠 각오가 되어 있어야 한다.

중독에서 벗어나기 위한 줄기찬 각오와 노력

그래서 헤라클레스는 중독된 규모에 맞게 거대한 알페이오스 Alpheus와 페네이오스peneios라는 두 개의 강물 줄기를 끌어들여 외양간을 깨끗이 청소할 수 있었다. 이 두 강은 그리스의 강 중에서도 알아주는 큰 강이다. 3,000마리의 소가 30년 동안 배설한 똥도 어마어마한 양이지만 그것을 능가하는 위세를 지닌 것이 바로 이 강물들이다.

강은 물이라는 청결 에너지를 한순간도 끊이지 않고 세차게, 지속적으로 공급한다. 두 강물은 중독된 몸과 마음을 깨끗이 씻어 내겠다는 줄기찬 각오와 청결 의지를 상징한다. 청소를 할 때 물청소를 하면 먼지 한 톨까지 아주 깨끗하게 쓸어 낼 수 있다. 강물은 대대적인 마음의 물청소를 통해 똥이 상징하는 중독된 몸과 마음을 깨끗이 씻어 내는 것을 의미한다.

무언가에 중독되었다는 것 자체가 워낙 거대하고 고질적인 것이다. 국내의 높은 산 한두 개 오르는 정도의 각오와 수고, 노력 정도로는 어림도 없다. 세계 최고봉에 버금가는 산을 정복해야 할 정도의 각오와 의지, 수고가 필요하다 할 것이다. 중독이라는 적을 뒷동산에 오르는 정도로 만만하게 보고 덤벼들면 백전백패할 수밖에 없는 이유가 여기에 있다.

중독 상태에서 벗어났다는 것 자체가 하루 이틀 견디거나 벗어나는 것을 의미하지 않는다. 며칠이나 몇 주일 후에 다시 원래의 상태로 돌아갈 수 있는 것이 중독의 속성이기 때문이다. 최소한 몇 개월이나 몇 년은 그런 중독 상태에서 벗어난 채로 몸이나 생활이 유지돼야 확실하게 벗어났다고 할 수 있다.

그러므로 중독에서 벗어나기 위해서는 거대한 강물처럼 줄기차고 지속적인 청결 의지가 공급되어야 함을 전제로 한다. 바로 이 역할을 하는 것이 헤라클레스가 끌어들인 두 개의 강이다. 중간에 '딱 한 잔'이나 '한 번만' 하면서 방심하게 되면 다시 중독 상태로 돌아가려는 복원력이 강해져 의지나 마음이 걷잡을 수 없이 무너지게 된다.

헤라클레스가 두 강의 물줄기를 똥이 쌓여 있는 외양간 쪽으로 돌렸다. 거대한 강물의 흐름을 바꾼다는 것은 내면에서 대대적인 변화가 일어남을 상징한다. 어떤 사람이 오랫동안 지속해 온 음주, 흡연, 도박 등 주요 중독 현상을 끊었을 때 주변에서 그 사람을 달리 보게 된다. 그래서 수십 년간 피우거나 마시던 담배나 술을 끊은 사람하고는 상종도 말라는 우스갯소리도 있다. 중독을 끊어 내기 위해서는 그만큼 독한 마음과 청결 의지가 필요하다는 반증이다. 중독에서 벗어난 사람은 눈에는 보이지 않지만 거대한 강물의 흐름을 돌리는 것 같은 심리적 방향의 대전환이 내면에서 일어났음을 알 수 있다. 중독으로 인해 큰 질병이나 사고를 당하고, 재산상의 손실을 보는 등 특정한 계기로 인해 내면에서 방향 전환이 발생하곤 한다.

몸과 생활을 변혁하거나 개선하려는 것을 거부하는 중독 상태는 물질의 운동 법칙에 비유하자면 제1법칙인 관성 상태에 있다고 할 것이다. 변화하지 않으려는 중독 상태에서 벗어나기 위해서는 외부에서 중독이라는 관성을 뛰어넘는 더 큰 힘이 가해져야 한다. 그것에 해당하는 큰 힘 역할을 했던 것이 알페이오스강과 페네이오스강의 세찬 물줄기였다.

알페이오스강은 그리스어로 '희끄무레한'이라는 뜻이다. 해가 떠오르기 전 여명이 밝아 오는 동녘 하늘이 희끄무레하다. 중독 상태라는 어둠과 무질서를 물리치고 밝아 오는 새 아침과 질서를 추구하려는 다짐이나 의지가 떠오르는 모습이다. 밝아 오는 새날을 맞이하려는 이런 마음가짐이 강물처럼 지속적으로 공급되어야 중독을 끊고 새로운 변혁의 길로 나갈 수 있다.

페네이오스강은 '반짝이는 씨실'이라는 의미다. 씨실은 옷감을 짤때 가로 방향의 실이고 날실은 세로인 수직 방향으로 늘어트린 실이다. 만약 날실로만 옷감이나 옷을 만든다면 그 옷은 쉽게 벌어지거나 해지게 된다. 따라서 세로 방향으로 늘어져 있는 날실에 반짝이는 가로 방향의 씨실을 끼어 넣음으로써 실들이 단단하게 고정되면서 튼튼한 옷감이 만들어진다.

중독에서 벗어나기 위해서는 날실처럼 고결하고 장엄한 뜻을 굳건히 세워야 한다. 그러나 뜻만 고결하게 세웠다고 해서 중독에서 벗어나겠다는 의지가 오랫동안 지탱되지 않는다. 사방에서 유혹의 물결이 넘실거리고 원래의 중독 상태로 돌아가려는 관성인 요요 현상이 있기 때문이다. 그래서 온갖 유혹적인 상황 속에서 날실 같은 곧은 의지를 지탱할 수평적인 씨실 같은 자세도 반드시 필요하다. 페네이오스강이 바로 그 씨실의 역할을 해냈다. 반복되는 일상 속에서 중독을 이겨 내고 견디는 힘이 뒷받침되어야 함을 의미한다. 이것이 결여되면 금주, 금연, 다이어트 등 중독에서 벗어나려는 모든 행위가 물거품이 될 수밖에 없다.

헤라클레스가 강물을 끌어들인 것에서 얻을 수 있는 교훈은 중독에서 벗어나겠다는 의지를 마치 강물처럼 끊임없이 지속적으로 공급하는 것이다. 남들이 하는 것을 보고 자극을 받아서 일시적으로 품는 용두사미적인 마음으로는 중독을 끊어 내기 어렵다. 중독은 일상 속에서 전개된다. 담배를 끊으려는 사람이 사무실에서 상사나 고객과 마찰로 열 받는다고 담배 생각이 다시 난다. 화장실 가서 생각나고, 식사하거나 술 마시고 생각나고, 다른 사람이 담배 피우는 것을 보고 생각나기도 한다. 이처럼 일상 속에서 언제든지 되풀이될 수 있는 속성을 지닌 것이 중독 현상이다. 이를 극복하기 위해서는 강물처럼 줄기차게 공급되는 청결 의지와 각오가 반드시 뒷받침이 되어야 한다.

관심과 흥미가 남아 있으면 중독이 재발한다
—

철저한 자기 관리자인 헤라클레스가 강물을 끌어들여 외양간 청소에는 성공했지만 무엇인가 부족하다. 외양간에 그 많은 똥이 쌓이도록 방치한 원흉은 아우게이아스 왕이다. 그는 노역의 대가로 헤라클레스에게 소를 일부 주겠다던 당초 약속도 어겼다. 아우게이아스를 처벌하지 않으면 또다시 똥이 산더미처럼 쌓일 가능성이 있다. 그래서 헤라클레스는 다시 군대를 이끌고 쳐들어와 아우게이아스를 죽였다.

3,000마리나 되는 엄청난 소 떼를 소유하고 있었던 아우게이아스 왕의 이름 뜻은 '빛, 생기, 광채'다. 사람들은 무엇인가에 관심과 흥미를 갖고 몰두할 때는 눈이 빛나고 얼굴에 생기가 돈다. 사람들이 지닌 관심과 흥미가 3,000마리의 소 떼처럼 많은 에너지를 지니고 있다는 의미가 된다. 별것 아닌 것 같은 관심과 흥미가 이처럼 어마어마한 에너지를 지니고 있기 때문에 시간과 합작해 각종 대상에 중독되게 만듦을 알 수 있다.

사람들이 지닌 관심과 흥미는 공부와 일을 성취하고 취미 생활을 만들고, 남녀 간에 이성 관계를 이어 주는 원동력이다. 관심과 흥미를 갖는 것 자체는 이처럼 긍정적인 측면이 대부분이다. 하지만 그것으로 인해 마약, 도박, 과잉 쇼핑과 같은 중독 현상이 나타날 때는 부정적인 속성을 띤다. 헤라클레스가 아우게이아스를 죽인 것은 중독을 유발하는 잘못된 관심과 흥미를 제거한 것이다.

도박꾼은 도박에, 알코올 중독자는 술에, 마약 중독자는 마약에, 살이 찌는 사람은 음식에, 비록 부정적인 것이지만 관심과 흥미를 갖고 있다. 그래서 그것을 할 때 눈이 빛나고 얼굴에 생기가 돌고 마음이 강렬하게 당긴다. 바로 이것 때문에 사람들이 도박, 술, 담배, 마약, 과식, 사이비 종교, 주식 중독 등을 끊지 못한다. 그런 행위를 하는 순간에는 내심 황홀하고 눈빛이 빛나며 생기가 돌고 목소리도 커지며 자신이 살아 있는 것같이 느껴지기 때문이다.

그러나 사람의 눈빛을 반짝이게 하고 얼굴에 생기가 돌게 했던 그런 행위들이 자주 반복되어 중독이 되면 폐해가 쌓이기 시작한다. 가산을 탕진하고 건강을 해치고, 반사회적인 행동을 하고, 시간과 열정을 갉아먹게 만든다.

중독 증상을 일시적으로 깨끗이 제거했다고 해도 그것에 대한 관심과 흥미 자체는 제거하지 못하고 남아 있을 수가 있다. 중독의 원흉인 아우게이아스 왕을 제거하지 못하고 돌아갔던 헤라클레스의 경우와 같다. 관심과 흥미가 살아 있게 되면 미련이 남는다. 그래서 시간이 지나면 다시 중독의 불씨가 되살아나고 재발한다. 헤라클레스가 군대를 이끌고 다시 쳐들어 와 아우게이아스를 죽였던 이유다.

술 생각이 나고 흥미와 관심이 있는 한 알코올 중독에서 완전히 벗어날 수 없다. 마찬가지로 맛있는 치킨, 과자, 삼겹살, 라면 등 음식에 대한 잊을 수 없는 관심과 흥미를 가진 사람 역시 비만에서 완전히 벗어날 수 없게 된다. 알코올 중독에서 완전히 벗어난 사람은 술을 안 마시는 상태를 넘어서서 술에 대한 관심과 흥미에서 완전히 벗어난 사람이다.

알코올 중독을 극복 중인 사람은 TV에 술 마시는 장면이 나오면 즉시 얼굴을 돌리거나 TV를 끄거나 화장실로 피신하거나 문을 열고 나가야 한다. 이 정도는 해야 술에 대한 관심과 흥미가 되살아나는 것을 막을 수 있다. 술에 대한 관심이나 흥미를 조금이라도 보이면 안 된다. 처음에는 콩알만 했던 것이 나중에는 소 3,000마리가

30년 동안 싼 똥을 안 치운 것처럼 커지기 때문이다.

이처럼 도박, 음주, 마약, 비만 등 중독을 유발하는 관심과 흥미 자체를 죽여야 중독 현상을 완전히 정복하게 된다. 관심과 흥미가 사라지면 요요 현상도 일어나지 않는다. 중독 상태를 의지로써 억지로 참아 내는 것이 아니다. 그것에 대한 관심과 흥미까지 없앰으로써 중독을 유발하는 원인을 발본색원하는 것이 된다.

중독에서 해방된 것을 기념하는 고대 올림픽의 탄생
—

헤라클레스가 아우게이아스 왕의 마구간을 청소한 것을 기념하기 위해 고대 올림픽 경기를 창설했다고 한다. 오늘날 우리는 올림픽을 지구촌의 축제라고 부르며 매우 거창한 것으로 알고 있는데 사실은 개인들이 중독에서 벗어난 것을 기념하는 축제였다. 고대 올림픽 경기는 그리스 전역에서 참가한 전국적인 경기였다. 그 경기가 4년마다 열렸으므로 참가자들은 4년 동안 뼈를 깎는 훈련을 했을 것이며 올림픽 경기의 각 분야의 승자는 단 한 명이었다.

도박과 마약, 담배나 알코올 중독, 비만과의 싸움이 치열한 올림픽 경기를 치르는 것에 비유된다. 한두 번, 하루 이틀에 중독과의 싸움에서 승자가 될 수는 없다. 올림픽 참가자처럼 4년에 버금가는 기간 동안 뼈를 깎는 훈련과 인내를 해야 중독에서 완전히 벗어나 승리자가 될 수 있다. 중독과의 싸움에 참가한 수많은 사람 중에서 몇 명

정도만 성공할 수 있을 정도로 어렵다. 그리스 철학자 에픽테토스는 올림픽에 참가하려는 사람들에 대해 다음과 같은 말을 했다.

고대 올림픽에 출전해 승리하는 것은 멋진 일이지만 그것을 성취하기 위해서는 구체적으로 어떤 과정을 거치고 감내해야 할 일은 무엇인지 고려해야 한다. 훈련을 하고, 엄격한 식사를 하며, 입에 단 것을 멀리하고, 덥든 춥든 정해진 시간과 명령에 따라 운동해야 하며, 기회가 있어도 술이나 찬물을 마시지 말고, 의사의 지시에 따르듯 코치의 지시에 자신을 완전히 맡겨야 한다. 막상 실전에 임해서는 혼자 흙바닥에 뛰어들어 손을 다치거나 발목이 삘 수 있고, 모래를 삼키게 될 수도 있으며, 이 모든 노력에도 불구하고 경기에서 패할 수도 있다. 이러한 것들을 모두 고려해 본 뒤 그래도 원한다면 경기에 참여해야 한다.

이처럼 무엇인가에 중독된 자신과의 싸움을 가볍고 허투루 볼 것이 아니다. 중독과의 싸움 과정에서 자신을 괴롭힐 증세나 상황에 대해 미리 그 전모를 생각해 본 후 실패할 수도 있지만 그래도 원한다면 그 게임에 참가할 수 있다는 의미다. 중독 극복을 위해서는 올림픽 경기에 출전하는 선수처럼 모든 것을 희생하고서라도 승리하겠다는 불굴의 의지와 각오를 갖고 임해야 한다. 또한 그런 의지와 각오가 알페이오스와 페네이오스 강물처럼 그 사람의 마음속에서 지속적으로 흘러나와야 한다. 그렇지 않으면 올림픽에 참가할 수는

있지만 승자는 되기 어렵듯이 중독을 이겨 내고 승리의 월계관을
쓸 수 없다.

그림 10. 월계관
월계관을 들고 있는 승리의 여신. 비만, 도박, 술 등 생활 속 중독과 싸워 이기려면 올림
픽 우승자와 같은 장기간 뼈를 깎는 노력이 필요하다.

　현대인들이 가장 많이 시도하면서 그에 비례해 가장 많이 실패하
는 것이 '살 빼기'다. 살이 찐다는 것은 활동량에 비해 음식을 많이
섭취하는 오랜 습관에서 형성된 것이다. 섭취하는 음식물은 많은데
이를 그때 그때 처리하지 못함으로써 아우게이아스 왕의 외양간 똥
처럼 비만이라는 결과로 쌓인다. 그 결과 많이 쌓이는 사람은 수백
킬로그램까지 쌓이는 경우까지 있다. 그래서 아우게이아스 왕 외양

간에 쌓인 똥도 어마어마하지만 수백 킬로그램까지 나가는 비만한 몸도 이에 버금가는 규모로 느껴진다.

이 비만의 똥을 치우기 위해서는 헤라클레스처럼 알페이오스와 페네이오스강이 상징하는 줄기찬 각오와 청결 의지를 동원해야만 한다. 그리고 비만이라는 똥을 치우는 것이 제삼자로 볼 때는 별것 아닌 것 같지만 실제로는 올림픽 선수로 출전해 우승하는 것만큼 힘든 일이라는 것도 명심할 필요가 있다. 단기간에 다이어트와 격렬한 운동으로 살을 뺄 수도 있지만 그렇게 되면 요요 현상이 나타나기 쉽다.

요요 현상이란 줄에 묶인 채 맹렬히 짖으며 사냥감을 향해 달려들려고 하는 여러 마리의 사냥개 떼와 같다. 금주하거나 다이어트하는 주인이 가까스로 버티다가 그 성화에 못 이겨 줄을 놓는 순간 황홀한 술, 맛있는 음식이라는 사냥감을 벌컥벌컥 마시거나 허겁지겁 물어뜯고 먹어 치운다. 금주나 살 빼기는 단시간에 승부가 나지 않는다. 올림픽에 참가하는 선수처럼 4년 이상이라는 기간을 갖고 버티고 인내하며 자신과의 싸움에서 승자가 되어야 한다. 피와 땀의 결정체인 것이다.

알코올 중독이나 비만을 극복한다는 것은 조금도 과장하지 않고 진짜로 올림픽 선수가 되는 것만큼 어렵고 혹독한 과정, 자기 자신과의 싸움을 필요로 한다. 이런 비장한 각오 없이 남들 하니까 나도 한다는 식으로 건성으로 살을 빼려고 하면 매번 요요 현상만 되풀이될 뿐이다. 그러므로 살을 빼겠다고 함부로 마음먹지 말아야 한다.

올림픽에 나가서 우승하겠다는 그런 정도의 의지와 인내심을 갖춘 사람만이 살 빼는 데 도전할 자격을 갖는다. 살을 뺀다고 마음먹는 순간 국가 대표가 되어 올림픽 선수촌에 들어가는 것이다. 일정 기간 정해진 식단과 운동 스케줄에 따라 생활해야 한다고 생각할 필요가 있다. 비만, 음주, 흡연, 도박, 게임, 사이비 종교 중독 등 일상 속에서 일어나는 각종 중독된 생활에서 벗어나는 사람들이 있다. 이들은 자기 삶의 진정한 승자요, 올림픽 경기 우승자처럼 생활의 월계관을 쓸 자격이 있는 대단한 사람들이다.

제6과업
새처럼 기습 공격하는 '죄책감'

산다는 것 자체로 죄 많은 인생
━

한 스승이 제자들을 불러 놓고 세상에서 가장 큰 죄를 짓고 있는
존재가 누구냐고 물었다. 제자들은 각각 다음과 같이 대답했다.

"연쇄살인범입니다."
"어린아이를 성폭행하고 죽인 정신이상자입니다."
"보험금을 타 내기 위해 배우자를 독살한 사람입니다."
"전쟁터에서 수만 명의 사람을 죽인 전쟁광입니다."

이에 대해 스승은 "너희들의 말도 일리는 있지만 자신의 피조물인

사람들이 수많은 죄를 짓고 죄책감에 시달리도록 내버려 둔 신의 죄가 가장 크다."라고 말했다. 죄의 존재나 정당성 유무를 떠나서 사람들에게 죄책감이 존재한다는 것은 현실이다. 성서에서는 사람들이 선악과를 따 먹고 에덴동산에서 추방되는 순간 원죄를 지었다고 한다. 그만큼 누구나 죄와 죄책감으로부터 자유로울 수 없으며 모든 사람이 떠안고 있는 근본적인 문제다.

인간은 태어나면서부터 죄책감을 이용해 상대방을 조종하고 자신의 의사를 관철하는 방법을 습득한다. 아기들이 소리 높여 우는 것은 부모만 들으라는 소리가 아니다. 부모나 주위 사람들이 먹을 것을 제대로 주지 않거나, 자신의 욕구를 들어주지 않는다고 세상에 알림으로써 죄책감을 유발하려 한다. 드라마 속에서 자식들이 부모의 죄책감을 이용하기 위해 "저는 다리 아래서 주워다 기른 자식이 틀림없어요, 친부모라면 과연 이렇게 하겠어요?"라고 말한다. 이에 비해 부모가 자식의 죄책감을 이용하는 단골 대사는 "내가 너를 어떻게 키웠는데 네가 나에게 이럴 수 있냐?"라는 말일 것이다. 이렇게 되면 부모나 자식이 죄책감으로 갈등하게 되고 무기력해지기도 한다.

이렇게 요람에서부터 형성된 인간의 죄책감은 성장해 가면서 더욱 복잡해지고 다양해진다. 학교를 빠지거나 교회를 나가지 않아도 죄책감이 들고, 친목회나 동창회 모임에 나가지 않아도 죄책감이 든다. 또한 제사를 지내지 않거나 성묘를 가지 않아도 죄책감이 든다. 휴일에 부모 집을 방문하지 않거나, 잔칫상을 차려 드리지 못하고 해외여행을 못 보내 드려도 죄책감이 든다. 자녀들과 놀이동산에 놀러 가지 못하거나, 자녀 결혼식에 도움을 못 줘도 죄책감이 든다.

직장에서는 휴가로 한동안 자리를 비웠다가 출근을 해도 업무를 소홀히 한 것 같아 죄책감을 느끼는 경우도 있다. 그래서 산다는 것 자체로 죄 많은 인생이다. 이처럼 자꾸 쌓여만 가는 죄를 탕감받기 위해서 주일마다 교회나 사찰도 찾지만 죄책감은 여간해서 잘 소탕이 되질 않는다. 그것을 떨쳐 내려 할수록 오히려 더 드세지고 커지기에 죄책감도 일종의 괴물인 셈이다.

죄책감은 타인에게 해로운 행동을 삼가고 자신의 방탕한 생활을 자제하게 하는 긍정적인 기능이 있다. 그러나 과도한 죄책감은 불안, 우울, 강박 장애를 초래하고 생활에 필요한 자신감과 활력을 위축시켜 삶을 무기력하게 만든다. 사람들은 자기도 모르게 죄책감이나 죄의식이라는 지뢰를 집, 공공장소, 회사 등 생활 곳곳에 깔아놓고 있다. 그 지뢰를 밟을까 봐 너무 조심하게 되면 행동이 자유스러울 리 없고 활력도 떨어진다. 과도한 죄책감에 절어 있는 자신을 자신감과 당당함으로 씻겨 줘야 마음이 홀가분해지고 생활의 활력이 생긴다.

죄책감은 인간의 머리 위에서 공습과 기습을 벌인다
—

마음 천하장사 헤라클레스의 여섯 번째 과업은 스팀팔로스 Stymphalos의 새 떼를 물리치는 것이었다. 이 괴물 새 떼가 생겨난 것에는 다음과 같은 유래가 있다.

펠롭스[12]가 그리스의 펠로폰네소스 반도 지역을 점령해 세력을 확장할 때였다. 펠롭스는 아르카디아 지방의 스팀팔로스라는 사람과 화평을 맺는 척하면서 약속을 깨고 그를 죽였다. 그 후 시신을 매장하지 않고 뼈를 늪 사방에 뿌리게 했다. 이런 비인도적인 행위로 인해 그리스에 심한 가뭄이 들었으나 그리스인 중에서 가장 경건한 아이아코스Aiakos가 기도를 올려 해소되었다고 한다. 이후로 스팀팔로스 호수 또는 늪 주변에 청동 날개를 가진 새 떼가 살게 되었다. 이 새들은 청동 깃털을 화살처럼 투하해 사람을 죽이거나 독성을 가진 배설물을 떨어뜨려 농사를 망치게 했다.

뱀은 지면에 붙어 다녀서 본능적이고 세속적인 측면을, 새는 높은 하늘을 나는 속성 때문에 자유와 인간의 영적인 측면 등을 상징하는 긍정적인 동물이다. 그러나 스팀팔로스의 새는 무겁고 날카로운 청동 깃털과 독성을 지닌 똥을 인간에게 투하함으로써 새가 지닌 부정적인 측면을 상징한다. 그 새는 사람을 죽이고 그 시신조차 제대로 묻어주지 않고 들짐승의 먹이가 되도록 뿌린 비열하고 비인

---

12) 펠롭스Pelops: 그의 아버지는 탄탈로스이며, 신들의 능력을 시험하기 위해 그를 죽여서 올림포스 신들의 요리로 내놨지만 대부분의 신들은 이를 알고 요리에 손을 대지 않았다. 그러나 다른 일로 정신이 나가 있던 데메테르 여신만이 무심코 펠롭스의 어깨 일부분을 먹었다. 그 후 신들은 펠롭스를 다시 살려 내고 데메테르가 먹었던 어깨는 상아로 대치했다. 그리스 본토 남부를 구성하는 반도 펠로폰네소스의 이름 뜻은 '펠롭스의 섬'이라고 한다.

간적인 악행 때문에 생겨난 새다. 그 새는 태어난 배경으로 보아 죄책감을 상징한다고 볼 수 있다.

그림 11. 알브레히트 뒤러, 「스팀팔로스의 새」, 1500, 게르만국립박물관
죄책감은 새 떼처럼 인간의 머리 위를 빙빙 돌면서 괴롭힌다.

새는 날개를 지니고 인간의 머리 위에서 날기 때문에 붙잡기가 어렵다. 스팀팔로스의 새가 상징하는 죄책감 역시 사람의 머리 위인 높은 영적인 공간을 날기에 이성적 비판이나 자아 의지로 붙잡기가 어렵다. 그리고 보통 새의 날개나 깃털은 공중을 나는 데 유리하도록 가볍다. 그러나 이 새의 날개는 청동이라 너무 무겁다. 사람들을 무겁게 짓누르는 죄책감을 적절하게 상징하고 있다.

특히 새는 비행기처럼 빠르게 난다. 이것은 죄책감이라는 새가 사람들이 대처할 시간도 주지 않고 비행기처럼 빠르게 공습 및 기습하는 속성을 의미한다. 까마득한 하늘 높이 떠 있던 매가 사냥감을 향해 시속 300㎞ 넘는 속도로 달려들듯이 죄책감이 그런 속도로 사람을 사로잡고 공격하는 모습이다.

사람들은 "죄책감이 엄습했다."라는 표현을 자주 사용한다. 이것은 우리가 본능적, 무의식적으로 죄책감이 스팀팔로스의 새처럼 기습하는 속성을 지녔음을 잘 알고 있음을 의미한다. 마음먹기에 따라 죄책감에서 쉽게 벗어날 수 있을 것 같지만 실상은 수많은 사람들이 죄책감에 시달리며 살아가는 원인이 되고 있는 것이다.

죄책감이 엄습해 맥없이 당하게 되면 그것이 퍼붓는 무겁고 날카로운 청동 날개깃 때문에 당사자의 마음을 콕콕 찌르거나 무겁게 짓누른다. 이러한 죄책감이 있는 한 개인들은 항상 무엇인가에 짓눌리고 찔리는 것 같은 기분이 들어 자다가도 가위눌리고 마음이 홀가분하지 않다. 일상적인 표현으로 "찔리는 게 있냐?" 하는 말도 같은 맥락이다. 어떤 행동이나 선택이 양심에 저해되고 죄책감이 들게 하느냐고 묻는 말이다.

그 새 떼가 독성을 가진 배설물을 떨어트려 농사를 망치게 했다. 적정한 죄책감은 인간 사회에 필요하긴 해도 그 자체는 당당하고 긍정적인 감정이 아니다. 죄책감에서 나오는 감정의 배설물 때문에 사람들은 뭔가 개운치가 않고 찝찝한 마음이 남는다. 죄책감은 사람을 당당하고 떳떳하게 유지시켜 주는 아미모네 샘 같은 긍정의 생명수를 일부 막아 버린다. 그것에 휘감겨 있으면 늘 죄인 같고 자신이 무엇인가 비난받을 일을 한 것처럼 자책하게 되고 기가 죽고 위축되어 행복하지 않다.

미국의 심리학자 웨인 다이어는 그의 저서 『행복한 이기주의자』에서 "죄책감은 다른 사람을 조종하기 위한 편리한 도구이며 시간 낭비다."라고 말한 바 있다. 크게 잘못도 하지 않았고, 자신의 이익 등을 내세우지 않았음에도 매사에 죄책감을 많이 지닌 채 산다는 것은 분명히 문제가 있다. 삶의 활력과 행복을 마치 죄책감이라는 우리에 가둬 놓고 살아가는 것과 같기 때문이다.

죄책감이나 죄의식이 없다고 해서 그 사람이 신의 말씀을 어기거나 방탕하게 살거나 바른 길에서 벗어나는 것과 일치하지는 않는다. 죄책감이 없어도 얼마든지 열심히 일하며 타인을 배려하고 봉사 활동도 하고 사랑하며 살아갈 수도 있다. 자신의 전체적인 삶이나 사회적, 윤리적으로 바른 길에서 이탈하는 것을 예방하기 위한 기본적인 죄책감은 필요하다. 그러나 자기 통제의 한 수단으로써 너무 많은 죄책감을 남발하면 자신을 자승자박하는 꼴이 된다. 타인이나 사회가 나를 통제하기 위해 죄책감을 이용한다지만 나 자신도 나를 통제하고 관리하기 위해 죄책감을 너무 남발하는 것은 바보짓이다.

죄책감의 기습 공격에 대한 사이렌 경보 체계 구축

헤라클레스가 스팀팔로스 늪에 가서 새 떼를 제거하려고 했다. 자신을 심리적으로 위축시키고 시달리게 하는 죄책감의 늪에서 벗어나려고 시도하는 모습이다. 막상 그곳에 당도해 보니 새 떼가 둥지에 틀어박혀 한 마리도 보이지 않자 전전긍긍하게 된다. 죄책감이라는 괴물은 평상시에는 잘 드러나거나 보이지 않는다. 죄책감이 의식의 수면 위로 떠오르지 않고 무의식 속에 잠재되어 있기 때문이다. 죄책감은 평상시에는 그렇게 잠재되어 있다가 어떤 구체적인 상황이 되면 순간적으로 떠올라 그 사람을 엄습하는 속성이 있다.

예를 들어 가정에서는 집, 자녀 문제, 여행 문제 등으로 배우자와 자녀에게 남보다 못해 준다는 느낌이 들 때 잠잠했던 죄책감이 엄습한다. 직장에서는 남보다 일을 못하거나 등한시 한다는 느낌이 들 때 죄책감이 엄습한다. 전철역 계단에서 구걸하는 걸인, 사무실로 물건을 팔러 온 불우한 계층에 대해 외면할 때도 별안간 죄책감이 일어난다. 이렇게 기습적으로 떠오른 죄책감은 당사자를 당황하게 만들며 자신의 이익에 반하는 어떤 행동을 하게 만들기도 한다.

죄책감은 항상 드러나 있는 것이 아니라 이처럼 평소에는 무의식 상태에 숨어 있다가 작동하기 때문에 그래서 더 문제가 된다. 이것은 마치 높은 하늘 구름 속에 숨어 있던 적기가 갑자기 쏜살같이 나타나 죄책감이라는 총이나 포탄을 퍼붓는 상황과 비슷하다. 이렇게 되면 사람들이 혼비백산하듯이 죄책감의 공습을 받은 당사자들도 마음속으로 크게 당황하게 된다.

평소 무의식적으로 죄책감을 많이 지니고 있는 사람들은 매사에 분명하게 거절을 못 하는 성격인 경우가 많다. 죄책감이 많은 사람은 "예"와 "아니오"가 분명하지 않아 얼버무리다가 상대방이 강하게 권유하면 자기 본연의 의사와 다르게 동의를 하곤 한다. 거절을 하는 것이 타인을 실망하게 만든다고 생각하고 그것으로 인해 죄책감이 들기 때문이다.

헤라클레스가 새 떼를 찾고 있을 때 하늘에서 아테나 여신이 청동으로 된 징(또는 방울)을 떨어트려 줬다. 아테나가 준 것이 징인지 꽹과리인지, 방울인지 정확하게 알 수는 없지만 공통점은 시끄러운 소리를 낸다는 점이다. 시끄러운 소리를 냄으로써 적이 쳐들어오거나 무엇인가 위험이 닥쳐오고 있음을 긴박하게 알리는 경계감을 상징한다. 오늘날 적기 공습, 테러나 재난 발생 시에는 꽹과리를 치거나 방울을 요란하게 흔드는 대신 긴박하게 울리는 사이렌 경보가 이를 대신하고 있다.

자신을 위축시키고 자책하는 죄책감이 일어나 폭격기처럼 엄습할 때 어쩔 수 없는 것으로 받아들이지 말고 이를 경계하라는 의미다. 꽹과리나 사이렌 소리의 요란하고 긴박함같이 정신이 번쩍 들 정도로 죄책감에 대해 주의를 환기시키고 경계해야 한다. 그런 사이렌을 스스로 울리지 못하면 기습적으로 일어나는 죄책감에 매번 당하게 된다.

스팀팔로스의 새 떼처럼 죄책감이 일단 엄습한 후에는 이를 막아 내기 힘들다. 그래서 죄책감이 자신을 엄습하거나 사로잡으려는 기미가 보이면 주저 없이 꽹과리를 치거나 공습경보 사이렌을 울려야 한다. 그래야 보이지 않는 곳에서 다가와 기습 공격을 하려는 죄책감에 대해 일단 대피할 수 있는 시간적 여유를 버는 것이다. 그렇게 죄책감의 기습 공격에서 벗어나 이를 경계하며 마음의 여유를 갖게 되면 그 순간 오히려 죄책감이 화들짝 놀라며 괴조의 흉한 본모습을 드러낼 것이다. 이때를 놓치지 말고 자신과의 싸움에서 백전백승한 헤라클레스처럼 죄책감을 쏘아 처치하면 된다. 숨어 있던 죄책감에 대한 적정한 비판이다.

죄책감 때문에 못 하고 있는 것들에 대한 버킷리스트

주말이면 의무적으로 부모님 댁이나 친목 활동 등에 가던 사람이, 좀 더 중요하고 바쁜 일이 생기면 못 갈 수도 있다. 이때 죄책감의 늪에 빠진 사람들은 자신의 상황이 어쩔 수 없음에도 불구하고 괜히 커다란 잘못이나 한 것처럼 죄책감을 느끼고 스스로 위축된다. 바로 이런 불필요한 죄책감에 대해 과연 정상적인 것인지 경계하며 사이렌을 울릴 필요가 있다.

불필요한 죄책감이나 죄의식이 없어야 타인이나 단체, 종교, 사회, 국가 등에 의해서 교묘하게 조종당하거나 구속되지 않는다. 특히, 수면 아래 잠재되어 있는 죄책감에 대해 평소에 경계심을 가져야 한다. 죄책감이 떠올라 엄습하며 활개를 치려는 순간 내면의 사이렌을 울려 경계하며 잠깐 멈추고 그것이 자신에게 반드시 필요한지 의심해 보는 것이다. 그렇게 되면 자신을 죄책감으로부터 분리해 객관적으로 바라볼 수 있게 되며 그 늪에서 빠져나올 여지가 생긴다.

사람들은 대인 관계, 일, 취미 생활, 성생활 등에 있어서 능력이나 도덕적인 측면에서 자신이 완벽한 존재이고 싶어 한다. 현실은 부족하고 못나고 한계가 있는데 자신을 도덕적, 인간적, 능력적인 측면에서 최고 상태로 설정하기 때문에 죄책감이 발생하는 측면이 있다고 한다. 말하자면 최고의 부모, 최고의 배우자, 최고의 동료, 최고의 섹스 파트너, 최고의 사회인으로서 그 역할을 다하지 못하는 데서 오는 자책감이 죄책감의 상당 부분을 형성한다. 이런 사람들은 평소에 자식, 배우자, 동료 등에 대해 아무런 잘못도 안 했지만 자신도 모르게 괜히 죄지은 것 같은 느낌이 든다.

죄책감이라는 새가 하늘 위를 날면서 기습적으로 무겁고 날카로운 청동 날개깃과 똥을 떨어트려 그것에 맞아 골병들며 지금까지 당해 왔을 수도 있다. 그러나 이제는 더 이상 나 자신의 능력과 자신감을 옥죄는 무익한 죄책감을 느끼면서 살 필요가 없다. 활기차고 당당하게만 살아도 금방 지나가는 것이 인생이다. 죄책감에 사로잡혀 주눅 든 삶을 살며 하고 싶은 일 전부 미뤄 뒀다가 중병에 걸리거나 죽을 때가 다 되어 버킷리스트를 작성하면 무슨 소용이 있는가? 오히려 지금 내가 죄책감 때문에 마음대로 못 하고 있는 버킷리스트를 작성한 후 그것부터 실행하는 것이 바른 삶의 자세일 것이다.

　자기 자신을 사랑한다면 오늘이라도 당장 죄책감에서 벗어나 활기차고 당당하게 살아가라. 그렇게 하면 최소한 어리석지는 않은 삶이 될 것이다. 당당한 삶을 위해 다시 한번 강조하고 명심할 것이 있다. 죄책감은 새처럼 빠르고 기습 공격에 능하므로 평상시에 스스로 사이렌 경보 체계를 갖추지 않으면 백전백패할 수밖에 없다는 사실이다. 헤라클레스는 그것을 아테나 여신에게서 받았지만 현대인들은 누구에게서 그것을 얻을 수 있을지 그것이 문제이긴 하다. 죄책감에 대해 사이렌 경보 체계 같은 완벽한 구축은 어려울 수 있다. 다만 이런 사실을 알고 있는 것만으로도 호루라기 정도의 경계심은 구축 된 것이 아닐까?

제7과업
황소같이 들이받고 짓밟는 '권력'

크레타 섬의 황소 잡기, 권력의 올바른 사용

일곱 번째 과업은 섬나라인 크레타의 들판을 휩쓸고 다니는 황소를 산 채로 잡아 바다를 건너서 그리스로 데려가는 것이었다. 크레타의 황소는 논밭을 갈고 수레를 끌고 사람들의 식탁에 오르는 보통의 황소가 아니었다. 제우스의 아들 미노스가 크레타의 왕이 될 만한 자질이 있다는 인증의 표시로 포세이돈 신이 보내 준 신비한 황소로서 힘과 권력을 상징한다.

황소는 힘의 대명사다. 1톤에 육박하는 거대한 체구에서 나오는 힘은 인간과는 비교가 안 되는 막강한 힘이다. 세상에는 황소처럼 힘 있는 사람들이 있다. 최고 권력자, 그와 친분이 있는 간신배 무리, 국회의원, 사법기관, 인사권을 가진 자 등 각 분야에서 막강한 권력이나 힘을 지닌 사람들이 있다. 이 밖에도 종교 지도자, 기업체 사장, 수많은 문하생이나 학생들을 거느린 특정 분야의 대가나 교수 등도 막강한 권력을 지니고 있다.

이들은 자신의 분야에서 날아가는 새도 떨어뜨릴 수 있는 권력의 힘을 이용해 힘없는 서민, 문하생 등을 대상으로 부정부패와 성적인 괴롭힘을 일삼기도 한다. 그들은 힘이 약한 사람들을 상대로 황소 같은 힘과 뿔, 발굽으로 마구 들이받고 짓밟는 것을 서슴지 않는다. 이런 황소를 헤라클레스가 제압했던 것이다. 자신의 권력을 남용해 각종 비리와 부정부패를 저지르고 싶은 욕망과 충동을 극복한다는 의미이다.

예를 들어, 목사나 승려 신분을 내세워 신의 뜻이라며 감언이설이나 위협적인 어조로 상대방을 속여 성관계를 맺거나 재물을 갈취할 수도 있다. 실제로 유명 정치인이나 종교 지도자 일부는 업무상 위력에 의한 간음, 그루밍 성폭력 범죄를 저질러 잘나가던 인생길이 하루아침에 지옥 길로 떨어지기도 한다. 사람의 마음은 견물생심하고 말 타면 경마 잡히고 싶은 속성이 있다. 권력을 맛보거나, 권력에 올라타면 욕심이 생겨나게 되므로 이를 미리 경계해야만 나중에 패가망신하는 것을 막을 수 있다.

권력이란 어떤 전문 분야에서 최고 자리에 오를 때도 주어진다. 한 분야의 최고 전문가, 대가, 1위, 챔피언 등이 되는 것이라 할 수 있다. 헤라클레스와 쌍벽을 이루는 아테네의 영웅 테세우스가 제거했던 스키론[13] 같은 악당이 자신의 분야에서 최고 권력자에 해당한다. 이렇게 되면 그 분야에 들어오는 학생, 제자, 문하생, 지망생들은 그의 권력 또는 영향력 아래 있게 된다.

그 울타리 안에서는 최고 전문가나 대가가 갑이고, 그로부터 지식과 기술 등을 배우는 학생이나 문하생들은 을이 된다. 우리가 청춘의 푸른 꿈을 안고 사회에 나갈 때는 대부분 을로 나가지만 자신의 전문 분야에서 오랜 세월 지식과 경험을 쌓게 되면 전문가나 최고가 되며 갑으로 신분이 바뀌게 된다. 그렇게 되면 을인 학생, 문하생, 신도들의 앞날까지 좌우할 정도의 권력이나 권한이 생기기 때문에 이때 처신을 잘해야 한다.

배우는 학생이나 문하생들은 스승이나 대가 등에 비해 경험과 지식, 기술이 일천하기 때문에 항상 머리 조아리고 복종하는 자세로 배우려고 한다. 당신 아니어도 배울 사람 많다며 뻣뻣하게 건방 떠는 제자들은 거의 없다. 그것이 지식과 기술전수 과정에서 발생하는 어쩔 수 없는 사회구조이기 때문이다. 이런 약점을 이용해 제자나 문하생들을 상대로 자신의 욕망을 채우고 횡포를 부리다가 하루아침에 패가망신 당할 수 있다.

이런 스몰 권력자들은 평상시에는 교양 있고 부드럽게 말하며 한없이 자애롭고 이해심 많은 스승이나 교수, 대가인 척한다. 그러다가 문하생들이 복종하는 순간 돈과 섹스를 요구하는 등 서슴없이

---

13) 스키론Skiron: 그리스 신화에 나오는 악당으로 절벽가 근처의 길목에서 지나가는 나그네를 붙잡아 자기 발을 씻게 한 후 나그네가 발을 씻으려고 몸을 숙이면 발로 차서 절벽 아래로 떨어뜨려 죽였다. 아테네 영웅 테세우스가 그를 똑같은 방식으로 죽였다.

영혼까지 짓밟는 파충류 같은 인간으로 돌변한다. 이런 일들은 현대사회에서 생겨난 것이 아니라 헤라클레스 시절부터 이미 있어 왔던 뿌리 깊은 악행이다. 자신이 지닌 권력을 공정하고 정의로우며 합리적으로 사용하는 것이 마음 천하장사 헤라클레스 같은 사람들의 자세다. 또한 권력을 쥐거나 높은 자리에 오를수록 겸손하고 타인을 배려할 줄 알아야 미덕 있는 사람이라 할 것이다.

제8과업
주인 없는 말 같은 '맹목적인 열정'

맹목적 열정은 위에 사람이 타지 않은 말과 같다

생산적인 계모인 헤라의 지시를 수행했던 헤라클레스의 여덟 번째 과업은 디오메데스Diomedes의 사람 잡아먹는 암말을 생포해 데려오는 것이었다. 초식동물인 말이 사람을 잡아먹으니 이 역시 괴물임에 틀림없다.

디오메데스는 그리스 북쪽에 있는 트라키아 지방에서 암말 네 마리를 길렀다. 이 말들은 성질이 매우 사나워서 강철로 만든 고삐와 사슬로 묶어 놓고 여행객들이나 전쟁에서 잡은 포로 등을 먹이로 주었다. 헤라클레스가 몰래 말들을 훔쳐 도망가려고 하자 디오메데스가 야만족인 비스토네스인들로 구성된 군대를 이끌고 쫓아왔다. 헤라클레스는 세력이 불리하자 저지대로 바닷물을 끌어들여 군대를 물에 잠기게 하는 수공으로 처치했다. 디오메데스를 죽여 그 시신을 말들에게 먹이로 주자 말들의 사나운 성질이 사라지고 온순해졌다고 한다. 이 말들은 헤라클레스가 끌고 가 그에게 과업을 내린 에우리스테우스에게 바쳐졌다가 풀려났다. 이후 말들은 고향인 트라키아를 향해 가던 중에 산속의 야수에게 잡아먹혔다고 한다.

말은 사람을 싣고 빨리 달려 나갈 수 있어 과거에는 오늘날의 자동차에 해당하는 교통수단이 되기도 했다. 그래서 오늘날 자신의 승용차 등을 거꾸로 애마愛馬라고 비유적으로 부르기도 한다. 이밖에도 네 발로 힘차게 달리는 말은 자신의 일이나 목표를 향해 쉼 없이 달려 나가는 열정이나 정력을 상징하기도 한다.

열정은 세상을 살아가는 데 있어서 매우 중요한 자질이다. 미국 제너럴일렉트릭General Electric의 최연소 경영자였던 잭 웰치는 "최고의 경쟁력이 열정이다."라고 말했고, 미국의 사상가 에머슨은 "그 어떤 위대한 일도 열정 없이 이뤄진 것은 없다."라고 말했다. 저명한 광고인 브루스 바튼은 "자녀에게 오직 단 하나의 재능만을 줄 수가 있다면 열정을 주어라."라고 말했을 정도로 열정을 중시했다.

그러나 디오메데스가 기르던 네 마리의 암말들은 사람을 먹었다. 정상적인 열정은 꿈을 이루는 원동력이며 죽어 가는 사람도 살릴 판인데 이 말들은 오히려 멀쩡한 사람도 잡아먹는 괴물이다. 열정의 대명사인 말이 사람을 잡아먹는다는 것은 인간이 지닌 열정의 부정적인 측면을 의미한다. 부정적인 열정 하면 먼저 떠오르는 것이 광신도, 도박 중독자 등이며, 낚시나 등산, 자전거 등 자신의 취미 생활에 너무 빠져 가정을 내팽개치다시피 하는 사람들이라 할 것이다.

그림 12. 말
열정과 정력의 대명사인 힘차게 달리는 말. 그러나 뚜렷한 목적이나 방향 없이 전체와 조화를 못 이루는 열정은 사람을 잡아먹는 맹목적인 열정이다.

현대인들은 거실, 화장실, 붐비는 거리나 전철 안, 회의나 식사 도중, 잠자리 등 때와 장소를 불문하고 시간만 나면 스마트폰을 들여다본다. 너무 과한 것은 부족한 것만 못하다는 말처럼 열정이 도를 넘게 되면 부정적이거나 맹목적인 열정이 된다. 맹목적인 열정이 알게 모르게 멀쩡한 사람들을 잡아먹기에 헤라클레스의 과업으로 선정된 것이다.

맹목적인 열정이라는 말의 잔등 위에는 사람이 올라타 정상적인 목적지로 갈 수가 없다. 그 말은 사람을 잡아먹는 식인 말이기에 그 말 위에 올라타기 전에 잡아먹히기 때문이다. 사람이 조종할 수 없고 목적지로 가지 못하는 말은 인간 사회에서는 정상적인 말이 아니듯 맹목적인 열정은 비정상적인 열정에 불과하다.

싸움을 좋아하는 디오메데스

디오메데스가 다스렸던 나라인 트라키아는 그리스 북쪽 지역으로 불가리아와 터키와도 겹치는 지역이다. 산 사람을 제물로 바치는 인신공회, 문신文身, 화장火葬, 다처多妻의 풍습이 있어서 그리스인은 이들을 매우 야만적이라고 생각했다. 트라키아라는 지명은 '외국인'이라는 뜻이다. 이들의 호전성과 야만성에 비춰 볼 때 그리스인들의 입장에서는 이방인이나 오랑캐로 여겼던 나라다. 말하자면 고대 동북아시아의 중심이었던 중국이 자신의 나라 이외에는 대부분의 나라를 오랑캐의 나라라고 여겼던 것과 마찬가지다.

디오메데스는 그리스인들과는 다른 오랑캐의 왕이라는 의미를 지니고 있다. 문명인으로서 정상적인 생활을 하는 그리스인들과는 다르며 야만적이고 비정상적인 생활을 한다는 비하의 감정이 내포되어 있다. 이 과업의 핵심은 사람 잡아먹는 말을 붙잡는 것이다. 따라서 그가 기른 말은 오랑캐같이 이상하고 낯설며 사람 잡아먹는 부정적인 열정을 의미한다.

디오메데스는 전쟁의 신 아레스의 아들이기에 전쟁이나 싸우는 것을 좋아한다. 이런 디오메데스의 피는 현대인들에게도 흐른다. 현대인들도 직접적인 전쟁을 벌이는 것은 물론 다양한 스포츠를 통해서 적군의 역할을 하는 상대방이나 상대팀과 싸운다. 이런 투쟁과 승부욕을 만족시키기 위해서 축구, 야구, 배구, 농구, 테니스 등 수십 가지가 넘는 운동 경기가 연중 열린다. 이밖에도 개인적인 신기록 달성 등 자기 자신의 한계나 자연의 극한 상황과 싸우는 취미 활동도 셀 수 없을 정도로 많다. 등산, 낚시, 여행, 마라톤, 장기나 바둑, 게임, 사진, 자전거 등도 싸우거나 수상과 기록 경쟁을 하게 만들며 무엇인가에 매우 열중하게 하는 것들이다.

이러한 취미 생활을 할 때 어디까지가 건전한 여가 선용이고 맹목적인 열정인지 딱 잘라 구분할 수 없고 개인별로 편차도 크다. 보편적으로 본다면 자신의 전체적인 삶이나 가정과 사회에 대한 책임감이나 균형 감각이 없는 열정은 맹목적인 열정이라 할 수 있다. 가정을 내팽개치다시피 하고 자신의 취미 활동에만 몰두하면 다른 사람들의 입장에서는 맹목적인 열정이 된다. 또한 스스로가 느낄 때 그러한 행위들을 강박적으로 하게 되는 경우도 이에 해당한다. 더욱이 그런 일들 때문에 살아가는 데 있어서 좀 더 중요한 일들을 자주 놓치거나 할 수 없어도 맹목적인 열정에 해당한다 할 것이다.

트라키아인들이 지닌 야만성과 맹목적인 열정이 결합된 대표적인 예를 생활 주변에서 종종 만날 수 있다. 두건을 쓰고 가죽 슈트를 입는 등 특이한 복장에 특유의 굉음을 내는 고가의 특정 오토바이를 타고 떼를 지어 지나가는 사람들이다. 이들을 보면 야성적이고 낯선 이방인의 냄새가 물씬 풍긴다. 보통 사람들과는 전혀 다른 세계에서 살고 있는 것 같이 느껴지는 그런 사람들이다. 고가의 스포츠카를 타고 시내를 마구 질주하거나 한밤중에 차량이 뜸한 도로에서 속도 경쟁을 하는 부류의 인간들에게서도 예의라고는 전혀 없는 야만적 오랑캐의 피를 느낄 수 있다.

이처럼 현대 문명의 산물인 오토바이나 스포츠카가 없었을 때는 질주하는 말이 그 역할을 대신했으리라 판단된다. 백마, 흑마, 갈색 말 등 위풍당당하고 윤기 흐르는 고가의 멋진 말 등 위에 올라탄 무리들이 있었을 것이다. 그들이 오토바이나 자가용보다 훨씬 높은 위치인 말 등에 올라타면 보통 사람들은 상대적으로 낮게 보인다. 그들은 달가닥거리는 말발굽 소리를 내며 먼지를 일으키거나 함성을 지르면서 행인들 옆을 지나갔을 것이다.

이런 무리들을 보면 오늘날 굉음을 내며 시내를 미꾸라지처럼 질주하는 고가의 오토바이족이나 스포츠카족보다 더 이방인처럼 느껴졌을 것이다. 그리고 현대판 디오메데스들은 자신들의 오토바이에서 달가닥달가닥하는 말발굽 소리가 난다고 주장하고 있는데 이것이 우연일까?

여가 선용으로 시작한 취미 생활이 기록과 승부 집착을 불러온다
—

헤라클레스가 이번 과업을 수행할 때 자신을 도와줄 친구이자 그가 사랑했던 압데로스Abderos라는 남자를 대동했다. 압데로스는 상인, 도둑, 사기꾼, 전령의 신이자 소통과 인간관계의 신 헤르메스의 아들이었다. 그의 이름은 '전쟁의 아들'이라는 뜻이다. 헤라클레스의 과업 대상이 된 디오메데스는 진짜 전쟁의 신 아레스의 아들이고, 압데로스는 이름의 뜻이 전쟁의 아들이다. 둘 다 전쟁이 상징하는 스포츠 경기나 게임을 좋아한다는 의미다.

다만 둘의 차이점은, 같은 스포츠 경기나 게임을 해도 그 동기나 자세가 다르다는 데 있다. 무조건 이겨야만 하는 전쟁의 신 아레스의 아들 디오메데스는 오로지 승리와 최고 기록을 내는 것 자체가 목표다. 이에 비해 압데로스는 소통의 신 헤르메스의 피가 흐르기 때문에 타인과 소통하며 친목을 도모하는 관계를 더욱 중요하게 여긴다. 따라서 그가 스포츠 경기를 하는 주목적은 개인이나 단체 간의 친선 도모와 여가 선용이다.

헤라클레스가 같은 동성의 남자인 압데로스를 애지중지하면서 사랑했다고 한다. 그러나 이것을 현대적 시각으로 해석해서 동성애를 떠올리면 큰 오산이다. 헤라클레스가 친선 도모와 여가 선용을 위해 운동이나 취미 생활을 좋아하고 사랑했음을 의미한다.

문제는 헤라클레스가 디오메데스의 사람 잡아먹는 암말을 압데로스에게 맡겼을 때 발생했다. 사람들이 처음에는 압데로스처럼 친선을 도모하고 여가를 선용하기 위해 운동이나 취미 생활을 시작한다. 시작은 그렇게 했지만 사람들에게는 승부욕이 있기에 시간이 지남에 따라 승부나 기록에 집착하는 상태로 변질되기도 한다. 프로 선수가 아님에도 승부에 집착하게 되면 그 결과 친선과 여가 선용, 건강 도모가 뒷전으로 밀려난다. 승부가 걸린 운동 경기만이 아니라 마라톤, 자전거 타기 등 기록 경신 경기와 순위가 결정되는 경우도 마찬가지다. 맹목적 열정의 상징인 디오메데스의 식인 암말들이 압데로스와 같이 있게 되자 그를 잡아먹었던 것이 이를 의미한다.

프로 선수처럼 승부욕이 유별난 사람도 있지만 대부분의 사람들은 압데로스처럼 운동 경기나 취미 생활을 아마추어적으로 접근한다. '아마추어amateur'의 어원은 '애호가'의 뜻을 지닌 라틴어 'amator'다. 아마추어는 직업적인 프로 선수들과 대비되는 개념으로 순수하게 무엇인가를 좋아하거나 사랑하는 사람이다. 그래서 연예인 축구단, 조기 축구회, 산악회, 배드민턴, 패러글라이딩, 골프 동호회 등 직장과 지역에는 순수한 아마추어 동호회가 셀 수 없을 정도로 많다.

그렇게 순수한 아마추어로 시작했던 것이 시간이 지남에 따라 디오메데스의 식인 암말 같은 맹목적인 승부욕에 잡아먹혀 승부와 기록에 집착하게 된다. 축구나 야구, 탁구, 테니스 같은 승부가 걸린 경기를 하면 우선 이기고 봐야 직성이 풀린다. 마라톤을 뛰면 풀코스인 경우는 세 시간 이내 완주를 의미하는 서브쓰리에 집착하기도 하고 골프인 경우 싱글인 81타를 치려고 맹목적인 노력을 한다.

이처럼 기록이나 승부를 통해 남보다 더 잘하려거나 자신이 중요한 사람임을 느끼려는 욕망은 본능적인 것이고 뿌리가 매우 깊다. 이런 경향은 아동 때 달리기 등으로부터 시작되어 어른이 되면 각종 스포츠와 취미 생활, 놀이 등 셀 수도 없는 많은 분야와 종목으로 늘어난다. 그러나 프로가 아닌 이상 자신의 몸이나 전체적인 생활에 무리를 하면서까지 승부나 기록에 집착할 필요는 없다. 맹목적인 열정에 대한 가이드라인이라든가 지침은 따로 없기에 스스로 잘 판단해서 삶 전체와 조화를 이뤄 나갈 필요가 있다.

사람을 목적지로 데려다주는 말은 사람이 조종하지 못하면 말이 아니라 하마나 사슴 같은 단순한 야생동물에 불과하다. 아무런 목적지도 없이 자기 멋대로 가기 때문이다. 취미 생활이란 내가 통제하면서 끌고 나가는 경우에만 정상적인 것이다. 취미 생활 자체가나 자신과 생활을 전부 잡아먹고 맹목적으로 끌고 나간다면 그것은 말 위에 말을 다룰 사람이 없는 상태와 같다. 맹목적인 열정이 다른 사람의 이야기가 아니라 내 이야기도 될 수 있음을 의미한다.

맹목적 열정을 지닌 사람이나 동호회에 대한 외부의 평가
—

디오메데스는 헤라클레스가 자신의 말들을 훔쳐 달아나려 하자 야만족인 비스토네스인들로 구성된 군대를 끌고 쫓아갔다. 헤라클레스는 디오메데스가 이끌고 오는 군대의 숫자가 많아 직접 맞서서 싸우는 것이 불리하자 머리를 써서 싸웠다. 그들이 생각보다 저지대에 있음을 알고 그곳으로 물을 끌어들여 적들을 그곳에 수장시켰다. 그 이후로 그곳은 호수가 되어 비스토네스 호湖라 부른다. 마치 우리나라 을지문덕 장군의 살수대첩, 강감찬 장군의 귀주대첩을 연상시킨다.

물에 빠지게 한다는 것은 활동을 제대로 못 하게 하고 침체되게 만드는 것이다. 무엇인가에 맹목적으로 빠져 있는 사람들은 그 분야에 관심과 행동이 매우 집중되고 활성화되어 있다. 따라서 그 광적인 열기를 바닷물을 동원한 수공水攻으로 식힘으로써 맹목적인 열정도 수그러지게 할 수 있다.

디오메데스의 군대가 있던 위치는 해수면보다 낮은 저지대였다. 이곳은 바다에서 밀려온 모래가 언덕처럼 쌓여 바닷물이 들어오지 못하고 바다가 보이지 않는 지리적 특성이 있다. 바로 이곳이 맹목적인 열정을 지닌 사람들이 모여서 행동하는 자신들만의 영역이다.

그들은 동호회원 위주로 끼리끼리 모여서 자신들의 취미와 영역에 우월함과 높은 가치를 부여하며 살아간다. 예를 들어 특정 오토바이나 스포츠카를 타고 굉음을 내면서 떼를 지어 시내를 질주하면서 일종의 우월감, 해방감, 소속감을 느낀다. 그러나 이를 바라보는 평범한 행인들의 입장에서는 그들이 멋있기보다 시끄러운 소음이나 내는 다소 위협적인 이방인이자 트라키아인들처럼 느껴질 뿐이다.

그래서 그들의 활동 무대가 실제로는 바다의 해수면보다 낮은 곳에 있었던 것이다. 여기서 바다는 크고 넓은 세상을 의미한다. 따라서 그들만의 리그인 동호회 활동의 실제 위상은 세상 전체보다 낮은 것으로 평가받는다. 굉음과 이방인 같은 복장으로 인해 오히려 다소 불쾌하며 이방인들의 별난 취미 생활로 평가받는 것이 현실이다.

물론 사람들은 다 자기 잘난 맛에 살아가듯이 자신들의 취미 생활에 높은 가치를 부여할 수는 있다. 자신의 소질과 적성을 개발하고 정신적 집중과 스트레스 해소, 인간관계와 이념을 위해 고유한 취미 활동, 사회 활동을 하는 것은 좋은 일이다. 그러나 그것으로 인해 자신의 전체적인 삶의 균형이 깨지거나 가정을 등한시하는 등 한 방면으로만 편향된다면 바람직하지 못하다.

예를 들면 혼자서만 주말마다 낚시하고 골프 치러 다니거나 춤바람이 나면 배우자는 생과부나 홀아비가 되기 쉽다. 사회 참여적인 자세로 출발한 시민운동과 노조 운동, 종교나 정치에 열중하다가 가정을 등한시하는 경우도 허다하게 발생한다. 당사자는 맹목적인 열정에 빠져서 재미를 보고 있을지 몰라도 가족이나 주변 사람들은 희생당하고 피해를 보기도 한다.

그래서 맹목적 열정으로 무엇인가에 열중하고 있는 사람을 향해 "거기서 밥이 나오냐 떡이 나오냐?"라고 비난하는 소리를 주변에서 들을 수 있다. 이 말은 "당신은 그 일로 먹고사는 프로가 아니다. 단지 취미 생활, 여가 선용으로 좋아서 하는 아마추어이므로 적당히 하라."라는 의미다.

그러나 스마트폰을 습관적이며 맹목적으로 들여다보는 사람에게는 아무 말도 하지 않는다. 한두 사람이 그런 행동을 하고 있는 것이 아니라 한두 사람만 빼고 전부 그런 행동에 빠져 있기 때문이다.

스마트폰은 지금까지 발명된 그 어떤 도구보다 유용성이 매우 큰 일상적인 도구다. 동시에 사람들에게 황금에 버금간다고 알려진 시간과 열정도 틈만 나면 빨아들이는, 블랙홀 같은 속성도 지니고 있음을 부정할 수는 없다.

취미 생활은 아마추어 정신으로

맹목적인 열정을 갖고 살아가는 디오메데스에 대해 세상은 자기만 아는 편협한 인간이라며 바닷물과 같은 거센 압력을 쏟아붓는다. 그러자 그동안 자기 위주의 일방적인 취미 생활이나 일을 해 왔던 당사자가 미안함과 가치관의 혼란 속에서 허우적거린다. 이 틈을 놓치지 않고 헤라클레스가 추격해 디오데메스를 죽여서 그의 식인마에게 먹잇감으로 준다. 자신의 행위나 취미가 고상하다고 생각했던 디오메데스로 하여금 맹목적인 열정의 먹잇감이 되고 있음을 일깨워 주는 모습이다.

굉음을 내며 떼 지어 달리는 오토바이나 스포츠카로 다른 차를 미꾸라지처럼 마구 추월해 나갈 때 당사자는 해방감과 일종의 우월감을 맛보며 일방적인 이득을 취한다. 그러나 굉음 소리를 들어야 하는 행인이나 정상 속도로 주행하는 운전자의 입장에서는 불쾌하고 위협적이며 짜증나는 일이다. 사람들로 붐비는 지하철 안, 광장, 지하상가 등에서 "예수 천당, 불신 지옥!" 등을 맹목적으로 외치는 사람들도 있다. 당사자야 자신의 믿음을 실천하고 선교한다는 측면에서 일방적인 이득을 취한다. 하지만 그 소리를 들어야 하는 행인들 입장에서는 소음에 불과하다.

헤라클레스가 그 말들을 죽이지 않고 사로잡아 에우리스테우스에게 보이고 풀어 줬다. 맹목적 열정이라고 해서 무작정 다 죽일 수는 없다. 그것에 정신이 나갈 정도로 푹 빠지거나 노예가 되지 않게 경계하고 잘 관리해서 바른 열정으로 순화시켜 나갈 필요가 있다. 예를 들어 직장 생활을 원만히 하면서 동시에 1년 내내 틈만 나면 마라톤 대회, 철인 3종 경기, 등산 등에 푹 빠져 있는다고 해서 그것 자체가 잘못된 것은 아니다. 그런 행동 때문에 자기 자신, 가정, 직장, 사회에 폐해가 생긴다면 줄이거나 개선을 심각하게 고려해 볼 수 있지만, 그렇지 않은 경우에는 그만둘 필요는 없는 것이다.

취미 생활을 너무 건성으로 하는 것도 문제일 수 있지만 너무 과하게 맹목적으로 집착하는 것도 문제다. 특히 말 위에 사람이 없는 상태가 되는 취미 생활은 문제가 있다. 맹목적 열정의 문제는 특히 주 5일제, 주 52시간 근무제 등으로 여가시간이 많아진 현대인들이라면 누구나 피해 갈 수 없는 문제가 되었다. 축구, 야구, 당구, 낚시, 등산, 자전거, 수영, 골프, 노래 등 다양한 취미 생활 자체가 직업이 아닌 이상 아마추어 정신으로 그것들을 좋아하거나 사랑하면 그만이다. 잘하면 좋지만 좀 못해도 괜찮다. 프로들에 비하면 어차피 아마추어인 것이다. 친선 도모, 여가 선용, 건강 관리를 위해 즐기면 될 것 같다.

요사스런 여우와 충견 라이라프스
—

그리스 신화에 어떤 추적자도 따돌릴 수 있는 암여우와 어떤 사냥감도 놓치지 않는 라이라프스^{Laelaps}라는 개가 동시에 있었다. 암여우는 매달 젊은 남성 한 명을 잡아먹어 그 당시 테베의 왕이었던 크레온이 골머리를 앓았다고 한다. 여우는 동서양에서 모두 꾀가 많음과 동시에 교활하고 요사스러움을 상징하는 동물이다. 이솝 우화에서는 포도를 따 먹으려다 손이 닿지 않아 따 먹을 수 없게 되자 그 포도가 신맛이 난다고 자기 합리화를 시켰다. 한·중·일에는 꼬리가 아홉 개 달린 구미호^{九尾狐} 이야기가 있다. 사람으로 변하는 둔갑술을 쓰기도 하는 요사스런 괴물이다.

그 암여우가 매달 한 명씩 잡아먹은 젊은 남성은 무엇인가를 해낼 수 있는 젊음의 추진력, 실천력, 행동력을 상징한다. 사람들은 여우처럼 꾀가 많아 이것저것 새로운 계획을 세운다. 동시에 여우 같은 요사스런 마음 때문에 당초 자신이 계획하고 마음먹은 일을 진득하게 해내지 못하고 중간에 포기하고 합리화시킨다. 이 암여우는 도망가는 데는 선수라서 그 누구도 따라 잡을 수 없다. 여우처럼 변덕스럽고 요사스런 마음을 붙잡아 통제하기가 어렵다는 의미다.

테베의 암여우 같은 요사스런 마음은 예나 지금이나 사람들의 마음속에 살아 움직이며 당사자들을 괴롭힌다. 새해가 되면 사람들은 엄청난 교통 체증을 감수하며 바닷가나 산 등 유명 일출 명소에 가서 붉게 떠오르는 해를 보려고 한다. 이때 새해 계획을 세우고 원대한 포부를 꿈꾸며 자신의 굳센 의지를 다진다. 살 빼기, 외국어 공부, 운동하기, 술을 안 마시기 등 세계적으로 바닷가 모래알보다 더 많은 계획들이 이때 세워진다.

그러나 작심삼일이라고 하듯이 얼마 못 가서 의지와 열정이 수그러들고 흐지부지되다가 나중에는 해맞이 이전 원위치로 돌아가게 된다. 이런 측면에서 보면 새해 해맞이를 가는 운전자는 사람이 아니다. 수많은 여우들이 운전석에 앉아서 부푼 꿈을 꾸고 콧노래를 부르며 일제히 해맞이를 가는 요사스런 장관이 펼쳐지는 것이다.

그리고 집이나 일상으로 돌아와서는 얼마 가지 못해 새롭게 다짐했던 마음, 무엇인가를 해 보겠다는 마음을 잡아먹는다. 마치 테베의 암여우가 매달 젊은이들을 한 명씩 잡아먹은 것과 같다. 그래서 사람들은 자신의 변덕스럽고 요사스런 마음을 여우라는 동물에게 투사해 한껏 미워함으로써 이를 경계하고 있다. 인간의 자아보다 항상 앞서서 달아나 붙잡히지 않는 여우같은 요사스런 마음 때문에 인생에서 되는 일이 별로 없기 때문이다.

이에 비해 라이라프스라는 개는 사냥감을 결코 놓치는 법이 없는 개다. 목표를 한번 정하면 그 목표물이 요리조리 빠져나가며 멀리 달아나려고 해도 결코 포기하지 않고 쫓아간다. 주인보다 항상 앞장서서 위험을 무릅 쓰고 앞만 보고 달려 나간다. 결국은 목표물을 붙잡거나 그곳에 도달한다.

예를 들어서 새해에는 마라톤을 해 보겠다고 다짐한 사람이 있다고 가정해 보자. 마라톤은 힘이 들고 시간도 많이 소요되는 운동이다. 따라서 도중에 포기하는 사람들이 많은 것이 현실이다. 그럼에도 불구하고 라이라프스 같은 사람들은 일단 한번 목표를 정하면 승부 근성이 강해서 결코 포기하지 않고 목표를 향해 달린다. 주인이 사냥감을 잡아 오라고 시킨 개처럼 목표물을 향해 그냥 앞만 보고 달리는 것이다.

인생을 살다 보면 매번 여우처럼 변덕스럽고 요사스런 마음 때문에 탈이다. 무엇인가를 제대로 이루지 못해 흐지부지되고 실패하고 맘고생을 한다. 반면에 한번 정한 목표물을 절대로 놓치지 않는 개 같은 맹목적인 열정 때문에 탈이 생기기도 한다. 그 목표물 말고는 다른 것을 쳐다보지 않기 때문에 인생을 살아가는 시야가 좁아지고 가치관의 왜곡이 생기기 때문이다.

의지와 열정이 부족한 요사스런 여우같은 마음도 탈, 의지와 열정이 너무 넘쳐서 맹목적인 충견 같은 삶을 사는 것도 탈이다. 그래서 제우스가 이 두 동물을 모두 돌로 만들어 버렸다고 한다. 양극단으로 너무 지나치다 보니 돌처럼 쓸모없다는 평가다. 그래서 중용의 도가 필요한 것이라 하겠다.

제9과업
아마존 여왕의 허리띠 '논쟁과 자제력'

아마존과 인간 세상의 논쟁
—

자신과의 싸움에서 전승을 거둔 마음 천하장사 헤라클레스의 아홉 번째 과업은 아마존^{Amazon} 여왕 히폴리테^{Hippolyte}의 허리띠를 가져오는 것이었다. 그에게 명령을 내리던 에우리스테우스의 딸 아드메테가 그 허리띠를 원했기 때문이다. 헤라클레스가 그것을 얻기 위해서 아마존 여인들과 싸움을 치러야 했기에 그 부족의 의미부터 살펴볼 필요가 있다.

아마존은 여전사로만 이루어진 전설적인 부족이다. 남자아이가 태어나면 죽이고 여자아이만 길렀으며 사냥과 전쟁을 즐기는 호전적인 집단으로 알려져 있다. 이들은 활을 쏘거나 창을 던질 때 방해가 된다고 해서 한쪽 유방을 제거했다. 이 때문에 그리스어로 '젖이 없다'라는 뜻의 아마존이라는 이름이 붙여졌다고 한다.

헤라클레스, 테세우스, 벨레로폰 등 그리스의 내로라하는 영웅들이 아마존들과 벌인 싸움을 아마조노마키아Amazonomachia라고 부른다. 여기서 이 과업이 지닌 의미의 힌트를 얻을 수 있다. 아마존과의 싸움은 세상에서 영웅이나 스타가 되고자 하는 사람들이 기본적으로 지녀야 할 어떤 자질이라는 것이다.

인류가 언어를 구사하게 된 이후부터 서로 간의 의견 대립이나 갈등이 있을 때 주먹질보다 비폭력적인 언사를 통해 서로를 혼내 주거나 문제를 해결해 왔다. 살아가면서 상대방과 정치 노선, 가치관, 이해관계가 다를 수 있다. 이때 대화를 하거나 회의 석상에서 만나 서로 간에 비판과 토론을 통해 잘못이나 오류를 인정하게 하거나 좋은 의견을 도출해 문제를 해결하는 것이 인간 특유의 고등 문화다.

국정조사, 청문회, 정치 토론, 국회나 지방의회에서 업무보고, 행정감사, 법정 공방 시에 날카로운 질문을 통해 상대방을 혼내 주거나 망신 주기도 한다. 이런 모습들은 그리 낯선 풍경이 아니다. 그래서 국정조사나 청문회 때 송곳 같은 질문으로 상대방을 쩔쩔매게 만들어 유명 스타로 세상에 알려지는 정치인도 있다.

여자들은 남자들보다 말을 술술 잘하며 주먹이 앞서는 남성들에 비해 말로 싸우는 말싸움을 주로 하는 경향이 많다. 아마존이 여자로만 구성된 전사들이라는 것은 사람들이 폭력을 행사하지 않고 여자들처럼 말로 싸우며 논쟁하는 속성이 반영되어 있다. 인간 사회에서 직접 주먹질이 오가는 싸움은 피를 흘리거나 형사 입건이 되기에 자주 일어나진 않는다. 그러나 말로 싸우는 논쟁은 훨씬 많아서 가정, 길거리, 직장, 회의실, 회식 자리 등 때와 장소를 가리지 않고 쉽게 구경할 수 있다. 사람들은 평소에 어설프게 알거나 오해와 착각을 하고, 각종 견해가 다르고, 여야, 노사, 손님과 고객, 지역적 위치에 따라 서로 입장이나 처지가 달라 논쟁이 발생할 수밖에 없다.

그림 13. 아마존 여전사, 기원전 510년경 도기
아마존은 폭력을 사용하지 않고 말로써 문제를 해결하려는 인류의 논쟁 자세를 상징한다.

예전에는 집집마다 애들이 많아서 애들 싸움이 종종 어른 싸움이 되곤 했다. 요즘은 애들이 귀하고 대신에 애완견이 많아져서 애완견 산책을 데리고 나갔다가 개싸움이 사람 싸움이 되는 경우가 종종 있다. 이때 화난다고 폭력을 사용하면 형사 입건이 되므로 대부분 말싸움인 논쟁을 하게 된다. 개들은 말로 하지 않고 물어뜯는 이빨로 해결하려고 으르렁거리는 데 비해 사람들은 개 목줄을 당기며 말싸움인 논쟁으로 해결하려고 한다. 이처럼 개와 인간의 커다란 차이 중에 하나가 폭력을 사용해야 할 상황에서 인간은 논쟁을 통해 문제를 해결하려 한다는 점일 것이다.

논쟁이란 가장 인간적이고 인간 사회에서 가장 광범위한 현상이기도 하다. 인류는 언어를 사용함과 동시에 논쟁의 역사를 지녔다고 볼 수 있다. 고대 사회에서 가족끼리도 부모가 돌아가셨을 때 남겨진 재산을 두고 누가 더 가질 것인가, 또는 장례를 어떻게 지낼 것인가를 두고 논쟁했다. 그 밖에 전쟁 여부, 군인을 뽑는 방법, 세금을 받아들이는 방법 등 온갖 것을 두고 논쟁을 해왔다. 오늘날에는 원전 폐기, 안락사, 복지, 증세, 사형 제도, 낙태, 성매매, 체벌 논란 등 모든 분야에서 수도 없이 많은 논쟁거리들이 존재하고 있다.

일방적인 '사냥식 논쟁', 쌍방이 겨루는 '전쟁식 논쟁'
━

아마존들이 사냥과 전쟁을 즐겼다고 한다. 아마존들의 신화 속 역할이 논쟁하는 사람들이므로 사냥과 전쟁도 논쟁과 관련되어 있다. 사냥은 사냥꾼이 사냥감을 일방적으로 몰아붙이면서 활이나 총을 쏘아 잡는다. 이에 비해 전쟁은 무기를 든 대등한 사람들이 서로를 향해 활이나 총알을 쏘며 맞붙는 싸움이다.

논쟁의 관점에서 본 사냥은 우월한 지위에 있는 한쪽이 상대방에게 일방적으로 비난과 비판을 퍼부어 대며 몰아붙이고 잡는 것을 의미한다. 최고 경영자, 감사나 의결권이 있는 국회의원 같은 사람들이 아랫사람, 피감사자 등에게 일방적으로 공격하고 비판하며 몰아붙인다. 이처럼 갑의 위치에 있는 사람이 화살처럼 날카로운 말을 날리며 을의 위치에 있는 사람을 사냥하듯 잡는 것이 사냥식 논쟁이다.

국회의원이나 지방의회 의원이 행정감사나 청문회 같은 회의를 열어서 회의에 출석한 공무원이나 증인들에 대해 증인신문을 하는 경우가 있다. 이때 의원들은 자신들이 조사하고 입수한 정보나 자료를 갖고 피감자들을 사냥감처럼 서서히 몰아간다. 결국에는 막다른 궁지로 몰아넣고 오판이나 잘못을 인정하라며 다그친다. 이런 장면은 사냥꾼이 무기를 들고 사냥감을 절벽이나 퇴로가 막힌 곳으로 몰아넣고 화살이나 총을 쏘아 붙잡는 장면과 흡사하다.

전쟁식 논쟁은 정치나 학술, 사회문제 토론에 있어서 대등한 신분과 위치에서 전개된다. 상호 간에 말의 화살을 쉴 새 없이 주고받으며 맹렬하게 말싸움을 하는 모습이다. 법원에서 검사와 변호사, 변호사와 변호사 간에 벌어지는 법리 논쟁도 가장 많이 벌어지는 전쟁식 논쟁의 전형적인 유형이다. 특히 정치인들의 논쟁은 자신이 소속한 정당에 따라 복지, 안보, 경제문제 등에 대한 입장과 태도가 180도 돌변하는 경우가 다반사다. 국민들의 입장에서는 마치 코미

디처럼 느껴지기도 한다.

사냥식 논쟁과 전쟁식 논쟁의 차이점은 논쟁 참가 대상들이 대등한 위치에 있느냐 여부에 따라 구분된다. 사냥식 논쟁으로 진행되는 회의는 국정감사나 청문회, 주요 업무 보고, 징계위원회 등이다. 전쟁식 논쟁은 포럼, 심포지엄, 세미나, 각종 토론회 등이다. 이 중에서 상호간 말의 화살을 날리는 전쟁식의 논쟁은 그 방면에 지식과 말솜씨를 갖춘 사람이 참여하는 것이 보통이다.

젖가슴을 자른 아마존, 논쟁에 자비는 없다
▬

아마존들이 화살을 쏘는 데 방해가 된다고 자신들의 한쪽 젖가슴을 제거했다고 한다. 젖가슴은 생명을 길러 내는 풍요, 아이들에게 베푸는 사랑과 자비의 상징물이다. 그러나 말로써 상대방을 망신 주거나 망하게 하고, 굴복하게 만드는 논쟁 시에 상대방을 봐주는 자비심이나 배려는 승리의 걸림돌이 될 뿐이다. 상대방이 불쌍하다고 봐주다가 오히려 상대방의 송곳 같은 반대 질문이나 역공으로 인해 치명상을 입을 수 있기 때문이다.

한쪽 젖가슴을 잘라 냈다는 것은 절반은 남자의 젖가슴이 되었음을 의미하기도 한다. 남자들은 말싸움보다 물리적 폭력이 동원되는 주먹질이나 패싸움, 전쟁을 벌인다. 그러므로 한쪽 젖가슴을 잘라 낸 아마조네스들이 말싸움을 할 때, 인자하고 부드러운 말로 하는 것이 아니다. 남자처럼 공격적이고 거칠게 말로써 상대방을 몰아붙여 논리적인 항복을 받아 낸다.

군인이나 스포츠 선수가 여성의 젖가슴 같은 자비심을 가슴 양쪽에 모두 달고 싸운다면 자신의 전력을 약화시키는 부정적인 요인이 된다. 전쟁이나 스포츠 경기에 나서는 사람들은 자비의 상징인 자신의 마음속 젖가슴을 절반 정도는 도려내고 싸워야 승리자가 될 수 있다. 승부의 세계에서는 인정사정을 봐주면 절대로 안 된다. 스포츠 경기에서 월등한 실력으로 일방적으로 이기고 있다가도 끝까지 최선을 다하지 않으면 상대편의 반격으로 승부가 뒤집히기도 한다. 그래서 경기 도중 내내 감독들은 소속 선수들에게 끝까지 집중하라고 소리친다.

논쟁도 일종의 싸움이고 전쟁이므로 이기고 봐야 한다. 그래서 논쟁이 시작되면 말과 논리의 폭탄을 인정사정없이 퍼부어 기선을 제압하고 상대방으로 하여금 정신을 못 차리게 해야 한다. 그 결과 백기를 들고 스스로의 과오나 잘못을 인정하게 만드는 것이 논쟁이다. 논쟁에는 자비가 있을 수 없다. 누구든지 논쟁에 나가고자 한다면 자신의 심리적 젖가슴 두 개 중에 하나는 잘라 내고 싸움에 임해야 한다. 자비라는 젖가슴이 둘 다 달려 있으면 상대방에 대해 측은지심이 들어 혹독한 비난의 화살을 날리는 데 방해가 된다. 아마존 여전사들이 젖가슴을 한쪽 잘라 낸 단 하나의 이유가 된다.

평소 논쟁이나 토론에 약하다고 생각하는 사람들은 말하는 법이나 논리적인 주장 등이 약한 것이 아니다. 상대방을 궁지로 몰아넣다가도 측은한 마음이 들어서 치명적인 독설 등 결정적인 한 방을 날리지 못하고 주저한다. 그러다가 상대방의 역공을 받아서 논쟁에 지게 된다. 전쟁에 나선 군인이 상대방을 향해 총을 쏴야 하는 결정적인 순간에 망설이다가 오히려 빈틈을 보이며 역공을 당하는 모습과도 같다. 논쟁에 나서야 하는 사람이라면 아마존들처럼 자신의 젖가슴을 잘라 냈는지부터 살펴봐야 한다. 이것이 논쟁에 강한 사람들의 숨겨진 비법 중에 하나이기 때문이다.

다만, 논쟁 시에 한 개의 젖가슴만 떼어 내야지 둘 다 떼어 내면 좋지 않은 결과가 초래된다. 젖가슴이 둘 다 없다는 것은 말 그대로 남성들의 가슴 상태가 된 것이다. 그렇게 되면 모성적인 자비심이라곤 눈곱만치도 없게 된다. 오로지 상대방을 깎아내리고 부정하고 폭력적인 언사를 동원해 공격하는 저급한 논쟁만이 전개된다.

이런 경우에는 간혹 말싸움이 주먹과 발길질이 오가는 폭력으로 변질되기도 한다. 한때 우리나라 국회의원들이 국회에서 논쟁을 벌일 때 젖가슴 두 쪽을 다 떼 내고 나와 걸핏하면 폭력을 행사해 '동물국회'라는 소리까지 들은 적도 있었다. 논쟁이라는 전쟁터에 나갈 때 아마존 여전사들이 한쪽 젖가슴만 떼어낸 데는 다 이유가 있었던 것이다. 최소한도의 인간적인 예의를 지키는 이성적인 신사 숙녀로서의 선을 넘지 않기 위해서였다.

아마조네스들을 통해 보는 다양한 논쟁 자세와 기술들
—

검객의 세계에는 단검이나 장검을 잘 쓰는 검객, 또는 쌍검을 잘 쓰는 검객이 있고, 권투나 야구 등 스포츠 세계에도 선수들마다 주무기나 특기가 있다. 논객들도 논쟁을 벌일 때 이들처럼 자신만의 주 무기나 특기를 이용해 적을 공격하거나 방어에 사용한다. 박식함, 달변, 독설, 촌철살인, 상대방이 아무리 약 올리고 공격해 대도 흔들리지 않는 냉철함을 주 무기로 삶아 논쟁에 나서곤 한다.

가장 먼저 살펴볼 대상은 논쟁의 여왕, 최고의 저격수, 지존이라 불리는 아마존 여왕 히폴리테다. 그녀의 이름 뜻은 '묶여 있지 않은 말', '풀린 말', 또는 '달리는 말'이라는 뜻이다. 풀린 채로 달리는 말이나 야생마는 누구도 잡을 수 없다. 논쟁 시에 누구에게도 잡히지 않을 정도로 말발이 센 사람이다. 그의 논법이나 말솜씨에서는 빈틈이나 약점을 잡아 낼 수가 없다. 그래서 말로써는 당해 낼 수가 없다고 평가받는 사람이다.

히폴리테와 자매 지간인 안티오페Antiope는 '떠오른 달'이라는 의미다. 떠오른 달은 매우 의기양양하고 사기충천해 어떤 공격과 비난에도 기가 죽지 않고 지는 법이 없다. 논쟁에 있어서 떠오른 달 같은 기세등등한 말솜씨로 좌중을 압도한다.

히폴리테와 안티오페 이외에 아마조네스 중에 중요한 위치를 차지하고 있는 것이 트로이 전쟁 막판에 참가한 펜테실레이아Penthesilea다. 전쟁에 참가하기 전에 그녀는 숲에서 사냥을 하던 중에 실수로 자매를 죽이고 괴로워했다. 트로이 왕 프리아모스^{Priamos}가 그 죄를 씻어 주었기 때문에 은혜를 갚기 위해 참전했다고 한다. 그녀는 전쟁에 뛰어들어 수많은 그리스 병사를 죽였지만 트로이 전쟁 최고 영웅 아킬레우스는 당해 낼 수가 없었다. 아킬레우스는 그녀를 쓰러트리고 난 후 나중에야 그녀가 여자인 줄 알게 됐다. 이에 연정을 느껴 그녀의 시신을 장례 지내도록 트로이 진영으로 돌려보냈다.

아마존 여왕 중 한 명이었던 펜테실레이아의 이름 뜻은 '고통과 슬픔'이다. 논쟁의 여왕 자리를 차지하고 있는 그녀에게 도전장을 내밀면 고통과 슬픔을 맛보게 해 주겠다는 의미가 된다. 아마조네스들은 자신의 젖가슴을 떼 낸 무자비한 마음으로 전투에 임한다. 상대방에게 고통이나 슬픔을 주는 것쯤은 대수로운 일도 아니다. 물리적인 폭력이 동원되는 전쟁은 아니지만 논쟁도 전쟁에 버금가는 싸움이기에 말로써 날카롭고 잔인한 고통을 상대방에게 안겨 준다. 수많은 사람들이 논쟁이나 토론에서 약점과 덜미를 잡히기도 한다. 이렇게 되면 잘 나가던 선거 행보나 사업 추진, 주장하던 학술적 이론이 냉대받거나 삐꺼덕거리는 고통과 슬픔을 맛본다.

날카로운 말로써 상대방에게 고통과 슬픔을 준 그녀에 비해 트로이 전쟁 최강 영웅 아킬레우스^{Achilles}는 실력으로 자신의 존재 가치를 증명했던 사람이다. 그의 이름 뜻은 'A'와 입술을 뜻하는 'cheile'의 합성어다. 그리스어에서 'A'는 뒷부분의 의미를 부정하는 접두사다. 그래서 'Achilles'를 직역하면 '입술이 아니다'라는 뜻이 된다. 말이 아니거나 말이 필요 없이 실력으로 보여 주겠다는 의미다.

오늘날 스포츠 세계에서 중요한 경기의 맞수인 사람이나 팀이 결전을 앞두고 인터뷰나 미디어 데이를 한다. 이때 먼저 인터뷰한 쪽이 화려한 말솜씨로 자신의 실력이 상대방보다 훨씬 뛰어나므로 뼈저린 패배와 슬픔을 맛보게 해 주겠다고 큰소리친다. 그러면 나중에 응수하는 쪽은 "말이 필요 없이 실력으로 보여 주겠다."라고 말한다. 이 말보다 자신이나 자기 팀의 실력과 자신감을 잘 드러내는 표현은 없을 것이다.

그림 14. 조반니 보카치오 『De Mulieribus Claris』속 펜테실레이아 삽화
트로이 전쟁에 참가한 아마존 여왕으로 이름은 '고통과 슬픔'이라는 뜻. 논쟁 시 상대방에게 고통과 슬픔을 안기는 논쟁의 여왕이라는 뜻이다.

프로와 아마추어 운동선수, 사회생활을 하는 직장인 등 모든 사람들이 입술로써 자신의 실력을 표현할 것이 아니다. 아킬레우스처럼 말이 필요 없이 실력이나 실적으로 보여 주면 된다. 번지르르한 말솜씨, 출신 학교, 유학 경력, 수상 경력, 자신의 배경 자랑 등이 중요한 것이 아니다. 무대나 그라운드, 시장, 직장에서 자신의 존재 가치는 말이 필요 없이 실력으로 평가받고 입증된다. 수백억을 들여 스카우트된 선수는 말이 필요 없다. 오직 실력으로 그의 몸값을 증명해 보일 뿐이다. 그러지 못하면 팬들과 시장의 야유와 비난을 받고 물러날 수밖에 없다.

말이 아니라 실력으로 보여 주겠다. 트로이 전쟁 최고의 영웅 아킬레우스다운 이름 뜻이다. 이런 의미를 현대인들이 알고 있다면 프로 운동선수들이 즐겨하는 문신의 제1순위는 아킬레우스가 되지 않을까? 말로 하지 않고 실력으로 보여 주겠다는 사람보다 무서운 상대는 없기 때문이다.

안탄드레Antandre는 펜테실레이아와 같이 트로이 전쟁에서 싸운 아마존이다. 이름 뜻은 '남성을 능가하는 자'다. 싸울 때 폭력을 동반하며 싸우는 남자들을 능가할 정도로 거칠고 공격적으로 논쟁하는 자질이다. "말로 죽인다."라는 표현이 있다. 말로써 상대방을 인정사정 보지 않고 무자비하게 죽이듯 공격하는 논쟁 자세다. 이기기 위해서는 안탄드레처럼 상대방을 거칠고 무자비하게 몰아붙여서 항복을 받아 내 승부를 결정지어야 한다.

헤라클레스의 아마존 정벌 시 동참한 텔라몬Telamon은 멜라니페Melanippe를 죽였다. 그녀는 히폴리테 여왕과 자매간으로 이름은 '검은 말'이라는 뜻이다. 같은 개도 검은 개가 더 무섭고, 표범이나 독수리, 곰도 검은색 계통이 더 무섭고 강렬해 보인다. 따라서 군대에서 사용되는 무기도 검은색 동물로 표현해 적에게 공포감을 불어넣으려고 한다. 우리나라의 '검은 표범'을 뜻하는 흑표 전차, 미국의 '검은 매'를 뜻하는 헬기 블랙 호크 등이 좋은 예다.

인간 세상은 동서고금을 막론하고 갈등과 대립, 다양한 문제들이 있기 마련이다. 이때 주먹 등 폭력으로 문제를 해결하려는 것은 불량배나 조폭에 불과한 야만인이라고 손가락질을 받는다. 대신에 문제 해결을 위해선 좋든 싫든 간에 누구나 세치 혀라는 칼을 사용하는 논쟁을 할 수 밖에 없다. 사람들은 어느 나라 어디를 가도 가정, 직장, 단체에서의 위치나 역할에 따라 말로써 사냥을 하거나 반대로 사냥을 당하기도 한다. 대등한 관계에서 치열한 말의 전쟁을 벌이기도 한다.

그리스 신화에 나오는 벨레로폰, 헤라클레스, 테세우스, 아킬레스 등 이름난 영웅들이 아마존 여전사들과 한바탕 전투를 벌였다. 이것을 통해 논쟁 기술을 습득하고, 논쟁의 중요성을 역설하고 있다. 논쟁에 있어서 자신의 지식이나 논법의 빈약함은 너무 신경 쓰지 않아도 된다. 다만, 아마존들처럼 자신의 젖가슴 한쪽을 떼 내고 논쟁에 임하고 있는지 철저한 사전 점검이 필요할 뿐이다. 논쟁도 전쟁의 일종이기 때문에 방어만 해서는 안 되고 비판과 비난의 화살을 정확하게 날려야 한다.

인간은 왜 논쟁하는가?

영화나 드라마에 나오는 가장 스릴 있고 전형적인 장면이 칼싸움이다. 일대일로 싸우든 한 사람이 여러 명을 상대하며 싸우든 칼싸움은 긴장감이 흐르고 사람들을 그 장면 속으로 몰입하게 만든다. 서로의 칼날이 부딪치는 금속성의 소리와 방어와 공격의 현란한 동작이 연출된다. 간혹 칼날을 X 자 형태로 맞대고 서로 인상을 쓰며 상대방 행위의 정당성이나 노선과 가치관에 관한 대화를 주고받기도 한다.

그림 15. 칼싸움
검객이나 아마존들이 벌이는 칼싸움은 실생활에서 벌어지는 논쟁을 상징하는 경우가 많다.

그러나 실제의 칼싸움은 결코 이렇게 전개되지 않는다. 한두 번의 공격으로 승부가 결정되지, 상대방의 공격을 칼로 방어 할 수 있는 가능성은 거의 없다. 그것은 마치 총알을 총알로써 방어하려는 개념과 비슷하기 때문이다. 따라서 드라마 속의 칼싸움은 칼이 상징하는 비판력, 분석력 같은 논리의 검으로 서로 간에 논쟁을 하는 모습을 나타내는 경우가 대부분이다. 말하자면 이성이나 사고력, 논리력이 충돌하는 모습이다. 개인 간에 주먹질, 칼질, 총질을 하는 것은 뒷골목 양아치들이나 하는 천한 행동이며 그 대신 신사의 세계에서는 논쟁을 벌인다.

무협지를 보면 수많은 검객들이 강호에서 비상과 추락을 반복한다. 이때 검객들이 휘두르는 칼이 실제의 검인지 아니면 논객들이 휘두르는 생각이나 논리의 검인지 헷갈린다. 일상생활 속에서 하나뿐인 목숨까지 내놓고 툭하면 진짜 칼을 휘두르며 싸우는 사람들은 실제로는 거의 없다고 봐도 무방하다.

그 대신 우리의 생활 곳곳에서는 의견 충돌이나 논쟁이 쉴 새 없이 벌어진다. 어떠한 사실을 두고 논쟁이 벌어지다 보면 서로 혈압이 오르기도 하고 목숨을 거는 대신에 금전적인 내기를 걸기도 한다. 특히 논쟁에 있어서 자신의 생각이나 판단이 옳다는 것을 증명하기 위해 "손에 장을 지진다."라거나 "성을 간다."라고 말하기도 한다. 사람들의 이런 심리적 성향 때문에 영화나 드라마에서 목숨 걸고 칼싸움하는 장면이 자주 등장한다 할 것이다.

아마존들은 무협지에 나오는 검객들과 성격이 엇비슷하다. 대부분의 검객들에게는 '번개', '지옥의 사자', '독거미' 등과 같은 고유의 별칭이 붙는다. 앞에서 살펴본 아마존들의 이름 뜻도 검객들의 별칭과 동일한 의미를 지닌다. 펜테실레이아의 '고통과 슬픔', 멜라니페의 '검은 말'은 논쟁가들이 지닌 논쟁 실력이나 성향을 나타낸다. 다시 말해 "내가 논쟁의 지존이므로 함부로 덤비지 말라."라는 경고성 문구 역할을 한다.

동물들은 서로 간의 욕구가 충돌할 때 말이 필요 없이 물어뜯거나 들이받아 서로에게 치명적인 상처를 입힌다. 인간도 말이 서로 안 통할 때는 주먹을 날리거나 대규모의 전쟁을 치르기도 한다. 따라서 "인간은 왜 논쟁하는가?"의 답은 여기서 찾을 수 있다. 논쟁이란 물리적인 폭력 대신에 말의 전쟁을 벌임으로써 피를 흘리지 않고 문제를 해결하려는 인류 고유의 신사적인 행동 양식의 일종이다. 그래서 주먹이 오가는 남성적인 싸움보다 말싸움을 주로 하는 여성들을 통해 논쟁을 표현하고자 아마존이라는 이미지를 창출했던 것이다.

논객 아마존들의 혈관 속을 흐르는 피를 좀 더 검증해 보면 인류에게 논쟁이 지닌 의미가 무엇인지 더 확실하게 알 수 있다. 아마존은 전쟁과 싸움의 신 아레스Ares와 요정 하르모니아Harmonia의 후손들이다. 하르모니아는 그리스어로 '조화'와 '화합'을 의미한다. 따라서 아마존은 아버지 아레스로부터는 싸우려는 전사의 유전자를, 어머니 하르모니아로부터는 조화와 화합하려는 유전자를 동시에 이어받고 있는 셈이다.

이처럼 싸움은 하되 동시에 조화와 화합을 추구함으로써 동물적이고 물리적인 폭력을 동원하는 야만적인 싸움에서 벗어날 수 있게 됐다. 그것이 바로 논쟁의 본질적인 의미이며 가치다. 개인 간이나 국가 간에도 논쟁으로 문제가 해결되지 않으면 관계 단절이 일어나거나 싸움과 전쟁을 반복했던 것이 인류 역사다.

언어에 의해 지탱되는 인류 문명이 있는 한 논쟁은 계속될 것이다. 자신의 젖가슴을 한쪽씩 잘라 낸 논객들이 저마다의 보검을 휘둘러 불꽃이 튀는 논쟁은 물건 파는 시장, 학문의 전당, 정치판 등에서 계속될 운명이다. 그것이 없으면 주먹질, 발길질을 해야 하며 질서와 문명이 사라질 수도 있기 때문이다. 문명이 제아무리 발달해도 최고의 보검을 차지하려는 검객들의 이야기인 무협지는 계속 존재할 것이다.

히폴리테의 허리띠와 아드메테
—

아마존 여왕 히폴리테는 논쟁가들 중에서도 최고 자리를 차지하고 있는 논쟁의 여왕이다. 헤라클레스의 이번 과업이 논쟁의 여왕이 차고 있는 허리띠를 가져오는 것이므로 허리띠의 성격부터 살펴봐야 한다.

허리띠는 사람의 허리와 배를 조이는 기능이 있다. 허리와 배는 몸통 부분이고, 몸통은 인간의 욕구나 충동이 들어 있는 곳이다. 따라서 허리띠는 욕구나 충동을 조이는 인간의 자제력을 상징한다. "허리띠를 졸라매다."라는 관용어는 자신의 욕구를 자제하며 검소한 생활을 하는 것을 의미한다. 반대 의미인 경우는 허리띠 풀고 마음껏 먹거나 마시라고 할 경우다.

허리띠는 각종 논쟁이나 토론에 임했을 때 자신의 발언하고 싶은 욕구나 충동을 잡아 주고 수위 조절을 해 주는 자제력을 상징한다. 『손자병법』에 적을 알고 나를 알아야 백전백승할 수 있다고 했다. 그러므로 내 발언이나 주장부터 하고 싶은 마음을 허리띠를 졸라매 꾹 참는다. 그다음 상대방의 발언이나 주장을 먼저 들음으로써 논점을 정확히 파악한 후 이에 대응하는 발언을 하는 자세가 허리띠의 역할이다. 또한 상대방의 공격적 비난과 흠집 내기에도 허리띠를 졸라매는 자제력을 발휘함으로써 결국 논쟁의 달인이나 여왕이 될 수 있다는 의미다.

이번 과업은 특이하게도 헤라클레스에게 명령을 내리던 에우리스테우스가 아니라 그의 딸이 허리띠를 원했기 때문에 선정됐다. 아드메테Admete의 이름은 '길들여지지 않은'이라는 뜻이다. 소, 말, 당나귀, 개 등이 야생 상태에 있으면 거칠고 제멋대로인 야생동물이지만 길들여짐으로써 가축이 되어 인간이 다룰 수 있게 된다.

길들여지지 않아 야생적이라는 것은 행실이나 성격 등이 인간 세상의 기준에 맞게 다듬어지지 않은 채 동물적인 거친 수준임을 의미한다. 천방지축으로 자기 하고 싶은 대로 행동하는 말괄량이나 왈가닥 같은 성격을 의미한다. 대화나 토론 시에 자기 딴에는 입바른 소리 한다며 거친 말을 쏟아 내는 등 전혀 예의를 갖추지 않고 생각나는 대로 말을 내뱉는 유형이다. 그런 아드메테가 아마존 여왕의 허리띠를 획득해 차게 되면 자제력을 갖게 되어 조신한 숙녀가 된다 할 것이다. 결국은 대화, 토론, 논쟁 시에 필요한 자제력을 얻는 것이 이번 과업의 주된 목표다.

자제력은 사람들을 지키는 견고한 성벽

헤라클레스는 싸움에서 이겨 아마존 여왕과 같이 살 수 있었음에도 불구하고 허리띠만 가져온다. 아마존 여왕과 같이 산다는 것은 논쟁의 여왕 같은 지위를 누리며 세상을 살아가는 것이다. 보통 사람들에게는 TV나 공개적인 석상에서 토론이나 논쟁을 잘하는 것이 중요하다. 그것이 그의 힘과 권력이 되어 정치 입문에도 유리하게 작용하고, 사회적인 명성도 드높여 주기 때문이다. 그러나 헤라클레스처럼 인격적 수양을 쌓는 사람들은 논쟁에서 이기는 것보다 자신의 마음을 다스리는 자제력 자체를 더욱 중요하게 여긴다.

헤라클레스는 이처럼 논쟁 자체를 좋아하지 않지만 헤라가 끼어들어 아마존 여인들의 전의를 충동질했다. 그래서 결국은 전투 같은 격렬한 논쟁이 한바탕 벌어진다. 이때 헤라클레스를 처음으로 공격한 아마존 여인이 아엘라^Aella였다. 그녀의 이름은 '소용돌이' 또는 '회오리바람'이라는 뜻이다. 논쟁의 소용돌이나 회오리바람 속으로 헤라클레스를 빠져들게 해 화를 돋우는 등 정신 차리지 못하게 하려는 모습이다. 그러나 헤라클레스는 이미 네메아 계곡의 사자를 처치해 자신의 분노를 다스릴 수 있는 사람이다. 그래서 오히려 아엘라를 죽이고 논쟁의 소용돌이 속에서 빠져나와 자제력을 유지했다.

두 번째로 달려든 아마존은 '힘에 있어서 으뜸'이라는 뜻의 이름을 지닌 플로토에Prothoe로서 헤라클레스 전우 3명을 죽였다. 그러나 그녀도 헤라클레스의 칼에 목숨을 잃었다. 논쟁 시 지칠 줄 모르는 힘을 바탕으로 말 폭탄을 엄청나게 퍼부어대는 플로토에 같은 논쟁가들이 있다. 그가 헤라클레스를 몰아붙여 이에 헤라클레스가 잠시 흔들렸으나 역공을 가해 제압했다.

싸움의 결과 헤라클레스는 자제력을 상징하는 허리띠를 얻었다. 구약성경 잠언 25장에는 "자제력이 없는 사람은 성읍이 무너지고 성벽이 없는 것과 같다."라는 구절이 나온다. 담장 없는 집은 도둑이나 강도가 들기 쉽고, 성벽 없는 성은 외세에 정복당하기 쉽다. 자제력이 없는 사람은 언제 위험에 처하게 될지 모른다는 경고의 의미다. 대화와 토론 등 인간관계와 처세에 있어서 자제력은 사람들을 지키는 성벽이자 최후의 보루임을 잊지 말아야겠다.

제10과업
흥분 잘하는 소 떼 같은
'군중 이끌어 나가기'

게리온의 붉은 소 떼, 군중 이끌기
—

　마음 천하장사 헤라클레스는 앞에서 권력을 상징하는 크레타 섬의 황소를 잡아오는 과업을 수행한 바 있다. 이번에도 소를 데려오는 과업인데 한 마리가 아니고 소 떼를 몰고 오는 과업이었다. 게리온Geryon은 대서양을 건너 세상에서 가장 먼 곳으로 알려진 에리테이아Erytheia 섬에 살면서 많은 소 떼를 소유하고 있었다. 에리테이아는 '붉은 섬'이라는 의미이며, 게리온이 소유하고 있는 소 떼도 붉은 소들이었다.

　앞선 과업에 나온 크레타 섬의 황소는 뿔로 사람들을 들이받고 청동 발굽으로 짓밟는 등 권력의 횡포를 상징하는 것으로 파악한 바 있다. 그러나 이번 과업에서는 그런 묘사가 없고 소 떼와 붉은색이 강조되고 있다. 그러므로 이 과업의 의미를 알기 위해서는 소 떼와 붉은색의 상징성에 대한 고찰이 필요하다.

소는 인간에 비해 덩치가 크고 매우 힘이 센 동물이다. 그러나 초식동물이라서 맹수처럼 사람을 잡아먹지 않고 유순한 측면을 지니고 있다. 이런 소 떼는 유순하면서 경우에 따라서는 엄청난 파괴력을 가진 그 무엇을 상징한다. 붉은색은 피나 불 같은 색깔로써 일반적으로 위험, 흥분, 열정 등을 상징한다. 게리온이 기르고 있던 소 떼와 섬 자체가 붉다는 것은 흥분하기 쉬운 속성을 중복적으로 강조하고 있다. 이러한 속성을 종합하면 붉은 소 떼는 때론 유순하면서 때론 거칠고 충동적이며 흥분해 야만성도 보이는 군중이나 대중을 상징하기에 적합하다.

혼자 있을 때의 개인과 군중 속의 개인은 사뭇 다른 특성을 띤다. 혼자 있을 때 사람들은 이성적이고 윤리적이며 자신의 생명을 귀하게 여기며 자신만의 개성을 유지한다. 하지만 군중이 되면 개인의 개성은 자기도 모르게 소멸되고 소 떼 같은 행동을 보인다. 군중의 특성은 유순하면서도 쉽게 흥분하고 무책임해지며 내일이 없으며 자주 야만적이며 난폭해지는 것이다. 군중에게는 객관적인 사실이 진리가 되는 것이 아니라 그들이 믿는 것이 진리나 교리가 된다.

혼자 있을 때는 죽음을 두려워하고 조심하지만 전쟁터에 나가 전우들이 적진을 향해 일제히 돌진하면 자신도 모르게 앞장서서 나가려고 한다. 야구장 같은 곳에 가면 관중의 흐름에 따라 상대편에 대해 야유와 비난의 목소리를 높이기도 한다. 주식 시장에서 마구 오르는 종목이 있으면 동참해 상한가에도 매수하게 되며, 반대로 마구 내리는 종목이 있으면 하한가에도 투매에 동참한다. 사회 곳곳에서 군중을 움직이는 힘은 이처럼 붉은 소 떼를 움직이는 충동성과 별반 다르지 않음을 알 수 있다. 그래서 "부화뇌동附和雷同"이라는 사자성어와 "남이 장에 가니 나도 장에 간다."라는 말도 생겨난 것이다.

그림 16. 소 떼
붉은 소 떼는 거칠고 흥분하기 잘하는 속성을 지닌 군중을 상징한다.

그렇다고 군중이 항상 부정적인 측면만 띠는 것은 아니다. 멋진 공연에 대해서 혼자 있을 때는 그다지 감동을 못 느껴도 군중이 되면 열광적인 반응을 보이며 감동한다. 이런 군중심리를 적극적으로 이용하기 위해 TV나 라디오 프로그램 담당자들은 연예나 오락 프로에 가짜 웃음과 박수 소리를 집어넣곤 한다. 군중들의 함성 소리가 더 클수록 선수들은 자기도 모르는 힘과 집중력이 발휘된다. 믿음이 없는 사람들도 수천 명, 수만 명이 모인 종교 집회에서는 믿음이 강해지기도 한다.

혼자서 들으면 잔소리 같고 그렇고 그런 이야기들도 군중이 되어 들으면 교훈이 되고 천상의 진리가 된다. 꽃이 피고 지는 자연스런 계절의 변화나 경치들도 수많은 인파 속에 묻혀 보면 여기저기서 탄성이 나와 아름다움이 더 배가된다. 이런 모든 것이 혼자 있을 때는 느낄 수 없거나 약하게 느껴지지만 군중이 될 때는 느낄 수 있고 더 강해지는 감정의 고무 현상이다.

군중은 이성적인 사고나 비판력이 부족한 사람들이 있을 때만 형성되는 것이 아니다. 사람이 모이면 그 자체로 군중이 된다. 그래서 교사, 목사, 판사, 비평가들로만 모여도 붉은 소 떼 같은 군중이 형성된다. 그것은 군중이 되면 개인으로서 지녀야 할 책임과 의무, 그에 따르는 비난과 윤리 의식의 강도가 달라지는 것 등이 영향을 끼치기 때문이다.

소 떼가 있던 에리테이아는 붉은 섬이라는 의미 이외에 '정당 운동' 또는 '당을 지어'라는 의미가 있다. 정당 운동을 하거나 당을 짓는 것은 자신들의 이익만을 생각하는 것을 의미한다. 소는 워낙 큰 몸통을 지니고 있기에 소 떼가 왕성한 식욕으로 훑으며 짓밟고 지나간 자리에는 성한 것이 없게 된다.

사람들이 정당이나 무리, 집단을 형성하게 되면 소 떼처럼 왕성한 식욕으로 이익이나 수혜 등 모든 것을 먹어 치우기도 한다. 국가와 민주주의가 본격적으로 발달하지 않은 고대 사회에서는 부족이나 씨족 위주로 사람들이 소 떼처럼 무리 지어 자신들의 이익만을 추구했다. 힘센 집단이 사회적 이득과 수혜를 보고 다 먹어 치우게 되면 세상은 불화와 분쟁으로 가득 차고 분열되어 사회나 국가적인 통합이 안 이뤄진다. 현대사회에서도 각종 이익 단체 등이 자신들의 이익만 추구하면 국가 재정이 거덜 나고 국가가 분열되기 십상이다.

헤라클레스는 어두운 서쪽 땅 끝에 사는 이런 미개한 무리들을 이끌어 유럽에서 가장 동쪽에 있고 해가 떠오르는 밝은 땅 그리스로 이끌어 갔다. 헤라클레스의 이번 과업은 붉은 소 떼가 상징하는 군중이나 대중을 어두운 야만의 상태에서 그리스가 상징하는 민주적이며 질서 있는 밝은 세상으로 이끌어 내는 것이다.

이와 같은 과업은 헤라클레스를 비롯해 석가모니, 예수, 공자 같은 인류의 영적인 지도자들이라면 모름지기 갖춰야 할 자질이기도 하다. 불교에서는 미혹 상태에 있는 대중을 깨달음과 열반의 밝은 상태로 이끌어 주려고 한다. 기독교에서는 죄지은 자들이나 사탄의 유혹을 받는 대중을 예수의 구원으로 이끌어 준다. 유교에서는 소인배의 무리들을 군자나 성인 상태로 이끌어 주는 것을 이념으로 한다.

게리온, 군중 선동꾼
—

붉은 소 떼의 주인 게리온은 머리와 몸통이 각각 셋이며 다리가 여섯 개나 되었다. 그의 고함 소리는 1만 명의 전사가 한꺼번에 외치는 소리만큼 컸다고 한다. 그처럼 큰 고함 소리를 낼 수 있게 된 것은 트로이 전쟁과 관련이 있다. 전쟁의 신 아레스가 트로이 전쟁에 관여했다가 상대가 던진 창에 복부를 맞았을 때 지른 비명의 모든 힘을 그가 가져갔기 때문이라고 한다. 그는 천둥 벼락이 칠 때마다 온 힘을 다해 소리 지르기를 좋아했고 자신의 목소리가 그 소리에 맞먹는 것을 자랑했다. 그만큼 목소리 큰 사람임을 의미한다.

붉은 소 떼는 군중을 상징하므로 소 떼의 주인 게리온은 군중의 주인이자 지배자다. 그가 군중을 지배할 때 호령하는 목소리는 천둥소리만큼 크다. 마치 『삼국지연의』에 나오는 장비가 장판교에서 조조의 수십만 대군을 목소리 하나로 제압한 것과 같이 위엄 있고 찌렁찌렁하다. 마이크 시설이 없던 고대 사회에서 그 정도 목소리는 내야 군중을 지배할 수 있었다. 그러나 게리온은 군중의 지배자임에도 불구하고 헤라클레스가 12과업을 수행하는 도중에 죽인 관계로 부정적인 지도자 성격을 띠고 있다 하겠다.

그림 17. 「게리온과 싸우는 헤라클레스」, 루브르박물관 헤라클레스(좌)와 싸우는 군중 선동꾼 게리온(우)은 세 개의 머리, 여섯 개의 팔로 세 개의 방패를 들었고 여섯 개의 발이 보인다.

그는 한마디로 말해 군중의 선동꾼이다. 우리나라에서 진보는 보수를 향해 "보수 꼴통"이라고 선동하고, 보수는 진보를 향해 "빨갱이"라는 식으로 정치적 선동을 하던 시절이 있었다. 사이비 종교 교주들은 종말론, 천국론 등을 내세워 군중을 위협하며 선동한다. 국내 문제로 지지율이 떨어지거나 코너에 몰린 정부 당국은 사이가 좋지 않은 주변국을 선동적인 언사로 공격함으로써 지지율을 만회하려고 한다. 오늘날에는 오프라인 공간보다 온라인 공간에 군중들이 더 큰 규모로 쉽게 자주 모인다. 이때 선동가들은 조회 수와 댓글 등으로 군중을 선동하곤 한다.

게리온이 질렀다는 목소리는 과거에는 초등학생도 별로 믿을 만한 사실이 되지 않았지만 오늘날에는 실제가 되어 있다. 소리를 증폭시키는 마이크와 스피커 등 음향 기기의 발달로 한 명이 내는 소리가 수만 명의 목소리보다 크게 들린다. 또한 방송 및 인터넷 기술의 발달로 한 명이 내는 목소리를 수백만, 수천만 명이 동시에 보고 들을 수도 있다. 따라서 고대 사회에 비해 선동이 훨씬 쉬워졌고 선동가들이 다양한 분야에서 출현하고 있다.

군중을 자신이 의도하는 방향으로 이끌고 나가기 위해서 선동꾼들은 게리온처럼 큰 목소리로 떠들어 대거나 여론매체를 장악하려고 한다. 오늘날 정권이 바뀌면 가장 먼저 하는 일이 선동꾼 역할을 하는 방송의 장악이다. 모든 정권이 공정한 보도와 방송을 보장한다고 하지만 자신들과 색깔이 맞지 않는 방송사 사장을 제일 먼저 교체하기도 한다.

게리온은 소리만 크게 지르는 괴물이 아니다. 머리와 몸통이 셋이고 팔과 다리도 세 사람분인 여섯 개씩이다. 머리와 몸통이 셋이라는 것은 동시에 여러 사람을 바라보며 상대할 수 있어 임기응변에 능통함을 상징한다. 군중 속 여기저기서 다양한 요구, 불만, 야유가 터져 나온다. 이러한 군중을 상대하고 다스리기 위해서는 게리온처럼 머리와 몸통이 세 개가 아니라 열 개라도 모자랄 판이다. 또한 게리온은 다리가 여섯 개이므로 충동적이고 변덕스럽고 민감한 군중의 요구나 불만에 대해 발 빠른 대처를 함으로써 잠재울 수 있다. 선동꾼들이 지닌 남다른 모습이다.

군중을 선동하는 수단과 방법

『군중심리』의 저자 귀스타브 르 봉은 군중에 영향을 끼치는 요소로 이미지, 단어, 문구 등을 예시로 들고 있다. 북한과 같은 공산 정권은 체제를 유지하기 위해 다양한 선동 수단을 동원한다. 총칼을 들고 싸우거나 농기구를 들고 일하는 이미지의 포스터, '천리마 전투', '100일 전투' 같은 단어나 문구를 이용해 군중을 선동하는 것으로 유명하다. 머리 셋 달린 게리온 같은 선동가들은 군중을 움직이기 위한 이미지, 단어, 문구들을 창안해 내는 데 있어서 남들보다 뛰어난 재능을 발휘한다.

각 나라의 정권들은 우호적인 여론을 조성하기 위해 새로운 국정 구호나 단어들을 만들어 낸다. 우리나라에서는 "문민정부", "국민의 정부", "복지국가 건설", "보통 사람의 시대", "정의사회 구현", "적폐 청산" 등 각종 구호성 단어나 문구를 만들어 냈다. 60, 70년대 조국 근대화를 이끌었던 박정희는 「새마을 노래」, 「잘살아 보세」, 「나의 조국」 같은 국정 노래를 널리 보급해 국민들의 근로 의욕과 애국심을 이끌어 낸 것으로 유명하다. 노래야말로 이미지, 단어, 문구를 모두 갖춘 종합적인 선동 수단이기 때문이다.

독일 나치의 선전 장관으로 히틀러의 나팔수 역할을 했던 괴벨스는 선동과 관련해 다음과 같은 유명한 말들을 남겼다.

"나에게 한 문장만 달라, 누구든 범죄자로 만들 수 있다."

"100% 거짓말보다 99%의 거짓말과 1% 진실의 배합이 더 나은 효과를 발휘한다."

"여론조사라는 것은 대상을 누구로 잡느냐에 따라서 결과가 달라진다."

"대중이란 작은 거짓말보다는 큰 거짓말에 더 잘 속는다."

인터넷이 발달한 오늘날에는 게리온이나 괴벨스 같은 선동꾼이 활동하는 공간이 온라인화되어 있다. 각종 뉴스와 이슈 들에 대해 찬성 또는 반대의 댓글을 달아 여론을 선동한다. 유명 정치인을 옹호하는 선동꾼을 일명 "~빠 부대"라 부르는데, 이들은 조직적으로 움직이며 여론을 선동해 나간다.

한때 세간의 이목을 끌었던 드루킹 일당도 게리온 같은 선동꾼이다. 이들은 찬성과 반대 의견, 댓글을 인위적으로 조작할 수 있는 매크로 기능을 이용해 여론을 왜곡하는 불법을 저질렀다. 게리온이 보통 사람 만 배의 목소리를 냈다고 하지만 이들은 인터넷을 통해 게리온보다 수백 배 더 큰 목소리를 냈다. 미국 대통령이었던 트럼프도 트위터로 홍보와 선동을 하는 것으로 타의 추종을 불허했다.

오르트로스, 조직에 열성적인 충견들

섬에 도착했을 때 헤라클레스 앞에 가장 먼저 나타난 것은 머리를 두 개 지닌 괴물 개 오르트로스Orthus였다. 헤라클레스는 이 개를 곤봉으로 때려죽였다. 개의 가장 두드러진 속성은 충성심과 경계심이다. 특히 청각과 후각이 발달되어 있어 자신의 영역에 들어온 침입자를 경계하며 짖어 댄다. 머리 둘인 개 오르트로스는 경계심이 두 배라는 의미다. 오르트로스는 군중의 선동꾼 게리온이 부리는 충견이다. 선동꾼은 자신이 지배하는 군중에 대해 진실을 알리거나 와해시키려고 하는 외부의 침입자에 대해 충복들로 하여금 맹렬하게 짖고 물어뜯게 한다.

오르트로스Orthros는 그리스어로 '빠르다'라는 뜻이다. 외부 침입자나 집단 내부에서 도망치려는 자를 두 개의 머리를 지닌 개처럼 맹렬하게 짖어 대며 경계하고 번개처럼 빠르고 가차 없이 처단한다.

그렇게 해야만 그들이 관리하고 있는 군중 집단의 와해를 막을 수 있기 때문이다. 영화나 TV 드라마를 보면 악역 주인공을 위해 골치 아픈 문제를 피도 눈물도 없이 처리해 주는 충견 같은 사람들이 오르트로스에 해당한다 할 것이다.

오늘날 정치가 민주화되었고 자신의 소신을 밝히는 것이 정의롭다 하지만 실상은 그렇지가 못하다. 정치권에서 특정 사안에 대해 자기 당과 반대되는 소신을 표명했다가는 해당害黨행위라며 오르트로스의 후예들이 달려들어 물어뜯고 흠집을 내서 도저히 견디지 못하게 한다.

이처럼 오늘날에도 자기 당, 이단 교회, 단체 등의 분열을 예방하기 위해 철저하게 감시하고 지키며 처단하는 충견 오르트로스들이 존재하고 있다. 보통 충견이 아니라 머리가 둘이나 달린 충견이기에 남들의 두 배 이상 열성적으로 당, 조직, 단체에 충성을 다하기 위해 맹렬하게 짖어 대고 있다. 여기서 정당이나 이단 교회 등이 이탈자로부터 자기 조직을 보호하려는 본능은 매한가지임을 알 수 있다.

군중이나 대중을 이끌어 나갈 때 발생하는 여러 문제들

헤라클레스가 소 떼를 배에 실고 와서 그리스 본토로 직행한 것이 아니었다. 유럽 땅에 내린 후에도 가는 곳마다 그의 과업을 방해하는 악당이나 방해꾼을 만나 여러 가지 모험을 거치면서 천신만고 끝에 그리스 땅에 도착했다. 이 과정에서 소 떼를 빼앗으려는 악당이나 방해꾼 들은 군중이나 여론을 이끌어 나갈 때 부딪히게 되는 다양한 장애물과 어려움을 의미한다.

때론 유순하지만 엄청난 힘을 지니고 야만적 상태에 있는 붉은 소 떼 같은 것이 군중이다. 지도자로서 이들을 민주적인 질서와 통치로 다스려, 보다 큰 세상으로 이끌어 나가야 한다. 그때 이처럼 어려운 난관과 방해물이 등장하므로 이를 염두에 두고 잘 극복해 나가야 함을 의미한다.

영생과 낙원을 내세우며 군중을 현혹하는 사이비 교주
—

헤라클레스가 군중을 이끌어 나가다 처음으로 만난 것이 스페인을 지나 남프랑스에서 만난 리구리아 땅의 리기스Ligys 왕이다. 리기스는 자신의 형제가 헤라클레스의 소 떼를 훔치려다 살해당하자 군대를 동원해 헤라클레스와 싸웠다. 헤라클레스는 혼자서 싸우다 화살이 바닥나 돌을 던지려고 했으나 그 주변 땅은 온통 부드러운 흙뿐이어서 구할 수가 없었다. 그가 여러 군데 상처를 입고 위험에 처했을 때 아버지 제우스에게 구해 달라고 기도를 하자 하늘에서 돌이 비처럼 쏟아져 내렸다. 리기스 왕의 군대가 하늘에서 떨어지는 돌에 직접 맞거나 헤라클레스가 적들에게 돌을 집어 던져 물리쳤다고 한다.

리구리아는 프랑스에서 이탈리아에 걸쳐 있는 해안 지역으로 날씨가 온화하고 경치가 좋아 예로부터 말 그대로 낙원 지역이었다. 오늘날에도 칸, 니스, 산레모 등 유럽의 유명한 휴양지가 이곳에 다수 산재해 있다. 그곳 왕이었던 리기스^{Ligys}는 '맑은, 밝은, 투명한, 분명한' 등의 뜻을 지닌 리기로스^{ligyros}의 어원이다. 리기스 왕은 자신을 믿으면 사후의 불확실성이 걷히고 확실하게 낙원이나 영생이 보장된다며 군중을 현혹하는 사이비 교주와 같은 사람이다.

사람들이 죽음만큼이나 싫어하는 것이 불확실성이다. 죽어서 낙원에 갈지, 아니면 지옥에 갈지, 영혼의 존재 여부 등에 대해 그 누구도 모른다. 그래서 종교 권력자, 사이비 교주, 사기꾼들은 사람들의 이런 약점을 이용해 자신들의 이익을 취해왔다. 중세시대에는 면죄부를 팔았고, 오늘날에는 '휴거'[14] 등을 이용해 현실이 어둡고 고달프더라도 심판의 날이 되거나 죽어서는 밝은 새날을 맞이할 수 있다며 재산 등을 갈취했다.

휴거 미신에 현혹된 사람들은 휴거일에 하늘로 몸이 들려 올려가기 위해 자신의 전 재산을 다 바치기도 했다. 몸을 가볍게 해야 쉽게 들려 올려간다고 임산부가 낙태를 했지만 그것도 아무 소용이 없었다. 그래서 이런 행위들이 돌처럼 쓸데없는 짓이라며 하늘에서 평가를 내리고 리기스 왕 진영에 돌을 떨어트렸던 것이다.

---

14) 휴거攜擧: 종말이 닥치면 예수가 재림하고 이를 믿는 신도들이 하늘로 올라가는 휴거가 일어난다는 주장이다. 기독교 종말론에서는 종말과 휴거의 시점을 알 수 없다고 한 것과 달리 사이비 교주들이 선동하는 시한부 종말론은 특정 시점에 종말과 휴거 현상이 일어난다고 주장한다. 우리나라에서는 1973, 1989, 1992년에 휴거 소동이 있었다.

헤라클레스는 자존심이 워낙 세서 죽음의 신과 맞설 때와 우주 전체를 짊어질 때조차도 아버지인 제우스 신의 도움을 요청하지 않았다. 그런 그가 전 인생을 통틀어 제우스 신에게 단 한 번 도움을 요청한 것이 바로 사이비 교주의 왕 리기스와 싸울 때였다. 그들과 한참 전투를 벌이다 보니 지니고 있던 화살이 다 떨어졌다. 설상가상으로 그 주변에는 부드러운 흙뿐이어서 무기로 쓸 만한 돌이 하나도 없었던 것이다. 그가 아버지인 제우스 신이 있는 하늘에 대고 도와달라고 외치자 하늘에서 돌을 소나기처럼 퍼부어 주었다고 한다. 이 때문에 오늘날 프랑스 아를Arles 시 인근에 위치한 크라우 평원Crau stony plain이 돌로 뒤덮여 있는 것이라고 한다.

사이비 교주나 그 단체원들은 워낙 자신들의 교리와 영생 사상에 빠져 있기 때문에 많은 사람들이 자신들을 비난해도 콧방귀도 안 뀐다. 그러나 사회 이곳저곳에서 사람들이 영생교 같은 사이비 종교에 빠져서 인륜과 가정이 무너지는 등 피해가 커지게 되면 여론이 급속도로 악화된다. "민심은 천심"이라는 말이 있다. 여론이 하늘의 뜻처럼 높고 무섭다는 의미다. 그러므로 하늘에서 쏟아졌던 돌의 소나기는 무섭게 성난 여론의 집중포화가 사이비 종교 세력을 향해 쏟아져 내리는 상태를 상징한다. 그렇게 되면 그들의 세력이 크게 약화된다.

우리나라에서는 이만희를 교주로 하는 신천지라는 신흥 종교가 1984년 세워진 이래 아무런 비난도 통하지 않는 가운데 세력을 키워 왔다. 그러나 그 종교 세력도 코로나19로 악화된 여론이라는 복병을 만나서 이만희가 구속되었다가 풀려나는 등 지금은 세력이 약화된 상태다. 그 어떤 비판에도 꿈쩍도 안 했던 신천지와 이만희조차도 천심인 성난 여론은 무서워했던 것이다. 헤라클레스도 이런 방식으로 사이비 종교 세력으로부터 군중을 구해 냈다고 볼 수 있다.

이처럼 군중들은 내세와 영생만 투명하고 확실하게 보장된다면 전 재산은 물론 자신의 정조도 바치는 등 무슨 일이든 하곤 한다. 사이비 신흥 종교들은 이런 심리를 악용해 자신들의 교주와 교리만이 영생과 구원으로 확실하게 안내할 수 있다고 현혹한다. 혼자서는 영생에 대해 확신이 없지만 군중으로 모이게 되면 영생에 의심할 수 없는 확신이 든다. 그것이 사이비 종교가 동서고금을 막론하고 명맥을 유지해 온 원동력이다. 우여곡절 끝에 헤라클레스는 여론의 힘을 이용해 영생과 구원 사상을 내세운 사이비 교주 리기스를 퇴치함으로써 군중들을 다시 올바르게 이끌어 나갔다.

지도자나 유명인이 넘어야 할 험담이라는 언덕
—

두 번째로 만난 것은 이탈리아 로마의 팔라티노 언덕에 있는 동굴 속에 살면서 사람들을 잡아먹었던 카쿠스Cacus라는 괴물이었다. 입에서 불을 뿜어내는 이 괴물이 헤라클레스의 소 떼 중 황소와 어린 암소 등 여덟 마리를 훔쳐 갔다. 헤라클레스가 소 발자국을 따라오는 것을 막기 위해 소들의 꼬리를 당겨 뒷걸음질 치게 해서 동굴 속에 숨겨 놓았다. 그러나 소가 우는 바람에 헤라클레스에게 들통이 나자 헤라클레스도 움직일 수 없는 거대한 바위로 동굴 입구를 막아 버렸다. 이에 헤라클레스는 언덕으로 올라가 동굴의 지붕이 되는 바위를 통째로 들어내고 카쿠스와 싸워 그 괴물을 처치했다.

카쿠스^{Cacus}는 그리스어로 '나쁘다'라는 뜻을 가진 카코스^{Kakos}에서 유래했다. 그가 살았던 팔라티노^{Palatino} 언덕은 스페인어, 포르투칼어, 이탈리아어로 '궁전'과 '입천장'이라는 의미가 있다. 따라서 카쿠스는 구중궁궐 같은 곳에 숨어서 사람들에 대해 나쁜 말인 험담이나 중상모략, 비방 등을 불처럼 입으로 쏟아 내는 사람이다. 카쿠스가 이처럼 헤라클레스에 대해 험담이나 악소문을 불처럼 쏟아 냄으로써 소 떼가 상징하는 헤라클레스를 따르던 군중의 일부가 이탈했다.

인터넷 세상이 되어 버린 현대사회에 있어서는 온라인이라는 동굴 속에서 자신의 실체를 드러내지 않는 카쿠스의 후손들이 험담과 악의적인 댓글을 쏟아 낸다. 여론을 호도하고 인신공격을 하는 악플이 커다란 사회문제로 대두하고 있다. 악플을 견디지 못해 자살하는 청소년이 있고, 국정원 댓글 사건이나, 드루킹 사건처럼 조직적이고 대규모로 여론을 조작하는 사례도 적발되고 있는 실정이다.

특히, 소 떼 중 황소와 어린 암소를 훔쳐 갔다. 황소는 험담을 들으면 진위 여부를 가리기 전에 쉽게 흥분하는 사람이다. 어린 암소는 귀나 마음이 여려 남의 말에 솔깃해하는 사람이다. 황소나 어린 암소 모두 험담에 취약한 계층으로 여론 선동꾼이나 험담꾼, 악플러 들의 주요 공략 대상이라 할 수 있다. 반면에 비교적 안정되어 있는 어미 암소 같은 군중 계층은 악플러들의 선동에 대해 "시간이 남아돌아서 그렇지."라며 여간해서 흔들리지 않는다.

카쿠스가 팔라티노 언덕에 살았다는 것은, 헤라클레스처럼 군중을 이끌어 나가는 지도자라면 누구나 험담이나 중상모략이라는 힘든 언덕을 넘어야 함을 의미한다. 험담꾼이나 악플러 들은 오늘날에도 정치인이나 연예인 등 유명인의 발목을 잡고 괴롭히는 전형적인 괴물이다. 유명 정치인이나 연예인들도 그들을 따르는 팬이라는 무리가 있다. 이들을 상대로 험담을 퍼트려 와해시키려는 시도를 한다. 그 언덕을 지혜롭게 잘 넘기는 사람도 있는가 하면 분노와 스트레스로 우울증에 걸리는 사람, 비극적 선택을 하는 사람도 있는 것이 현실이다.

애당초부터 무리의 지도자나 유명인들에게는 악플러들이 하이에나처럼 달려들 가능성이 존재한다. 그래서 지도자나 유명인이 되어 인기와 부 등을 누리고자 하는 사람은 험담과 악플을 넘을 각오를 유비무환의 자세로 지닐 필요가 있다. 성격상 그렇게 못 할 것 같으면 지도자나 유명인이 되는 것 자체를 포기하고 평범하게 살아갈 것을 추천한다. 유명인이 되는 것도 좋지만 악플러들 때문에 목숨을 잃을 필요가 없기 때문이다.

험담꾼이나 악플러들의 사실 왜곡 수법
—

카쿠스가 소를 훔칠 때 소들의 꼬리를 당겨 뒷걸음질 치게 해서 흔적을 없앴다. 도둑과 상업의 신 헤르메스도 갓 태어난 갓난아이 시절부터 도둑 기질을 유감없이 발휘했다. 형인 아폴론 신의 소 떼를 똑같은 방식으로 훔치고 요람 속에 누워 갓난아이인 자신이 어떻게 소를 훔칠 수 있느냐며 시치미를 뚝 뗀 바 있었다. 카쿠스 같은 작자들은 험담이나 악성 댓글 작업을 할 때 자신들의 흔적을 없앰으로써 시치미를 뚝 떼기 마련이다.

그러나 발자국은 항상 사실을 말하진 않는다. 누군가 속이려 든다면 발자국은 언제든지 조작될 수 있다. 일례로 눈이 많이 오면 아이들은 눈밭에 나가 손가락이나 손바닥을 이용해 새 같은 동물, 자동차 바퀴가 지나간 것처럼 눈 위에 손도장을 찍기도 한다. 그것이 실제로 까치나 꿩, 토끼, 자동차가 지나간 흔적은 아니다.

사람은 물론 동물들도 착각할 정도로 새소리 등 동물의 소리를 잘 내는 사람도 있다. 모든 사람마다 생김새가 다르다는 지문도 실리콘 등으로 동일하게 본을 떠서 사용하면 스마트폰이나 전자식 출입문의 보안이 뚫리기도 한다. 통장의 잔고도 사기를 치기 위해 0원을 100억으로 조작할 수 있지만 조작된 통장 잔고가 실제 소유하고 있는 금액을 의미하진 않는다.

발자국이나 소리, 지문, 통장 잔고는 원래부터 사물의 실체가 아니다. 사물의 실체를 간접적으로 나타내는 흔적이나 수단일 뿐이다. 그래서 조작되지 않았을 때는 사물의 실체나 사실을 나타낼 수 있지만 불손한 의도가 있다면 얼마든지 조작 가능하며 많은 사람들을 속일 수도 있다.

험담꾼이나 악플러 들의 조작 수법은 이처럼 부분적인 것이 전체인 양 침소봉대해서 떠벌린다. 시간과 장소, 상황의 우연한 일치를 사실로 확대 해석하는 수법으로 악플을 쏟아 내기도 한다. 예를 들어 전체적인 발언의 맥락을 보지 않고 일부 단어나 문장만 끄집어내서 부정적으로 물고 늘어지며 집요하게 공격을 해 댄다. 특정 시간대에 우연히 어떠한 장소 앞에 있거나 누군가와 같이 있었다는 사실만을 갖고도 부정적인 악플을 쏟아 낸다.

악플에 대한 효과적인 대처법
—

이처럼 사실을 조작해 왜곡한 카쿠스를 향해 헤라클레스가 이실직고하라고 다그치지만 그런 일이 없다고 시치미를 딱 잡아뗀다. 증거를 잡거나 이들의 자백을 듣기가 쉽지 않다. 그러던 와중에 소 울음소리가 나서 들키자 카쿠스가 소를 동굴 속에 집어넣고 헤라클레스도 열 수 없는 거대한 바위로 입구를 틀어막았다. 카쿠스 같은 악플러들은 조작 사실을 인정하라고 정면으로 다그칠수록 시치미를 더 잡아떼기 때문에 소용이 없음을 의미한다.

그래서 헤라클레스가 정면공격을 포기하고 동굴 천장으로 우회 공격한다. 동굴 천장은 카쿠스의 머리 위에 있으며 높은 곳이다. 인간의 사고 기능 중에서 천장처럼 최상위에 포진하고 있는 것이 생각이나 행동을 하게 만드는 이념이나 동기다. 헤라클레스가 동굴의 정면이 아닌 천장 지붕을 공략하는 것은 조작된 험담 내용 자체와 싸우는 것이 아니다. 카쿠스가 왜 그런 조작된 험담을 하고 있는지 배후 의도나 동기를 조사하고 까발리는 전략이다. 악플 조작의 동기가 불손한 목적에서 비롯된 것임을 세상에 알리면 상황이 역전되어 잃어버린 군중이나 여론을 다시 모을 수 있기 때문이다.

유튜버들이 유명인들에 대해 지라시 수준의 사실들을 침소봉대해 마구 떠벌리는 것은 자신들의 방송이나 동영상 조회 수를 늘리려는 동기가 대부분이다. 험담과 악플 속에 숨겨진 이런 동기가 드러나 대중들이 알게 되면 험담이나 악플의 효력이 다하게 된다. 사람들이 험담이나 악플을 하는 주요 동기로는 많은 사람들의 관심을 끌어 자신이 중요한 사람임을 느끼려는 감정, 시기심, 질투심, 열등감, 사익 등의 추구라 할 수 있다.

세계적으로 유명한 심리학자, 철학자인 프로이트, 존 듀이, 윌리엄 제임스 등은 중요한 사람으로 인정받고 싶은 욕망이 인간 본성 중에서 가장 깊은 충동이라고 말한 바 있다. 악플러들을 움직이는 배후의 주요 동기나 힘도 그것이지만 건전하고 생산적인 방향이 아니기 때문에 사회문제가 되고 있는 것이다. 청소년 시절에 중요한 사람으로 인정받고 싶어 조폭을 동경하고 가입하는 것과 같은 미숙하고 어리석은 행동에 해당한다.

사회생활 하면서 악플러들과 일부러 조우할 필요는 없지만 피할 수 없다면 헤라클레스처럼 그들이 거주하는 어두운 동굴 천장을 과감하게 뜯어낼 필요가 있다. 그렇게 되면 유명인을 폄훼함으로써 상대적으로 자신을 중요한 사람으로 인정받고 싶어 하는 열등감과 유아적인 충동이 확 드러나게 될 것이다. 그렇게 되면 그들에 대한 미움과 증오 대신에 '오죽 내세울 것이 없어서 그런 짓을 할까?'라는 측은하고 가련한 마음이 생기며 마음의 여유를 가질 수도 있다.

길 잃은 한 마리 양 구하기

이탈리아반도를 지나갈 때는 헤라클레스의 소 한 마리가 별안간 무리에서 이탈해 바다를 건너 시칠리아섬으로 건너갔다. 헤라클레스가 한 마리 때문에 나머지 소들을 버리고 찾아갈 수도 없어 발을 동동 구를 때 헤파이스토스 신이 나타나 소 떼를 지켜 주겠다고 했다. 그래서 헤라클레스가 시칠리아섬을 다스리던 에릭스 왕을 찾아가 소를 돌려달라고 하자 자신과 씨름을 해서 이겨야 소를 줄 수 있다는 조건을 걸었다. 헤라클레스가 이에 응해 두 번씩이나 이겼어도 에릭스 왕이 자신의 패배를 인정하지 않고 소를 내주질 않았다. 세 번째 씨름에서는 그를 죽이고 소를 찾았다.

지도자들이 군중을 이끌고 나갈 때 개중에는 별다른 이유 없이 무리에서 이탈해 길을 잃고 방황하는 사람들이 있다. 신약성경 누가복음 15장 4절에서 예수가 "너희 중에 어떤 사람이 양 백 마리가 있는데 그 중에 하나를 잃으면 아흔아홉 마리를 들에 두고 그 잃은 것을 찾아낼 때까지 찾아다니지 아니하겠느냐?"라고 말했다. 7절에서는 "회개할 것 없는 의인 아흔아홉보다 죄인 한 사람이 회개하는 것을 하늘에서는 더 기뻐할 것이다."라고 말하기도 했다.

헤라클레스가 이끄는 소 떼의 무리 중에서 별 이유 없이 이탈한 한 마리의 소도 예수가 말한 한 마리의 양과 다름이 없다. 군중을 의미하는 100마리의 소 중에서 한두 마리의 소는 어느 시대나 무리에서 이탈하기 마련이다. 따라서 군중의 지도자 헤라클레스가 나머지 소 떼를 놔두고 한 마리의 소를 찾아 나서는 것은 당연하다. 무리에서 이탈한 소는 바른 길에서 벗어나 자기 멋대로 살아가는 불성실한 사람이나 타락한 사람 등 죄인을 의미한다.

한 마리의 소가 이탈한 지역이 장화 모양의 이탈리아반도에서 발가락 부분인 레기온Rhegium이라는 곳이었다. 레기온이라는 이름에는 '파괴'와 '벗어나다'라는 뜻이 있다. 그 소는 올바른 삶이나 가르침에서 벗어나 파괴자의 삶을 살아가는 사람이라는 의미다. 헤라클레스는 갈등한다. 타락했거나 범죄자의 무리로 들어간 한 사람을 찾아내 교화시킬 것인가? 아니면 그를 버리고 나머지 정상적이고 착한 무리만 데리고 나갈 것인가? 이것은 헤라클레스처럼 덕 있는 사람들의 문제이기 이전에 사회 전체적인 문제이기도 하다.

그림 18. 길 잃은 어린 양
바른 길과 삶에서 벗어나 방탕하게 살거나 범죄자 등으로 살아가는, 영혼이 어린 사람을 상징한다.

　헤라클레스처럼 덕이 있는 사람들은 바른 삶에서 이탈한 한 마리의 소 같은 범죄자들에 대해 꾸짖기는 하지만 미워하지 않고 교화를 시키려고 한다. "죄는 미워하되, 사람은 미워하지 말라"는 자세로 살아가는 사람들이다. 그들은 수감 중인 죄수, 출소한 전과범을 찾아가 자비와 사랑으로 교화시켜 죄를 뉘우치게 해 개과천선시킨다.

　세상에는 바르고 정상적이며 성실하게 살아가는 사람들이 대부분이나, 일부는 밤의 세계에서 어둠의 자식들로 살아가고 있다. 어느 시대나 사회에도 절도범, 도박꾼, 사기꾼, 마약쟁이, 창녀, 성폭력범, 살인자, 알코올 중독자 등 길 잃은 어린 양 같은 사람들이 있다. 그들도 올바른 가정에서 부모의 사랑과 관심, 제대로 된 교육을 받으며 자랐다면 그런 사람이 되지 않았을 것이다.

한 마리의 어린 소나 양처럼 이들이 인생의 정도에서 벗어났다고 마구 가두거나 사형에 처하고, 그들을 방치하고 외면할 수만은 없다. 잘 살고 있는 아흔아홉 명에 신경을 못 쓰더라도 길 잃은 어린 양 같은 사람을 돌봐서 정상인이 되게 해 함께 나가는 것이 사람 사는 세상이다. 헤라클레스처럼 미덕 있는 사람들은 힘들고 어렵고 시간이 더 걸리더라도 그런 길로 나간다.

시칠리아섬을 다스리고 있던 에릭스 왕은 '강력한 통치자'라는 의미다. 범죄자등 잘못된 길로 한번 들어서면 마치 에릭스 왕 같은 강력한 통치를 받기 때문에 그 손아귀에서 빠져나오기 힘들다. 도박, 알코올 중독, 마약에 빠지고, 조폭이나 창녀, 절도와 사기꾼 등이 되면 그런 세계에서 손을 씻고 나오기가 매우 어렵다. 그럼에도 불구하고 헤라클레스가 이를 이겨 내고 길 잃은 어린 양을 구해 냈다. 한 사람의 인생을 범죄와 자기 파괴적인 생활에서 개과천선할 수 있도록 도와주는 일이 더 숭고하고 하늘에서 이를 기뻐할 것이기 때문이다.

등에, 아주 사소한 일로도 군중은 흩어지기 쉽다

서쪽 어둠의 땅에서 시작된 헤라클레스의 소몰이는 우여곡절 끝에 광명과 민주주의의 땅 그리스에 거의 도착하게 되었다. 이때 그가 잘되는 꼴을 보지 못하는 헤라가 등에 한 마리를 소 떼 사이로

들여보냈다. 등에의 독침을 맞고 소들이 사방으로 뿔뿔이 흩어져 버리는 바람에 헤라클레스가 이를 다시 끌어 모으기 위해 매우 고생을 했다.

헤라가 군중을 이끌고 가는 헤라클레스를 마지막까지 괴롭혔다. 그것은 군중이 충동적이며 매우 변덕스럽기 때문에 군중에 대해 끝까지 방심하거나 자만해서는 안 됨을 가르치고자 함이었다. 자만과 오만은 세상살이에 있어서 모든 사람들의 적이므로 이를 경계하라는 신의 계시이기도 하다.

그림 19. 등에
흡혈하는 작은 등에 때문에 큰 덩치의 소나 말이 깜짝 놀라기도 한다.

등에는 소에 비하면 수십만분의 1도 안 되는 매우 작은 미물이다. 따라서 등에는 아주 하찮고 사소한 일에 비유된다. 그런 작은 등에가 소들을 쏘자 소 떼가 사방팔방으로 달아났다. 붉은 소 떼 같은 군중들은 원래가 충동적이고 매우 변덕스럽기 때문에 사소하고 하찮은 이익이나 손해, 뉴스, 소문, 사건에 민감하게 반응한다. 그들이 당초 태어나고 거주했던 곳이 바로 자기 무리의 이익을 우선 추구하는 에리테리아 섬이었기 때문이다.

그 결과 그들은 작은 이익이나 손해에 따라 언제라도 변심하고 돌변해 사방팔방으로 달아날 수 있다. 군중은 자신들에게 지금 당장

이익이 되는 정책을 펼치면 그런 정치인이나 지도자를 한없이 의롭고 자비로운 사람으로 추앙한다. 반면에 국가 경쟁력이나 재정 현실 등 먼 장래를 생각하며 이를 비판하는 사람들은 인기를 잃고 여론 지지도도 떨어진다.

그래서 정계에서는 고공 행진 하던 콘크리트 같은 지지율이 사소한 정책이나 원인으로 급격하게 떨어지고 지지자들이 흩어지는 일이 발생한다. 반대로 퍼 주기식 복지 정책을 그때그때 잘 내놓는 선동가형 지도자의 인기는 쑥쑥 올라간다. 그래서 "이상은 멀고 현실은 가깝다."라고 한다.

그러나 그런 정치인이 지금 당장은 인기를 누릴 순 있어도 수십, 수백 년이 지난 후에도 그런 인기를 누릴 수 있을지는 의문이다. 인류의 유구한 역사를 볼 때 국가 경쟁력을 키우기보다 권력과 인기를 얻기 위해 재정을 낭비해 국가를 말아먹은 왕이나 정치가가 한둘이 아니기 때문이다.

한때 인기를 구가하는 지도자라고 해서 군중을 자기 손안에 올려놓고 맘대로 부리고 조종할 수 있다고 자만해서는 안 된다. 군중은 언제나 군중답게 변덕스럽고 충동적으로 행동할 수 있다. 즉위할 때는 전 국민의 압도적인 지지 속에 당선됐던 정치인이 퇴임할 때는 땅에 떨어진 지지율과 함께 구속되기까지 한다.

군중의 이런 속성을 제대로 이해하지 못하고 변덕스럽다고 비난하고 포기하는 사람은 지도자로서의 역할을 제대로 수행할 수 없다. 군중은 속성상 영원히 내 편이나 내 것이 아니다. 소 떼처럼 사소한 것에도 변덕스럽고 충동적으로 행동하므로 항상 주의 깊게 관찰하며 조심스럽게 다뤄 나가야 한다. 헤라클레스는 이런 변덕스런 군중에 대해 성인다운 인내심으로 포기하지 않고 높은 산과 깊은 바다를 건너며 고생한 끝에 다시 군중을 모았다. 항상 정성과 겸손한 자세로 군중을 이끌어 나가야 함을 의미한다.

스트리몬 강을 건너 군중을 바른 세상으로 인도하다
—

헤라클레스는 마지막으로 붉은 소 떼 같은 군중들을 이끌고 스트리몬[15]강 앞에 섰다. 지금 그가 서 있는 곳은 이방인과 오랑캐의 땅 트라키아 지역이고 강 건너편이 문명의 땅 그리스다. 트라키아에서는 술과 쾌락의 신 디오니소스 신앙이 성했다고 한다. 그곳은 신에 대한 믿음과 경건함보다 술과 쾌락이 넘치는 지역이다. 그리스인들의 입장에서 트라키아 사람들을 보면 타락한 것처럼 보이고, 길 잃은 어린양 같고, 자신들과는 다른 이방인, 오랑캐 무리처럼 느껴진다.

또한 헤라클레스는 자기 당이나 무리의 이익만을 추구하는 소 떼 같은 군중을 이끌고 어두운 서쪽 땅에서 밝은 동쪽 땅 그리스로 들어가려고 한다. 그곳으로 넘어간다는 것은 무질서하고 충동적이며

---

15) 스트리몬Strymon: 스트루마 강이라고 한다. 고대 트라키아 지역이었던 불가리아와 그리스를 흐르는 강이다. 길이는 415km로 이 중 290km가 불가리아를 흐르며 나머지는 그리스를 거쳐서 에게해로 흘러든다. 헤라클레스가 이 강물 속에 돌들을 집어넣고 소 떼와 건넜다. 이후로 배가 다닐 수 없게 되었다고 한다.

이기적인 군중을 교화해 밝고 정의로우며 민주주의적 질서가 있는 참세상, 민주 시민으로 인도하려는 것이다.

그러나 그 강을 건너기 위해서는 강물의 엄청난 저항과 두려움에 직면해야 한다. 지금까지 추구해 온 자기 무리의 이익을 포기하고 방탕한 생활을 버리면 사는 게 재미없고 무료해지고 활기를 잃을 수도 있다. 헤라클레스는 이런 저항심과 두려움을 바윗돌로 상징되는 굳건한 마음을 계속해서 투하해 다짐으로써 극복해 냈다. 결국 헤라클레스는 스트리몬 강을 건너서 미케네 땅에 도달했다. 붉은 소 떼와 같이 당파적이고 충동적이며 변덕이 심한 거친 군중을 문명의 중심인 그리스 땅, 정의로운 민주주의 세상으로 이끌어 낸 것이다.

제11과업
황금 사과, '인생의 궁극적 목적'

황금 사과, 사람들이 추구하는 인생의 궁극적 목적
—

　헤라클레스의 열한 번째 과업은 황금 사과를 가져오는 것이었다. 단순히 황금으로 만들어진 사과였다면 대장장이나 금세공사에게 부탁하거나 강제로 만들게 해 과업을 수행할 수 있었을 것이다. 그러나 그 황금 사과는 원래 헤라의 결혼 선물로 대지의 여신 가이아가 준 사과나무에 열리는 황금 사과라는 조건이 붙어 있었다. 그 사과가 달려 있는 나무는 머리가 100개이며 온갖 다른 목소리를 낼 수 있는 라돈Ladon이라는 용이 지키고 있었다. 다만 그 나무가 어느 나라 어디에 존재하는지조차 알 수가 없어서 자신과의 싸움에서 전승을 거둔 헤라클레스에게도 큰 시련이 기다리고 있었다.

황금은 인간 세상에서 최고로 귀하고 가치 있는 금속 중에 하나다. 가을에 수확하는 사과는 감, 배, 밤 등과 같이 결실을 상징하는 과일이다. 그리고 사과는 달콤하다. 이를 종합하면 황금 사과는 사람들이 인생에서 수확할 수 있는 최고로 달콤한 결실을 상징한다. 다시 말하면 인생에 있어서 최고로, 궁극적으로 추구하는 목적이다.

복숭아의 원산지가 중국이라면 사과의 원산지는 그리스가 속해 있는 유럽의 발칸반도다. 중국의 낙원인 무릉도원武陵桃源은 복숭아꽃이 피는 곳이다. 이에 비해 에덴동산에 나오는 선악과는 사과였고, 영국의 아서왕 전설에서 아서왕이 죽을 때는 '사과의 섬'이라는 뜻을 지닌 신비의 섬 아발론Avalon으로 갔다고 한다.

동서양에서 달콤하며 둥근 머리 모양을 한 복숭아와 사과가 모두 낙원 사상과 관련이 있다. 낙원은 사람들이 도달하거나 가고 싶어 하는 최고의 장소다. 그런 사과에 황금의 가치가 더해짐으로써 사람들이 거둘 수 있는 인생 최고의 결실이자 궁극적인 목적을 상징하기에 적합하다.

사람마다 추구하는 인생의 궁극적인 목적이나 목표가 다를 수 있다. 재물을 모으는 것, 돈을 쓰며 쇼핑을 하는 것, 최고 권력을 쥐는 것, 아름다운 이성과 사랑하며 섹스를 즐기는 것 등 저마다 추구하는 바가 다를 것이다. 그러나 이런 것들은 모두가 일시적인 것이며 영원하지가 않아 황금 사과에 해당하는 지위를 지닐 수 없다. 재물과 권력, 명예는 손에 쥔 물이나 바람처럼 잘도 빠져나간다. 아름다운 이성과 즐기는 삶은 쾌락이 끝난 후 허무함이 느껴지기도 하고 노화 앞에 맥을 추지 못한다. 그래서 헤라클레스는 인생의 갈림길에서 쾌락의 여인을 선택하지 않고 미덕이라는 여인을 선택한 바 있다.

종교인들처럼 영생이 인생의 궁극적인 목표일 수도 있다. 다만 영생은 죽음의 반대 선상에 있는 개념으로 인간의 이성으로 알기에는 죽음에 버금갈 정도로 어렵다. 그래서 영생이 특정인들이 추구하는 인생의 궁극적인 목표가 될 수는 있지만 보편적으로 추구하는 대상은 아니라 할 것이다.

사람마다 제각각이어서 찾기 어려운 인생의 궁극적인 목적
—

헤라클레스가 12과업을 수행하면서 자신이 나가야 할 방향이나 목적지를 전혀 몰랐던 유일한 과업이 바로 황금 사과를 찾는 과업이었다. 그는 우리 가요 「하숙생」의 가사처럼 "어디서 왔다가 어디로 가는지"도 몰랐고, "구름이 흘러가듯" "정처 없이 흘러서"[16] 가기도 했다. 그렇게 이곳저곳 가다가 요정이나 신들을 만나 그들에게 물어물어 길을 찾아갔다.

사람들에게 인생의 궁극적인 목적이 뭐냐고 물으면 십인십색으로 저마다 다른 목적이나 목표를 제시할 것이다. 장사꾼은 돈 많이 벌어 여생을 편히 사는 것, 정치가는 대권을 잡는 것이다. 학자는 중요한 학문적 업적을 많이 남겨 대중의 인정과 존경을 받는 것, 가수

---

16) 작사 김석야, 작곡 김호길, 노래 최희준, 「하숙생」, 1964

는 노래를 잘 불러 인기와 부를 누리는 것이라고 대답한다. 강력 범죄를 저지르고 기약 없는 수감 생활을 하는 사람은 감옥에서 풀려나는 것이고, 불치병을 앓고 있는 사람은 병이 낫는 것이기도 하다. 혹자는 포괄적인 의미에서 행복이 궁극적인 목적이라고 말하기도 한다.

이처럼 인생의 궁극적인 목적이란 확고하게 고정된 것이 아니라 사람마다 처한 환경이나 개성에 따라 다르다. 헤라클레스가 찾고자 하는 인생의 궁극적인 목적은 그중에서도 많은 사람들이 선택하고 인정하는 보편적인 것을 찾는 것이다. 예를 들어 사람들을 상대로 "당신이 생각하는 인생의 궁극적인 목적은 무엇이라 생각하십니까?"라고 물은 후 가장 많이 나온 답변을 찾아가는 형태라 할 수도 있다. 헤라클레스 시절에는 여론조사 제도가 없었기 때문에 이를 찾기 위해 혼자서 광범한 지역을 다니며 많은 시간을 투자해 찾고 있는 모습이라 할 것이다.

네레우스, 꿈을 통해 단절된 자신과 하나 되기
—

헤라클레스가 인생의 궁극적인 목적을 상징하는 황금 사과를 얻기 위한 첫 걸음으로 바다의 노인 네레우스Nereus를 찾아갔다. 네레우스는 그리스 신화에서 지혜로운 '바다의 노인'으로 불린다. 바다는 매우 깊고 그 속이 보이지 않지만 각종 물고기와 산호, 해초 같은 생

명력이 넘쳐 난다. 바다와 같은 것
이 인간의 무의식의 속성이기도 하
다. 의식되지 않아 마치 죽어 있는
것 같지만 인간의 무의식은 생명력
의 보고다. 바다에서 물고기를 잡
아 올리듯 무의식 속에 존재하는
마음을 의식으로 끌어올려 의식화
시킴으로써 가치를 발견하며 정신
적 성장을 도모할 수 있다.

바다의 노인 네레우스는 무의식
에 관한 정보와 지혜를 많이 갖고
있다. 심층 심리학 측면에서 볼 때

그림 20. 마르크 샤갈, 「마을과 나」,
1911, 뉴욕현대미술관
샤갈은 몽환적인 주제의 그림을 그려 사
람들의 무의식을 자극했다.

인간의 무의식에 관한 정보를 가장 많이 제공해 주는 것이 한밤중
에 꾸는 꿈이다. 네레우스는 사람들이 꾸는 무수히 많은 꿈을 의인
화시켰다고 볼 수 있다. 그는 의식의 수면 아래 있는 바다와 같이 깊
고 넓은 무의식의 세계에 관한 정보를 꿈을 통해 인간에게 전해 주
는 역할을 한다.

프로이트는 꿈을 "무의식에 이르는 왕도王道"라고 했다. 그는 인간
의 의식은 바닷물 위로 드러난 빙산의 일각에 불과하고 바닷물 속
에 대부분 잠겨 있는 본체가 무의식에 해당한다고 주장했다. 그만
큼 무의식의 세계가 크고 깊다는 의미일 것이다. 이와 같은 무의식
의 세계를 자연의 일부로 놔두면 되지 굳이 들여다볼 필요가 있을

까? 사람에게는 무의식을 의식화함으로써 단절된 자신과 소통하고 인격을 통합하려는 본능적인 욕구가 있기 때문이다.

그러나 꿈을 분석해 인격을 통합해 나가는 길은 대부분의 사람들이 거의 가 본 적이 없고 낯선 길이다. 그래서 온갖 괴물을 물리친 헤라클레스조차도 처음에는 이 과업을 수행하기 위해서 어디로 가야할지조차 몰랐다. 그러나 한편으로 인류는 문명의 시작과 함께 꿈을 분석하는 데 관심을 가져왔다. 그래서 그리스 신화는 물론 성서에도 꿈에 관한 이야기가 여럿 등장한다.

가장 유명한 것이 성서에 나오는 야곱의 아들 요셉이 꿈 해몽을 잘해 이국 땅 이집트에서 총리대신까지 했다는 내용이다. 우리나라에도 하룻밤 사이에 사람의 전 인생을 경험한 조신調信의 꿈과 김유신 동생의 오줌 꿈 이야기가 『삼국유사』에 실려 있다. 그 밖에 이성계, 이순신의 꿈 등 꿈에 관한 내용이 많이 있다. 꿈을 분석한다는 것은 생소하면서도 매우 오래되고 인간적인 일이기도 한 것이다.

꿈에 연상 작용을 가하면 진실을 실토한다
　▬

네레우스는 뛰어난 예언 능력을 지녀 찾아오는 이들이 많았다고 한다. 꿈을 통해 자신의 운수나 앞날을 알아보고 문제점을 해결하려는 사람들이 예나 지금이나 많이 있음을 의미한다. 그러나 그는 탁월한 예언 능력을 지니고 있으면서도 이방인의 방문을 싫어해 여러 가지 형태로 몸을 바꾸어 가며 도망치는 변신의 대가였다. 그의 손을 잡으면 뱀으로 변하고, 그 뱀을 잡으면 새로 변하고, 그 새를 잡으면 물이 되거나 공기와 불로 변하기도 했다. 꿈의 변화무쌍한 모습을 보여 준다.

헤라클레스는 네레우스가 잠자고 있는 동굴 속으로 찾아가 그를 손가락 하나 움직일 수 없게 밧줄로 꽁꽁 묶어 놓았다. 그러자 네레우스가 버티다가 결국은 황금 사과가 있는 곳을 가르쳐 줬다. 이 부분이 꿈을 과학적으로 분석하는 방법에 대해 알려 주는 장면이다.

꿈을 분석하기 위해서는 황당무계하게 꼬여 있는 꿈의 괴이한 모습에 주눅 들지 말고 직시하면서 꽉 붙잡고 놓지 말아야 한다. 꿈은 그 내용이 또렷하게 기억되지 않고 금방 잘 잊혀 지기 때문에 꿈꾼 내용부터 확실하게 고정화시키는 작업이 필요하다. 꿈은 원래 무의식 속에 있다가 떠오른 것으로서 시간이 지나면 일상의 잡음에 묻혀 다시 가라앉고 잊어버리는 것이 그 속성이다. 그래서 한밤중에 꿈을 꾸면 피곤해도 즉시 재빠르게 일어나서 종이 등에 옮겨 적어 달아나거나 가라앉지 못하게 하는 것이 바람직하다.

그렇게 되면 자다가 일어나 당장은 꿈 분석 작업을 못 해도 시간이 날 때 다시 꿈을 들여다보고 분석을 할 수 있다. 아무리 꿈 분석을 잘하는 대가라고 하더라도 내용 자체를 잊어버리거나 모호하다면 분석 자체가 불가능하다. 꿈을 꾸었을 때 달아나지 못하게 꽁꽁 묶어 두기 위해서는 즉시 기록하는 자세가 필요하며 꿈 분석의 가장 기본이 된다.

그런 후에 그 내용에 집중하면 비록 시간이 걸리더라도 꿈의 본모습이 드러난다. 그림을 그릴 때도 집중해야 좋은 그림이 그려지며, 바둑을 둘 때도 집중해야 다양한 수가 보이는 이치와도 같다. 특히, 네레우스를 묶을 때 밧줄 또는 쇠사슬로 묶었다. 쇠사슬은 고리가 꼬인 상태로 연결된 것이고, 밧줄은 식물의 줄기를 꼬아 가며 연결한 형태다. 이것은 꿈이 연상 형태로 꼬인 채 연결되어 있음을 의미한다.

꿈의 외형은 황당무계하게 꼬여 있어서 우리는 그 속에 숨어 있는 진정한 의미를 대부분 알지 못한다. 꼬여 있는 꿈의 내용에 집중을 하면 관련된 연상이 일어나 꼬여 있던 것이 바르게 풀리며 숨겨져 있던 속 내용이 드러난다. 그렇게 되면 "유레카!"를 외쳤던 아르키메데스처럼 '아하, 이런 의미였구나!'를 느끼게 된다.

목격자나 뚜렷한 증거가 없을 때 범죄자들은 자신이 죄를 지었다고 진실을 실토하기보다 발뺌을 하기 마련이다. 그래서 노련한 수사관은 증거 수집에 좀 더 노력을 기울이는 한편 범죄자를 어르고 달래면서 스스로 범죄를 실토하게 만들어 나간다. 꿈도 원래부터 진실을 드러내기 싫어하는 속성을 지니고 있다. 그래서 꿈도 어르고 달래면서 진실을 실토하게 만들어야 한다. 꿈이 가장 좋아하는 것이자 약점이 바로 연상 작용이다. 황당무계한 모습으로 꼬여 있는 꿈에 연상 작용을 가하면 진실을 실토하는 것이 꿈이 지닌 주요 속성이다.

과학 문명의 총아로서 수많은 기능을 지닌 스마트폰일지라도 들고만 있으면 100년을 갖고 있어도 아무런 소용이 없다. 화면에 있는 아이콘이나 애플리케이션을 터치하거나 눌러야 원하는 정보를 얻게 된다. 꿈도 마찬가지다. 꿈을 꾸고 이를 분석하지 않는 사람은 성능 좋은 스마트폰을 들고만 있는 사람과 같다.

꿈에 특이한 모습으로 등장한 사람, 동물, 식물, 괴물, 장소, 사건 등은 스마트폰의 아이콘이나 애플리케이션에 해당한다. 이것들을 연상이라는 손가락을 이용해 눌러야 원하는 정보가 드러나고 새로운 정신세계와 진실이 열리게 된다. 꿈에 처음으로 관심을 갖고 분석을 시도하는 사람이라면 마치 고대인이 스마트폰을 터치하는 것같이 낯설고 신비스러울 것이다. 그러나 자주 터치하다 보면 익숙해진다.

꿈은 자신의 내면과 소통시켜 주는 심리적 외국어와 같다
—

꿈과 관련해 한 가지 확실한 점은 우리가 꾸는 모든 꿈에는 의미와 가치가 담겨 있다는 것이다. 다만 다루기가 어려워 외면함으로써 무의미해지는 것이다. 처음에는 낯설고 배우기 힘든 외국어를 오랜 시간 공부해서 알게 되면 외국인과 자유자재로 소통이 가능해진다. 꿈이라는 자연계의 외국어를 시간을 투자해서 배우면 지금까지 소원한 관계에 있던 자기 자신과 소통이 가능해진다. 좀 더 나은 생활을 위해 오랜 세월에 걸쳐 외국어를 배우듯이 좀 더 나은 자신의 삶과 인생의 궁극적인 목적을 찾기 위해서는 꿈의 언어를 배울 필요가 있다.

외국어를 배우는 목적이 이방인과 대립하거나 싸우지 않고 서로 소통하며 좋은 문물을 교류함으로써 같이 잘 살며 공존해 나가는 데 있다. 꿈도 우리에게 황당무계하고 알쏭달쏭하긴 하지만 실상은 다 인간적인 것이며 꿈을 꾼 당사자가 잘되자는 이야기임에 틀림이 없다. 특히, 꿈의 언어를 이해하게 되면 자기 자신과의 대립과 갈등이 대폭 줄어들고 의식과 무의식이 통합을 이뤄 정신세계가 커지고 마음의 안정에 이바지하게 된다.

헤라클레스는 네레우스가 상징하는 꿈을 꽉 붙잡고 놔주지 않음으로써 꼬여 있던 꿈의 본모습이 드러나는 것을 경험했다. 그것을 통해 가까스로 황금 사과가 있는 곳을 알게 됐다. 헤라는 황금 사과가 있는 곳을 네레우스에게만 알려 줬다고 한다. 이 말은 심리학적인 측면에서 상당히 중요한 의미를 내포하고 있다. 바꿔 말하자면 꿈이 황금 사과가 상징하는 인간의 궁극적인 삶의 목표로 인도하는 중요한 안내자라는 의미가 된다.

명상 등 기타 인격 수양 방법에 의해서도 심리적 결실을 이룰 수는 있겠으나 최고의 결실을 얻을 수 있도록 안내하는 통로가 꿈이라는 의미가 된다. 외교 관계에 있어서 서로 말이 통해야 대화도 하고 교류도 할 수 있다. 그래서 언어 소통은 외교의 기본이 된다. 말이 통하지 않으면 추측과 오해, 선입견이나 편견이 작용해서 서로 대립하거나 갈등이 생기고 전쟁도 터진다. 자신의 내면과도 외교 관계를 맺고 소통을 해야 통합과 마음의 평화가 이뤄질 기반이 조성된다. 이때 필요한 것이 바로 꿈의 언어라 할 것이다.

꿈을 분석해 내면과 소통함으로써 정신세계를 넓히고 의식과 무의식이 하나로 통합되어 진정한 자신을 실현하는 것을 칼 융의 분석심리학에서는 개성화 과정 또는 자기실현이라고 칭한다. 인간이라면 누구나 꿈을 꾸는 유전자를 지니고 있다. 이것이 무익하거나 오히려 생존하는 데 혼선을 가져오는 것이라면 벌써 제거되었을 것이다. 그러나 황당무계한 꿈이 모든 사람들에게 존속해 온 것 자체가 사람들의 정신 건강과 성장에 필수적인 기능임을 의미하고 있다. 그러므로 꿈을 분석하고 관리한다는 것은 세상에서 가장 신비스러운 자기 관리 방법이며 무의식을 관리해 나가는 효율적인 방법이기도 하다.

헤라클레스는 자기 내면의 외국어인 꿈을 이해함으로써 내면과 대화하며 소통해 황금 사과를 딸 수 있는 기반을 다졌다. 그러나 황금 사과는 헤라클레스보다 더 힘이 센 라돈이라는 용이 지키고 있기 때문에 그것을 손에 넣는 것이 불가능하다고 네레우스가 말했다. 꿈을 분석하는 것만으로는 황금 사과를 딸 수 없다는 의미가 되기도 한다. 온라인 게임으로 치자면 천신만고 끝에 가까스로 거대한 괴물을 물리쳤더니 더 큰 대왕 괴물이 버티고 있는 형국인 셈이다.

프로메테우스로 인한 인간의 근원적인 불안과 고통

헤라클레스가 네레우스를 뒤로 하고 또다시 황금 사과 나무가 있는 곳을 찾아 가다가 도중에 코카서스 산 절벽에 묶인 채 고통받고 있던 프로메테우스Prometheus를 발견했다.

> 티탄 신족인 프로메테우스는 제우스 몰래 인간에게 불을 훔쳐다 주었다. 제우스는 자신이 내린 금기를 어긴 프로메테우스를 코카서스 산 절벽에 견고한 쇠사슬로 묶어 놓았다. 그리고 자신의 독수리를 매일 보내어 프로메테우스의 간을 파먹게 했다. 낮 동안 하루 종일 파 먹힌 간은 밤새 다시 돋아나 이튿날 또다시 독수리의 먹이가 되길 반복했다. 프로메테우스가 겪은 고통이 무려 3,000년이나 지속되었다고 한다.

헤라클레스는 황금 사과를 찾다가 우연히 만난 프로메테우스를 해방시켜 줬다. 따라서 프로메테우스는 황금 사과가 상징하는 인생의 궁극적인 목표를 얻는 데 직간접적으로 관련되어 있음을 알 수 있다. 그렇지 않으면 프로메테우스를 그의 열한 번째 과업 속에 등장시킬 하등의 이유가 없기 때문이다. 프로메테우스는 그리스에서 동쪽으로 멀리 떨어져 있는 코카서스 산 절벽에 매달려 제우스로부터 벌을 받고 있었다. 황금 사과는 유럽의 서쪽 땅 끝에 있었으므로 정반대 방향이다. 프로메테우스적인 것과 황금 사과가 정반대되는 속성을 지니고 있음을 암시하기도 한다.

　프로메테우스 하면 가장 먼저 생각나는 것이 신들만 사용하던 불을 인간에게 가져다준 것이다. 그의 이름 뜻은 '먼저 생각하는 자'다. 이 두 가지 사실과 황금 사과 획득과 불가분의 관계가 있음을 암시한다. 그의 이름 뜻인 '먼저 생각하는 자'는 어떤 일을 하기 전에 심사숙고하며 신중함을 기하는 자세다. 이런 자세에서 온갖 생각과 걱정, 염려가 생겨남은 두 말할 나위가 없다. 생각하는 기능이 잘 발달되어 있는 사려 깊은 유형의 인간이다.

　그는 '나중에 생각하는 자'라는 정반대되는 이름 뜻을 지닌 동생 에피메테우스와 비교할 때 그 의미가 정확해지고 이해가 쉽다. 동생 에피메테우스Epimetheus는 나중에 생각하거나 생각 없이 살아가는 사람이다. 나중에 생각한다는 것은 자신의 감정이나 욕구, 본능이 시키는 대로 먼저 행동부터 하고 보는 사람이다.

　어린 시절에는 대부분의 사람들이 먼저 생각하는 프로메테우스적인 DNA보다 나중에 생각하는 에피메테우스적인 DNA가 발달되어 있다. 그래서 어린 시절에는 늙어서 맞이하게 될 죽음이나 불행 등 앞날에 대해 그리 심각하게 생각하지 않는다. 아이들이 근심 걱정 없이 천진난만하게 뛰어 놀 수 있는 것도 따지고 보면 에피메테우스적인 DNA가 제공하는 은총이라 할 것이다. 다만 성장하면서 에피메테우스적인 측면은 약해지고 프로메테우스적인 측면이 강해짐에 따라 대부분의 어른은 염려와 근심, 걱정을 많이 하게 된다.

　인간은 생각하는 기능 때문에 만물의 영장 자리에 올랐지만 또한 그것 때문에 프로메테우스처럼 절벽에 묶인 채 고통받고 있다. 이것은 신화 속 프로메테우스 혼자만의 일이거나 남의 이야기도 아니다. 동물과 달리 지식과 지성을 갖게 된 모든 사람들이 부작용으로 겪고 있는 근원적인 불안감이며 영혼의 고통이다.

사람들의 미리 생각하는 기능이 절벽에 매달린 프로메테우스 신세 같은 원죄를 낳은 것이다. 성서에서도 사람들이 생각하는 기능을 상징하는 선악과를 따 먹고 원죄를 지음으로써 에덴동산에서 쫓겨났다. 인간의 생각하는 기능이 원죄를 낳았다는 발상은 동서양이 동일함을 알 수 있다.

프로메테우스적인 기능이 완전하게 발달하지 않은 보통의 아이들은 미래에 대한 걱정 없이 천진난만하게 뛰어놀고 잠도 쉽게 든다. 아이들은 그들의 영혼이 절벽에 매달린 채 고통받지 않고 있는 상태라 할 수 있다. 우리가 프로메테우스 같은 고통을 받으면서 이를 느끼지 못하는 것은 그 고통에 너무 익숙해져 있기 때문이다. 따라서 아이들의 편안한 마음 상태와 어른의 걱정 많고 불안한 마음의 차이를 비교해 봐야 그것을 알 수 있다.

어른들은 자신의 미래, 일의 결과, 발생할지도 모르는 불의의 사고 등에 대해 걱정과 염려로 밤잠을 설치고 불면증에 시달리기도 한다. 지식이 발달하고 아는 것이 많아질수록 인간은 더 먼 미래를 생각하기도 하지만 공간적으로 더 먼 곳까지 생각하게 된다. 고대 사회에서는 큰 산과 강, 바다 같은 지형지물로 둘러싸인 촌락 내에서 주로 살아가면서 생각의 범위도 그곳을 넘지 않는 경우가 많았다.

그러나 오늘날에는 정보 통신의 발달로 지구 반대편에서 일어나는 일이 실시간으로 알려진다. 미국 주식 시장 하락, 중동전쟁 발생, 원유 가격 폭등 등은 즉각적으로 알려져 스트레스를 일으켜 내장 등 신체 장기에 압박을 가하기도 한다. 따라서 '넓다'라는 뜻의 그리스어 'Eury'가 들어간 에우리메테우스Eurymetheus는 더 멀리 광범위하게 생각하는 현대인들의 특성이라 할 것이다. 지구촌화되어 버린 현대사회는 편리해지긴 했어도 그와 비례해서 스트레스도 훨씬 다양해지고 많아졌다.

우리의 영혼 깊은 곳에서는 절벽에 묶인 프로메테우스처럼 언제라도 천 길 낭떠러지 아래로 떨어질 수 있다는 아득한 불안감이 상존하고 있다. 권력자, 부자, 실력 있고 재능 있는 사람들도 인기가 떨어지고 정권이 바뀌거나 전쟁과 사고, 자연재난, 자신의 오만함, 실수와 실패 등으로 하루아침에 망할 수 있는 것이 세상이다.

현직에 있을 때는 말 한마디로 날아가는 새도 떨어트릴 수 있는 권력자와 억만장자들이 있다. 그러나 정권이 바뀌면 그들이 줄줄이 쇠고랑을 차는 모습이 TV에 주기적으로 나오기도 한다. 또한 정관계, 종교계, 연예계, 스포츠계 등에서 왕으로 군림하던 사람들도 'Me Too' 하나로 하룻밤 새에 천당에서 지옥으로 떨어지는 혹독한 경험을 하기도 한다. 따라서 실패와 추락을 맛보지 않기 위해서는 끊임없이 미리 생각해야 한다.

간은 진실된 마음이나 혼을 상징

프로메테우스는 인간에게 불을 가져다준 벌로 절벽에 매달린 채 독수리에게 간을 쪼이는 고통을 받고 있었다. 인체에 대한 의료 지식이 확립되지 않았던 고대 사회에서 신체 장기 중에서 가장 큰 간肝이 구체적으로 어떤 기능을 하는지는 알 수가 없었다. 다만 크기로 보아 중요하기에 한자 '肝'은 진심, 충심, 마음이라는 뜻을 지니게 되었다.

간은 우리나라 전설인 구미호 이야기, 고전소설 『별주부전』에도 나오는 주요 소재다. 구미호 이야기에서는 여우가 사람의 간 100개를 먹으면 사람이 되고, 『별주부전』에서는 토끼의 간을 먹어야 용왕의 병이 낫는다. 간은 이처럼 인간이나 동물에게 있어서 가장 중요한 것이며 혼과 같은 것을 상징한다.

그림 21. 페테르 파울 루벤스, 「포박된 프로메테우스」, 1610~1611, 필라델피아미술관
프로메테우스의 간을 쪼는 독수리. 인간은 앞날 등에 대해 미리 생각하기 때문에 염려와 근심, 걱정, 불안 등등 스트레스에 평생 시달린다.

'간이 콩알만 해지다', '간을 태우다', '간을 졸이다'라는 관용어가 있다. 마음이 위축되거나 근심 걱정을 심하게 하고 불안해지는 마음을 표현한다. 반대로 간이 붓거나 간이 크다는 것은 겁 없는 마음을 의미한다. 영어로 간은 'liver'라고 하며 'cold liver'는 냉담함, 'a white liver'는 겁 많음을 뜻한다. 영어권에서도 간이 마음 상태를 표현하고 있음을 알 수 있다. 또한 '간liver'과 '살아 있는 live'은 공통의 어원을 가지고 있어 생명의 핵심임을 강조한다.

코카서스 절벽 위에 있던 독수리는 이런 의미를 지닌 프로메테우스의 생간을 쪼아 댔던 것이다. 독수리가 특유의 날카로운 울음소리를 내고 날갯짓하며 다가올 때마다 프로메테우스의 스트레스와 고통은 극에 달했으리라 짐작이 된다. 온전한 간은 진정한 마음이나 혼, 평화로운 마음 상태 등을 상징한다. 독수리가 쪼아 댐으로써 진정한 마음, 평온한 마음 상태를 해치고 상처받고 있는 내면의 모습이다.

독수리처럼 너무 활개 치는 이성을 쏘다
—

제우스가 보낸 독수리가 프로메테우스의 간을 쪼아 댈 때 낮에만 쪼아 대고 밤에는 휴식했다고 한다. 인간을 만물의 영장 자리에 올려놓은 미리 생각하는 기능일지라도 밤에는 휴식한다. 밤이 되면 잠을 자야 하므로 세상 모든 근심 걱정을 짊어진 사람일지라도 생각이 멈추는 모습이다. 잠자는 동안은 생각이 멈추기 때문에 앞날에 대해 미리 생각하거나 근심 걱정을 할 수 없다. 사람들은 프로메테우스적인 생각이 많은 낮 동안에는 스스로 자신의 간을 쪼아 댈 수밖에 없는 운명에 처해있다. 그러다가 밤이 되면 생각이 멈춰서 간이 회복되듯 마음이나 영혼이 회복되기를 반복한다.

독수리는 날카롭고 매서운 눈이 특징이다. 독수리나 매는 시력이 좋아 매우 멀리까지 내다볼 수 있다. 이것은 현재뿐만이 아니라 먼 장래까지도 내다보는 자세를 상징한다. 독수리처럼 매섭게 사물을 노려보며 산다는 것은 매사에 비판적이고 깊이 파고들며 작은 일도 그냥 넘어가질 않고 따지는 자세다.

현재는 세상이 모든 면에서 안정되어 있다고 해도 먼 장래까지 내다보게 되면 경기 침체, 전쟁, 온갖 사건 사고가 일어날 가능성이 열려 있다. '아는 것이 병'이라는 말이 있듯이 사물을 너무 깊이 파고들고 먼 장래까지 생각하면 온갖 염려와 걱정이 끊이질 않게 된다. 독수리 같은 자세가 있는 한 항상 긴장의 끈을 놓을 수가 없어 느긋하고 여유로운 마음을 가질 수 없게 된다.

독수리가 프로메테우스의 간을 매일 쪼아 대는 것은 마음의 평온함을 쪼아 대서 스트레스와 고통을 주는 상황이다. 또한 그가 절벽에 매달려 있었기 때문에 그에게 접근하게 위해 독수리는 활개를 치며 매달린 채 간을 쪼아 댔을 것이다. 매사에 먼저 생각하고 심사숙고하지 않으면 경쟁에서 뒤처지고, 적에게 정복당하고, 연적에게 배우자를 빼앗길 수 있다. 앞날에 뭐가 일어날지 모른다는 막연한 불안감과 압박감이 활개 치는 상황은 사람들이 처한 보편적인 심리 상황이다.

이성은 인간 세상을 다스리고 질서를 유지해 나가는 핵심적인 가치이지만 그것이 삶과 존재의 모든 문제를 해결할 수는 없다. 그래서 겸손, 사랑, 이해심, 포용, 체념, 경건함 등 다른 여러 가지 인격적 덕목이나 가치도 필요한 것이다. 헤라클레스는 너무 높고 멀리 보며 염려하고 걱정하는 독수리를 쏘아 맞춤으로써 자신의 이성을 일정 부분 희생시켰다. 그래야 스트레스로부터 해방되고 마음의 안식이 도래할 여건이 조성될 수 있기 때문이다.

불의 사용은 지식의 탄생을 상징

프로메테우스 형제는 태초에 인간과 동물이 창조되었을 때 이들에게 살아가는 데 필요한 모든 능력을 부여하는 임무를 맡고 있었다. 이때 동생 에피메테우스는 동물들에게 용기, 힘, 속도 같은 것들을 선물로 주기 시작했다. 어떤 동물에게는 날개를, 어떤 동물에게는 송곳니와 발톱을, 또 어떤 동물에게는 딱딱한 껍질을 주는 식이었다.

드디어 인간에게도 무엇인가를 주어야 할 차례가 왔다. 그러나 그는 나중에 생각하는 자라는 그의 이름에 걸맞게 동물들에게 자신이 갖고 있던 선물을 다 주어 버렸다. 그래서 인간에게 줄 것이 아무것도 남지 않게 됐다. 이에 프로메테우스는 아테나 여신의 이륜차에 있던 불을 자기 횃대에 붙여 가지고 내려와 인간에게 주었다.

프로메테우스가 가져다 준 불이라는 선물 덕택에 인간은 다른 동물이 감히 넘보지 못할 존재가 될 수 있었다. 인간은 불을 이용해서 대장간에서 칼, 창, 화살 같은 무기를 만들어 맹수를 비롯한 모든 동물을 정복할 수 있었다. 또한 연장을 만들어 농사를 짓게 되었고, 겨울에도 주거지를 따뜻하게 할 수 있었다. 뿐만 아니라 요리도 하고, 도자기를 만들어 음식을 담아 먹거나 저장할 수 있게 되었으며 거래 수단이 되는 화폐도 주조할 수 있게 되었다. 프로메테우스가 인간에게 가져다 준 불은 그의 이름 뜻처럼 사려 깊은 생각의 결과 탄생한 지식을 상징한다.

그림 22. 불
빛과 열을 내는 불은 지식을 상징한다. 빛은 혼돈 속에 있는 사물의 원리를 밝혀서 지식과 질서를 형성하고, 열은 사물에 변형을 가해 각종 문명의 이기를 만든다.

불은 기본적으로 빛과 열을 낸다. 빛은 세상을 밝혀 줌으로써 어둠과 무질서, 혼돈을 물리친다. 열은 사물을 활성화시키고 변형시킨다. 지식은 불과 유사한 속성이 있다. 사람들은 지식으로 어둠과 무질서, 혼돈과 모호함 속에 있던 사물을 구분하고 세상의 이치를 밝혀내서 질서 있고 안정된 생활을 영위한다. 또한 지식의 뜨거운 힘으로 자연 상태에 열을 가해 변형시킴으로써 갖가지 도구나 제도를 만드는 등 문명을 발전시키고 번성해 나간다. 불이 상징하는 지식의 힘으로 동물들과는 차원이 전혀 다른 삶을 살게 된 것이다.

그러나 그리스 신화를 보면 신들도 불에 의존하는 성향이 나타난다. 대장간의 신 헤파이스토스의 이름 뜻은 '불'이다. 그는 뜨거운 불을 이용해 신들이 사는 호화로운 궁전, 장신구, 무기와 갑옷 등을 만들어 냈다. 제우스의 번개, 포세이돈의 삼지창, 아테나의 무적의 방패 아이기스, 아폴론과 아르테미스의 활과 화살 등이 모두 그가 만들어 준 것이었다.

자연 상태의 인간은 보잘것없고 절름발이나 다름없을 정도로 약하지만 불이 상징하는 지식을 축적하고 응용해 나감으로써 만물의 영장이 되었다. 못생기고 다리를 저는 헤파이스토스도 불을 이용해 각종 물건을 만들어 냄으로써 모든 신들이 그를 소중히 여겼다고 한다. 인간과 신들 모두 불이 상징하는 지식이 없었으면 불편한 생활을 했고 자신들을 지킬 무기도 못 만들어 낼 형편이었다. 지식은 인간이나 그리스 신들에게 있어서 그만큼 중요한 힘의 원천이다.

판도라와 상자, 문명의 이로움에 따르는 부작용

사려 깊은 프로메테우스가 인간에게 불로 상징되는 지식을 선물하자 제우스가 불경스런 그와 인간들을 처벌하기 위해 나섰다. 머리가 둔한 동생 에피메테우스를 표적으로 삼고 헤파이스토스로 하여금 판도라라는 아름다운 여인을 만들게 했다. 판도라가 만들어질 때 신들은 저마다 한 가지씩의 선물을 그녀에게 주었다. 아테네는 옷과 손재주를 주었고, 아프로디테는 인간이 이 여인을 사랑할 수 있도록 아름다움을 주었다. 아폴론은 노래하는 법을, 헤르메스는 거짓과 속임수 등을 가르쳤다. 그래서 그녀의 이름은 '모든 선물'이라는 뜻의 '판도라'가 되었다.

판도라가 에피메테우스의 아내가 될 때 제우스는 헤르메스를 시켜 판도라에게 상자도 하나 딸려 보냈다. 그 안에는 인간에게 불행을 가져오는 온갖 나쁜 질병과 재앙과 악덕이 다 들어 있었다. 호기심을 이기지 못한 판도라가 어느 날 그것을 열어 버렸다. 그 순간 통풍痛風, 신경통 같은 온갖 질병과 슬픔과 좌절, 가난과 전쟁, 증오와 시기 등 온갖 불행과 악이 튀어나와 세상으로 퍼져 버렸다. 마치 우주의 빅뱅처럼 인간의 불행도 판도라의 상자에서 빅뱅처럼 시작된 것이다. 그러나 온갖 불행이 존재하고 닥쳐옴에도 불구하고 상자 안에 희망만큼은 남아 있었기에 인간이 이를 의지하며 계속 살아갈 수 있게 되었다고 한다.

판도라는 '모든 선물'이라는 이름 뜻을 지니고 있다. 그 선물은 다름 아닌 모든 신들이 자신의 특성에 맞게 하나씩 선사한 것이므로 선물 중의 선물이며 인류가 받을 수 있는 최고의 선물이다. 아테나의 옷 짓는 기술은 장비나 도구, 기계를 만드는 과학 기술을 상징한다. 아폴론의 노래하는 법은 문화 예술을, 아프로디테의 아름다움은 사랑을 추구하는 속성을 각각 상징한다. 헤르메스의 거짓과 속임수는 무역과 상업, 시장이 인간 세상에 생겨나는 것을 의미한다. 사람들이 무역과 시장에서 거짓과 속임수를 쓰며 자신의 이익을 추구하려는 성향을 대변한다.

이러한 것들은 인류가 불이 상징하는 지식 문명을 구축한 결과 과학 기술이 발달하고, 문화 예술이 꽃피고, 상업과 시장이 형성되는 모습을 반영한다. 이런 문명의 이기를 선물로 가져왔으니 판도라는 모든 선물이라는 이름에 걸맞고 만인의 사랑을 받을 만한 여인이었다. 그러나 판도라가 에피메테우스에게 올 때 상자가 하나 딸려 왔다. 이 부분에서 사람들이 판도라의

그림 23. 단테 가브리엘 로제티, 「판도라」, 1870, 버스콧파크
판도라는 문명의 이기를 상징하고 그녀가 가져온 상자는 문명의 부작용을 상징한다.

상자에 대한 심각한 오해를 한다. 판도라의 상자를 생각할 때 '과연

그 상자 안에 무엇이 들어있을까?' 라는 호기심에만 중점을 두는 데서 발생하는 오류다.

그러나 더 중요한 것은 상자 안에 무엇이 들어 있는지보다 그것이 판도라가 시집올 때 딸려 온 것이라는 사실이다. 판도라의 상자는 그녀가 지니고 온 부산물의 일종이다. 판도라 자체는 문명이 인간에게 선물하는 이로움이다. 따라서 문명의 선물이자 이로움이 부산물로 가져온 것이 바로 판도라의 상자다. 사물이 지닌 주된 작용에 딸려서 일어나는 작용을 부작용이라고 한다. 예를 들어 수많은 공장에서는 편리하고 다양한 생활 도구가 만들어지는 반면에 대기와 수질 오염을 일으키는 다양한 부작용도 끊임없이 발생시킨다. 탄소 배출로 인한 기후 변화, 미세 플라스틱으로 인한 바다의 오염 등은 심각한 수준에 달하고 있다.

판도라의 상자는 문명의 이로움에 딸려서 일어나는 문명의 부작용을 상징한다. 판도라가 그 상자의 문을 연 것이다. 정확하게 표현하면 문명의 이기에 따르는 부작용은 열릴 수밖에 없는 운명이었다. 반대로 보면 부작용을 발생시키지 않는 문명의 이기가 거의 없다 할 것이다. 인류는 문명의 이기가 하나 생겨날 때 그것에 환호성을 질러서만은 안 된다. 그것에 부수적으로 따라오는 환경 공해, 기후 변화, 자원 낭비, 인간성 상실 등 중에서 이번에는 어떤 부작용이 일어날지 진정한 호기심을 갖고 들여다봐야 한다.

예를 들어 최첨단 문명의 이기인 스마트폰이 보편화되어 현대인들은 고대인들이 상상할 수 없는 편리함을 만끽하고 있다. 그러나 문명의 이기에는 반드시 부작용이 따른다. 그래서 유용하게만 느껴지는 스마트폰이 지닌 부작용에 대해서도 호기심을 갖고 생각해 봐야 한다.

스마트폰에 정신이 팔린 채 걷다가 교통사고를 당하고 난간에서 떨어지기도 한다. 개인 정보가 새 나가고, 내가 어디에 갔는지, 무엇을 하고 있는지 감시를 당할 수 있다. 보이스 피싱과 악플이 활개를 친다. 스마트폰이 없으면 불안해지고 중독을 유발한다. 신제품으로 바꾸느라 과소비를 한다. 과도한 시간을 소비하고 시력이 나빠진다. 오프라인 대화가 줄어든다. 덜 움직이고 운동을 덜하게 된다. 아이들도 음란 광고나 동영상에 쉽게 노출이 되는 등 부작용이 부지기수다. 이로움이 더 크긴 하지만 이런 부작용들도 무시 못 할 수준인 것만은 틀림이 없다.

판도라가 먼저 생각하는 자 프로메테우스의 아내가 되었다면 인류 역사는 근본적으로 바뀌었을 것이다. 프로메테우스라면 그의 먼저 생각하는 사려 깊은 태도를 통해 문명의 이기를 사용해 편리함을 얻기 전에 그에 따르는 부작용도 생각했을 것이다. 그 같은 사고방식을 가진 사람이라면 생필품이 아무리 없다고 아우성을 쳐도 공장을 짓기 전에 환경 오염에 관한 대책부터 철저하게 세웠을 것이다. 그렇게 됐다면 인류 문명은 신석기 시대나 청동기 시대에서 크게 벗어나지 못하고 있을지도 모른다.

인간은 지식을 이용해 땅을 개간하고 농작물을 생산하고 물품을 시장에서 교환하게 되었다. 가축을 길러서 운송 수단으로 사용하고, 보다 넓은 지역과 교류해 물질적 풍요를 누리고 소통과 빠른 이동을 위해 다리와 도로를 개설했다. 이처럼 농사짓고, 가축을 기르고, 시장에서 교환을 해서 생긴 재화를 보호하기 위해서 법과 제도도 고안해 냈다.

이에 따라 인간은 토지와 재물에 애착을 갖고 좀 더 부를 축적하려는 소유욕과 욕심이 강해졌다. 그 결과 땅과 여자, 노예, 타인이 가진 재물 등을 취하기 위해 사기와 강절도, 살인, 납치는 물론 제1, 2차 세계대전 같은 대규모의 전쟁까지도 벌이게 됐다. 재물을 갖지 못한 사람들은 가난해졌고, 재물이나 권력을 둘러싸고 시기와 배신, 증오와 대립, 실패 등이 생겨났고 이에 따라 좌절과 슬픔도 맛보게 되었다. 판도라가 연 상자에서 나온 문명의 그늘들이다.

특히, 판도라의 상자를 열자 통풍과 신경통 같은 온갖 질병도 튀어나왔다. 문명의 발달은 대량 생산과 획기적인 운송을 가능하게 해서 일부 계층은 1년 내내 고기나 곡식, 술 등 풍부한 음식물을 섭취할 수 있게 되었다. 대신에 문명의 이기를 사용함으로써 야생에 사는 동물에 비해 활동량이 현격하게 줄어들었다. 그 결과 비만, 고혈압, 당뇨병, 중풍, 통풍, 신경통 등 온갖 질병이 생겨났다. 판도라가 가져온 문명의 그늘이요 부작용이 빚어내는 결과물들이다.

전 세계를 경제 침체와 공포로 몰아넣은 코로나19 바이러스도 판도라의 상자가 열린 결과 발생한 인류 문명의 그늘이다. 수많은 사람들이 모이는 시장과 대도시, 그물망처럼 촘촘하고 빠른 교통망이 바이러스를 급속도로 전파시킨 것이다. 교통수단이 거의 없어 외부와 단절된 시골 오지에서 바이러스가 발생했다면 그곳 몇몇 사람에게만 발생하고 사라졌을 것이다. 시장과 교통의 고도의 발전은 좋은 것만 빨리 퍼트리거나 구입하게 만드는 것이 아니다. 나쁜 것도 그만큼 빨리 퍼트리게 됨으로써 문명의 그늘을 만들고 있다.

다음은 월트 휘트먼의 「동물」이라는 시다. 판도라가 가져온 상자에서 세상 곳곳으로 퍼져 나간 문명의 부작용을 의미 있게 노래하고 있다.

동물

나는 모습을 바꾸어 동물들과 함께 살았으면 하고 생각한다.

그들은 평온하고 스스로 만족할 줄 안다.

나는 자리에 서서 오래도록 그들을 바라본다.

그들은 땀 흘려 손에 넣으려고 하지 않으며 자신들의 환경을 불평하지 않는다.

그들은 밤늦도록 잠 못 이루지 않고 죄를 용서해 달라고 빌지도 않는다.

그들은 하나님에 대한 의무 따위를 토론하느라 나를 괴롭히지도 않는다.

불만족해하는 자도 없고, 소유욕에 눈이 먼 자도 없다.

다른 자에게, 또는 수천 년 전에 살았던 동료에게 무릎 꿇는 자도 없으며 세상 어디를 둘러봐도 잘난 체하거나 불행해하는 자도 없다.

그래도 남아 있는 희망
—

불이라는 지식을 사용해 문명을 일궈 편리한 생활을 하게 된 인류는 생활의 모든 분야에서 수많은 부작용을 치르고 있다. 기후 변화에 따라 기존에는 경험해 보지 못한 가뭄과 폭우, 폭설, 태풍, 기록적인 더위와 추위가 발생하고 있다. 공장과 가정에서 배출되는 오·폐수로 강물과 바다가 중금속과 미세 플라스틱 등으로 오염되어 생태계가 근본적으로 위협받고 있다. 겨울과 봄에 걸쳐 집중적으로 발생하는 미세먼지는 삶의 질을 떨어트리고 짜증나게 만든다. 공산주의는 실패했고 아직까지 살아남은 자본주의는 갈수록 부의 편중을 심화시키고 대량 실직과 배금사상, 물질 만능주의를 양산하고 있다.

지구 이곳저곳에서 국가 간의 크고 작은 갈등과 전쟁은 끊임없이 일어나고 있으며, 핵전쟁으로 인한 인류의 종말 위협은 나날이 증대되고 있다. 지식과 과학 기술 발달에 따라 스마트폰 사용, 인공지능 상용화 등 편리함이 나날이 증가하고 있는 것은 사실이다. 그래서 인류는 밝은 미래를 향해 나가고 있는 것 같지만 갈수록 통제하기 힘들어지는 문명의 부작용들 때문에 어둠의 심연 속으로 빠져들고 있기도 하다.

그래도 인간에게는 그런 부작용을 해결하고 다시 일어서고 앞으로 나갈 수 있는 희망만은 남아 있다. 그러나 희망은 신이 준 선물이 아니다. 문명 생활의 편리함 때문에 인류의 생존 자체가 위협받게 되면 편리한 생활을 억제하거나 경우에 따라서는 포기할 줄도 아는 자세가 희망인 것이다.

과학 문명이 선물한 각종 문명의 이기들을 사용함에 따라 부작용도 속속 드러나고 발생하고 있지만 그때마다 인간은 이성을 갖고 문제를 해결해 왔다. 각종 규제와 금지, 시민운동을 통해 기후와 환경 문제를 해결하려고 시도하고 있으며, 부의 편중도 세금 중과, 폭넓은 복지 제도와 입법을 통해 해결하려고 노력하고 있다.

인류는 판도라가 연 문명의 부작용에 맞서서 언제나 해내 왔다. 우리는 현재와 미래에도 우리의 생존을 위협하는 각종 문제와 도전들을 이겨 내고 인류 문명을 지속해 나갈 수 있을 것이다. 그 근원적인 힘이 사물에 대해 바르고 전체적으로 생각할 수 있는 이성의 힘이다. 그래서 판도라의 상자에 남아 있던 희망이라는 녀석은 인류가 지닌 이성의 해결 능력을 의미하기도 한다. 다만 우리가 과거에도 늘 해냈으므로 현재와 미래에도 해낼 수 있다는 확신은 경계해야 한다. 999번을 해냈어도 단 한 번 잘못되면 문명이 정지할 수 있기 때문이다.

판도라를 거부한 '자연인'들이 나름 건강하게 사는 이유
—

요즘은 방송 채널이 많아져서 산속에서 혼자 사는 사람들의 생활 모습을 내보내는 방송 프로그램도 흔해졌다. 이들을 일명 "자연인"이라고 부르는데 그들이 태어날 때부터 그런 곳에 살게 된 것은 아니다. 문명 생활을 한창 하다가 인생의 굴곡진 시기에 불치병이나 파산, 사랑하는 사람을 한꺼번에 잃는 등 아픈 상처를 안고 산속으로 들어간 사람들이 많다.

사람들은 아무 일이 없을 때는 신이 내려 주신 선물인 판도라가 상징하는 문명의 이기가 주는 수혜를 받으며 살아간다. 아침에 일어나면 온수로 세수를 하고, 전기밥솥과 냉장고를 열어 밥과 반찬을 꺼내 먹고, TV 뉴스를 잠깐 보다가 자가용을 타고 출근을 한다. 사무실에서는 컴퓨터로 작업을 하고, 친구에게 걸려 온 전화나 메일을 스마트폰으로 받고, 금융 거래를 모바일 뱅킹으로 한다. 팔다리가 부러지면 야생 상태에 있는 동물들은 생사가 결정될 정도로 치명적인 상태가 되지만 인간들은 병원에서 치료를 받고 정상으로 돌아온다. 힘센 사람들에게 자신의 재산을 빼앗기지 않고 지켜 나갈 수 있도록 법적, 사회적 안전 장치가 되어 있고, 복지 제도에 따라 최소한의 의식주도 제공된다.

이처럼 우리는 신이 내려 주신 선물인 판도라의 보드라운 살결과 그녀의 숨결을 느끼며 살아가고 있다. 그래서 그녀와 단 하루라도 헤어진다는 것은 상상조차 할 수 없다. 한겨울에 온수가 안 나오고,

엘리베이터가 정지하고, TV도 없고, 냉장고와 전기밥솥이 없다면 너무 불편하다. 여기다가 스마트폰과 컴퓨터, 자동차까지 없는 세상에서 살아간다고 생각하면 너무 끔찍하다.

이렇게 아름다운 판도라와 사랑을 나누며 살다가도 문명의 그늘이자 소음이랄 수 있는 판도라의 상자가 열리면 상황이 아주 달라진다. 사기와 배신, 연속되는 사업 실패로 인한 신용불량과 파산, 암과 같은 불치병, 사랑하는 사람의 갑작스런 죽음 등과 같은 문명의 부작용이 발생할 수 있다. 이렇게 되면 판도라가 상징하는 문명 생활로부터 뼛속 깊은 곳까지 배신감이나 염증을 느껴 더 이상 문명 세상에서 살아가지 못한다. 그래서 산속으로 들어가 자연인이 된다.

자연인들이 산속에 살면서 현대 의학마저 포기했던 불치병을 치유하고 건강하게 사는 이유로 깨끗한 물과 공기, 각종 야생 버섯과 나물, 약초 등 때문이라고 말하기도 한다. 그러나 이런 것들은 산속뿐만이 아니라 도심에서 떨어져 있는 수많은 시골 마을에도 얼마든지 있다. 다만, 산속에서 타인과 교류 없이 혼자 사는 생활에는 TV, 자동차, 전등 등 아름답고 매력적인 문명의 이기인 판도라가 없다. 판도라가 없기 때문에 그녀에게 딸려 있던 상자에서 나오는 질투, 원한, 복수심, 싸움과 송사, 긴장과 불안, 우울증, 죄책감, 열등감, 실패나 실망도 없다. 이러한 스트레스에서 오는 각종 질병도 자연스레 감소하게 된다. 이것이 그들이 산속에서 불편하게 살지만 나름 자유스럽고, 건강하고 생동감 있는 자연인으로 살아가게 만드는 비결이다.

살다 보면 누구에게나 언제, 어떤 이유로든지 개인적인 판도라의 상자가 열릴 수 있다. 그곳에서 나온 부작용의 크기에 따라 판도라와 같이 사는 것에 대한 염증과 배신감의 크기도 달라진다. 문명 생활에 대한 염증 등이 너무 커서 세상에서 도저히 살아갈 수 없을 때도 있게 된다. 그럴 때는 산중 자연인이 되는 것도 생존하는 데 도움이 되므로 고려해 볼 만하다.

모든 것 내려놓기

헤라클레스가 서쪽으로 계속 가서 하늘을 짊어지고 있는 아틀라스Atlas를 만났다. 황금 사과는 강력한 괴물 라돈이라는 용이 지키고 있었기 때문에 헤라클레스가 직접 딸 수가 없어 아틀라스에게 부탁을 했다. 헤라클레스가 대신 하늘을 짊어지고 아틀라스는 헤스페리데스Hesperides의 정원으로 가서 황금 사과를 따 왔다. 그러나 아틀라스는 무거운 하늘을 짊어지는 노역을 다시 하고 싶지 않았다. 이에 헤라클레스는 꾀를 내어 자신이 하늘을 계속해서 짊어지겠다고 아틀라스를 안심시켰다. 그런 후 어깨가 아프다며 방석을 끼울 동안만 잠시 하늘을 짊어지고 있어 달라고 부탁하자 아틀라스는 사과를 내려놓고 헤라클레스로부터 하늘을 넘겨받았다. 바로 그 순간 헤라클레스는 황금 사과를 집어 들고 아틀라스를 그대로 둔 채 떠났다.

아틀라스는 프로메테우스와 형제지간이다. 형제지간이라는 것은 비슷한 측면이 있거나 서로 관련이 있다는 의미가 된다. 그는 다른 이야기에서는 헤라클레스가 태어나기 훨씬 이전에 페르세우스에 의해 이미 죽어 아틀라스 산맥이 된 바 있는 거인이기도 하다. 아틀라스라는 이름에는 '짊어진 자', '참는 것'이라는 의미가 있다.

그가 짊어지고 있는 것이 하늘이자 천체, 우주다. 높은 하늘은 동서양을 막론하고 정신적인 것을 상징해 왔다. 그러므로 그가 짊어진 우주는 나 자신 또는 정신이라는 소우주를 의미한다. 소우주인 인간의 정신은 희로애락喜怒哀樂을 비롯해 온갖 걱정, 염려, 불안, 욕심, 죄책감 등을 일으킨다. 이런 정신적인 활동에서 각종 스트레스와 압박감이 생겨나고 이를 아틀라스가 지탱하며 견뎌 내고 있는 모습이라 할 것이다.

군인이나 등산객들이 무거운 배낭을 짊어지고 장시간 이동한 후 짐을 내려놓게 되면 온몸이 날아갈 것 같은 기분이 든다. 과장됐지만 아틀라스는 하늘이라는 무한대의 무게를 수천 년간 짊어지고 있었으니 그 육체적, 심리적 압박감은 이루 말할 수가 없었을 것이다. 그것을 헤라클레스에게 넘긴 순간 몸과 마음이 홀가분하고 자유스런 상태가 됐다.

압박감에서 벗어나 홀가분해진 상태와 황금 사과가 상징하는 열반의 의미가 거의 같다. 인간의 삶은 눈 뜨면 일어나는 끝없는 생각, 걱정, 염려, 책임감, 새로운 시도 등으로 긴장과 불안, 부담감의 연속이며 마음이 편치 못하다. 마치 아틀라스를 짓누르고 있는 하늘처럼 온갖 생각과 정신 작용의 무게가 마음을 짓누르고 있다. 그러므로 이를 내려놓을 수만 있다면 얼마나 마음이 홀가분하고 자유스러워지겠는가?

모든 생각과 마음을 내려놓는다는 것은 모든 욕심을 내려놓는다는 말과 같다. 한 때 '내려놓기'라는 말과 관련 서적이 유행한 적이 있었다. 나 아니면 할 수 없다는 의무감, 책임감, 욕심과 집착에서 벗어나 모든 것을 내려놓아야 마음이 편해지거나 행복해진다는 의미다.

권력을 내려놓는 사람, 부와 명예를 내려놓는 사람, 애인에 대한 집착을 내려놓는 사람 등 사람들은 자신이 집착하던 대상을 부분적으로 내려놓는다. 이에 비해 아틀라스는 우주 전체를 내려놓았다. 자신을 심리적으로 압박하던 모든 욕망과 생각, '나'라는 소우주를 내려놓았다는 의미다. 그래야 마음이 홀가분해지고 행복이 찾아올 수 있다. 소크라테스가 가장 적은 욕심을 가져 신에 가까운 존재가 되었다는 말을 다시 한번 생각해 볼 필요가 있다.

헤라클레스가 짊어진 우주, 생각의 무게
—

반면에 헤라클레스가 하늘을 넘겨받아 짊어진다는 것은 하늘이 상징하는 생각의 무게를 느껴 보는 깨달음의 순간이다. 우리는 평소에 생각과 정신의 무게, 압박과 부담감에 너무나도 익숙해져 있어 그것들을 전혀 느끼지 못한다. 시속 1,000㎞로 날아가는 여객기 안과 시속 10만 7,000㎞로 태양 주위를 돌고 있는 지구 위에 있는 사람들이 속도를 느끼지 못하는 것과 거의 마찬가지의 경우다. 빠른 속도로 움직이고 있는 비행기나 지구가 급정거를 해야 그것들이 얼마나 빠른지 알게 된다.

정신이나 생각의 무게도 마찬가지다. 그것이 항상 작동되고 아틀라스처럼 쉬지 않고 짊어지

그림 24. 아틀라스와 헤라클레스
천체를 짊어지고 있는 아틀라스 대신 천체를 지려고 하는 헤라클레스

고 있는 상태에서는 그것의 실제 무게를 거의 느낄 수가 없는 법이다. 따라서 하늘을 짊어져 본 적이 없던 헤라클레스가 거인 아틀라스를 대신해 하늘을 짊어진다는 것은 생각의 실제 무게를 느껴 보는 각성의 순간이다.

하늘을 짊어지고 있는 상태로는 아틀라스나 헤라클레스를 비롯해 그 누구도 황금 사과를 딸 수가 없다. 하늘을 내려놓듯이 진정으로 모든 것을 내려놓는 사람만이 황금 사과를 얻을 수 있다. 마음과 생각의 무게가 얼마나 무거운지 느껴 봤던 사람만이 인생의 궁극적 목표를 깨달을 수 있다는 의미다. 그렇게 되면 황금 사과를 얻

어 영원한 마음의 안식이나 열반에 도달할 수 있다.

헤라클레스와 아틀라스는 서로 역지사지의 입장이 된 상태다. 아틀라스는 그동안 생각하는 기능이 짓누르는 압박감에서 벗어나 황금 사과가 상징하는 최고의 마음의 안식을 얻었다. 따라서 다시 그런 상태로 돌아가길 원치 않는다. 그러나 헤라클레스가 열두 가지 과업을 완수해야 하기에 그의 감언이설에 속아 아틀라스가 사과를 넘겨주고 다시 천체를 짊어지는 것으로 이야기가 끝났다.

살아 있는 인간은 하늘을 짊어지는 것으로부터 완전히 해방될 수 없는 것이 운명이다. 생각하거나 마음이 작동함으로써 생겨나는 스트레스와 압박감을 늘 짊어지고 살아가야 함을 의미한다. 다만, 아틀라스는 잠시나마 하늘을 짊어지는 것으로부터 벗어남에 따라 황금 사과를 딸 수 있었다. 잠시나마 생각의 무게에서 완전히 벗어났던 사람만이 생각의 무게를 진정으로 경험할 수 있기에 진정한 안식에 도달할 수 있다는 의미가 된다.

고기도 먹어 본 사람이 맛을 안다고 한다. 무엇인가를 경험해 본 사람만이 다시 그것을 찾게 되고 그 분야에 익숙해진다. 우주를 내려놓거나 모든 생각을 내려놓아 진정한 마음의 안식을 경험해 본 사람만이 그것을 다시 찾게 된다. 지금도 지구상 어디에서 전 우주를 짊어지고 있는 아틀라스를 생각하면서 우리의 영혼을 짓누르고 있는 생각의 무게를 느껴 봐야 할 것이다.

백팔번뇌와 라돈

—

인생의 궁극적인 목표이자 결실인 황금 사과를 지켰던 라돈은 머리가 둘에서 셋, 또는 100개라고도 한다. 이 머리들은 절대로 한꺼번에 모두 잠드는 법이 없었고, 인간의 언어를 이해했으며 각기 다른 목소리를 냈다고 한다. 아틀라스는 이런 라돈과 아는 사이였기 때문에 헤라클레스를 대신해서 황금 사과를 구해다 줬다. 다른 전승에서는 헤라클레스가 불사신인 라돈을 찾아가 직접 죽이고 황금 사과를 얻었다고도 한다.

라돈은 최고의 마음의 안식을 상징하는 황금 사과의 수호자다. 그러나 사람들의 입장에서 보면 인간의 궁극적인 목표인 흔들림 없는 마음의 안식에 도달하려는 것을 가로막고 있는 장애물, 괴물일 뿐이다. 라돈이 인간의 언어를 이해했다는 것은 거꾸로 말하면 라돈이 인간처럼 생각을 할 수 있었음을 돌려서 표현한 것이다. 잠들지 않는 100개의 머리는 잠들지 않는 100가지의 생각을 의미한다. 또한 그 머리들이 서로 다른 목소리를 냈다는 것은 자식 양육, 돈, 건강, 사업, 정치, 사회, 놀이 등 온갖 문젯거리에 대해 생각하거나 갈등하는 모습이다.

사람들에게 생각은 라돈처럼 잠들거나 멈추는 법 없이 잠자리에 들 때까지 계속된다. 의식이 깨어 있는 한 사람들의 생각은 결코 멈추는 법이 없다. 무엇인가를 적극적으로 생각하거나 아니면 수동적으로 공상이나 잡념들이 꼬리에 꼬리를 물고서 일어난다. 이렇게 잠들지 않고 계속되는 생각 때문에 사람들이 마음의 안식을 찾을 수 없게 된다. 불교적인 용어로 표현하면 끊임없이 일어나 사람을 괴롭히는 백팔번뇌에 해당하는 것이 라돈이다. 헤라클레스가 라돈이 상징하는 백팔번뇌의 압박을 제거함으로써 황금 사과를 얻어 최고의 마음의 안식, 열반 상태에 도달한 것이다.

그러나 아틀라스가 하늘을 짊어지는 것으로부터 완전히 해방될 수 없었듯이 사람들은 백팔번뇌에서도 완전히 벗어날 수 없다. 백팔번뇌도 인간의 생각하는 기능이 불러일으키는 영원한 부작용이기 때문이다. 다만, 백팔번뇌에 빠져 있다가도 그것으로부터 벗어났을 때는 해방감과 심리적 개운함을 경험 할 수 있다. 그런 좋은 경험을 하게 되면 백팔번뇌에서 벗어나는 것을 주기적으로 시도하게 되고 전체적으로 심리적인 균형과 평온함이 이뤄지게 되리라 생각된다.

제12과업
개처럼 맹렬히 짖으며 경계하는
'죽음의 공포'

개는 도둑을 향해 짖고 사람은 죽음을 향해 맹렬하게 짖는다
—

  자신과의 싸움에서 백전백승을 거둔 헤라클레스의 마지막 과업
은 저승 세계의 입구를 지키는 머리 셋 달린 개 케르베로스^{Cerberus}를
산 채로 잡아오는 것이었다. 이 개의 등이나 몸에는 수많은 뱀의 머
리가 달려 있고 꼬리 부분은 용이거나 용의 꼬리가 달려 있었다. 그
개는 살아 있는 사람이 저승에 들어오는 것을 허락하지 않았고, 죽
어서 저승에 들어왔던 사람이 이승으로 나가는 것도 허락하지 않았
다고 한다.

  청소년들이 즐기는 PC나 모바일 게임에서 가장 힘세고 물리치기
힘든 악당은 최종 단계에 등장한다. 헤라클레스가 열두 번째 최종

과업으로 수행한 저승의 개 케르베로스를 제압한 것도 인간으로써 극복하기가 가장 힘든 과업이다. 지금까지 헤라클레스는 자신의 분노, 끊임없이 일어나는 걱정이나 부정적인 생각, 욕망, 중독적인 생활, 죄책감, 맹목적 열정 등을 다스려 왔다. 이런 과업들을 잘 수행해서 인생의 궁극적인 목적이라 할 수 있는 군건한 평화스런 마음 상태에 도달하기도 했다. 그러나 그런 사람도 죽기에 마지막 과업은 인간의 종착역인 죽음과 관련된 과업이다.

케르베로스가 있던 지하 세계인 하데스는 사람들이 죽어서 고통을 받는다는 기독교의 지옥과는 완전히 다른 개념이다. 하데스는 '보이지 않는 것'을 뜻한다. 보이지 않는다는 것의 의미는 눈에 보이지 않는 것이 아니라 마음으로 볼 수가 없는 무의식적 영역을 의미한다. 케르베로스는 사람들의 무의식 속에 존재하고 있는 본능적 감정이나 태도 등을 상징한다.

살아 있는 사람들이 평생 매 순간 가장 경계하고 두려워하는 것이 죽음이다. 그렇지 않으면 언제든지 죽을 수 있기 때문이다. 현대인들은 진화의 과정에서 죽음을 1년 내내 두려워했던 유전자를 지닌 개체들의 후손이라 할 것이다. 그러나 평상시에는 죽음에 대한 두려움이 무의식 속에 있어서 이를 잊고 태평하게 살아가는 것이 인간이다.

그림 25. 빌헬름 얀슨, 「헤라클레스와 케르베로스」, 1606, 로스앤젤레스카운티미술관
죽음에 대한 공포와 경계심을 형상화한 케르베로스와 싸우고 있는 헤라클레스.

하데스의 출입문을 지키는 케르베로스는 죽음에 대한 인간의 경계심과 두려움이 반영된 형상이다. 그래서 그 개의 이름도 '암흑세계에 있는 죽음의 화신'이라는 뜻이다. 암흑세계가 무의식을 의미하므로 무의식에 잠재되어 있는 죽음의 공포라는 의미 정도가 된다. 그 개의 세 개의 머리는 번갈아 가며 잠들지 않고 죽음에 대한 경계를 늦추지 않는다.

개가 다른 동물들과 구별되는 것은 인간과 같이 살면서 다른 사람이나 침입자가 방문하면 짖는다는 것이다. 그래서 개가 출입문을 지키는 상태에서 도둑들이 아무리 살금살금 들어가려고 해도 이내 개가 짖어 들통이 난다. 한 마리의 개도 누군가 접근하면 잘 짖어 대는데 케르베로스는 머리가 셋이나 달려 있으니 매우 예민한 경계심을 지니고 있음을 알 수 있다.

죽음의 파수꾼인 케르베로스는 죽음의 'ㅈ'만 보여도 예민하게 경계하고 짖어 대기 시작한다. 그래서 병원 같은 곳에서는 '4'가 발음상 죽음을 연상시킨다고 4층 대신에 'F층'으로 표시하기도 한다. 대한민국 해병대에는 4소대가 없는데 모두 죽음을 연상시키기 때문이라고 한다. 진짜 개는 도둑을 향해 짖고 사람은 죽음의 그림자가 조금이라도 보이게 되면 머리 셋 달린 케르베로스처럼 맹렬하게 짖는다. 그 개가 짖는 순간 사람들은 화들짝 놀라 죽음을 경계하며 멀리 쫓아내거나 달아나기도 한다.

죽음에 대한 인간의 운명적인 공포와 경계심
—

복잡한 시내를 가족이나 연인, 행인 등이 대화를 나누거나 아이스크림 등을 먹으며 평화롭게 걷고 있는데 갑자기 어디서 "폭탄이다!"라는 외침이 들려왔다. 이렇게 되면 누가 가르쳐 주지도 않았는데 수많은 사람들이 동시에 황급히 머리를 숙이거나 바닥에 엎드리고 보호될 만한 엄폐물을 찾아 숨는다. 이런 행동을 할 수 있는 것이 바로 케르베로스가 세 개의 머리로 24시간 죽음에 대해 경계를 지속하고 있기 때문이다.

그 개의 등이나 몸에 달린 수많은 뱀의 머리들은 죽음에 대한 두려움과 공포를 상징한다. 그리고 그 개에 대해 그냥 개 꼬리가 달려 있다고 묘사해도 되지만 꼬리 부분에 용 또는 용의 꼬리가 달려있다고 묘사를 했다. 개 꼬리는 사람을 보고 반가울 때 흔들거나 달릴 때 균형 잡는 역할 이외에 그 자체는 다른 동물이나 사람에게 무기가 되지 못한다.

그러나 뱀의 일종인 용의 꼬리는 다르다. 뱀이나 용의 꼬리는 감아서 조이는 힘, 압박감을 상징한다. 그래서 헤라클레스가 케르베로스를 맨손으로 붙잡으려고 했을 때 그 개는 용의 꼬리로 헤라클레스를 조이기도 했다. 죽음은 사람들에게 두려움과 공포로 목이나 가슴을 조이는 것 같은 심리적 압박감을 가한다.

케르베로스의 모습을 보고 사람들이 종종 돌로 변했다고 한다. 돌로 변하면 사지를 마음대로 움직이지 못하게 되므로 일종의 가위눌림 현상이랄 수 있다. 전쟁터에서 총알이 빗발치듯 날아오고 여기저기서 폭탄이 터질 때 남들은 다 피하는데 마치 몸이 돌처럼 굳은 사람처럼 꼼짝 못 하는 사람이 있다. 그래서 도망치던 전우나 이웃이 위험을 무릅 쓰고 다시 와서 그를 데리고 간다. 죽음에 대한 공포가 적정하다면 도망치게 돕지만 너무 강하면 이처럼 가위눌려 돌처럼 굳어지게 만드는 부작용도 발생시킴을 알 수 있다. 광장 공포증이나 공황 장애도 죽을 수 있다는 생각과 연결되어 발생한다 할 수 있다.

그리스 신화에 나오는 술주정뱅이 요정인 실레노스는 "인간의 가장 큰 행복은 태어나지 않는 것이며, 태어났다면 되도록 빨리 죽는 것"이라고 말했다. 로마 황제 마르쿠스 아우렐리우스는 『명상록』에서 "죽음이란 감각을 통한 인상과 우리를 꼭두각시로 만드는 충동, 마음의 방황과 육신에 대한 봉사로부터의 해방이다."라고 말했다. 키케로는 "죽음이란 노고와 고통으로부터의 휴식이다."라고 말했다. 죽음에 대해 많은 사람들이 이처럼 아무리 좋은 말을 해도 죽음의 파수견把守犬 케르베로스는 죽음의 그림자가 약간만 보여도 맹렬하게 짖을 뿐이다.

죽음에 대한 공포 앞에서는 부귀영화나 이성理性, 심지어 종교까지도 힘을 못 쓴다. 공포 영화에서 죽음을 상징하는 악마가 나타나면 등장인물들이 빠르게 성경 구절을 외우고, 십자가를 들이대기도 한다. 특히 퇴마 능력이 있는 천주교 신부들은 라틴어로 주문을 빠르게 외우기도 한다. 그러나 죽음의 공포라는 악마의 힘이 워낙 강해서 이런 것들을 모두 날려 버려 아무런 손도 쓸 수 없는 상황이 된다. 이런 가위눌림 상황 설정을 통해 관객들의 공포감을 최대한 끄집어내려는 감독의 의도가 담겨 있다 하겠다.

사람들의 마음속에 자리 잡고 있는 죽음에 대한 두려움을 잘 표현한 것이 니콜라 푸생[17]의 작품 중 가장 걸작으로 꼽는 「아르카디아의 목자」다. 아르카디아는 고대 그리스 땅에 있다고 믿었던 동양의 무릉도원 같은 서양의 이상향이다. 그림 속에서 세 명의 젊은 청년들과 아름다운 여인이 묘비를 둘러싸고 있으며, 한 청년은 묘비 비문을 읽고 있다.

---

17) 니콜라 푸생Nicolas Poussin: 17세기 프랑스 최고의 화가이며 프랑스 근대 회화의 시조다. 그리스 신화·고대사·성서 등에서 소재를 취해 독특한 이상적인 풍경 속에 그렸다. 작품으로 「예루살렘의 파괴」, 「아폴론과 다프네」, 「아르카디아의 목자牧者」 등 다수가 있다.

묘비에는 라틴어로 "아르카디아에도 나는 있다Et in Arcadia ego."라는 문장이 적혀 있다. 여기서 '나'는 죽음을 의미한다. 따라서 이 비문의 뜻은 "나, 죽음은 아르카디아에도 존재한다."라는 의미다. 시간 가는 줄 모르고 영원히 행복할 것 같았던 무릉도원 같은 곳에도 죽음이 존재한다는 냉엄한 현실을 알린다. 바른 생활을 하고, 배우자와 자식 복도 있고, 하는 일마다 승승장구해 남부러울 것 없이 살며 현 순간이 아무리 행복할지라도 인간은 죽는다. 죽음을 면할 수 없는 인간의 숙명과 경계심을 표현한 작품이다.

그림 26. 니콜라 푸생, 「아르카디아의 목자들」, 1638~1640, 루브르박물관
네 명의 젊은 남녀가 묘비에 새겨져 있는 "아르카디아(낙원)에도 나(죽음)는 있다."라는 글귀를 들여다보고 있다.

사람들은 죽음을 앞두고 두려워할 수도 있고, 평소와 다를 바 없이 일상생활을 하다가 죽을 수도 있다. 또는 죽음의 공포에 지지 않겠다고 대외적으로 알리기도 한다. 그러나 사람들이 죽음에 대해 어떤 생각이나 말을 하고, 자세나 행위를 취하건 상관없이 죽음은 진행된다. 어떤 제자가 죽음에 대해 공자에게 묻자 "삶도 모르는데 어찌 죽음을 알겠는가?"라고 답했다고 한다. 인간의 생각이나 의지와는 전혀 관련 없이 진행되는 자연의 변화, 그것이 노년의 죽음이다.

죽음에 대한 두려움은 담대한 가슴으로 맞서야 한다
—

헤라클레스의 이번 과업은 케르베로스가 상징하는 죽음에 대한 두려움을 극복하는 일이다. 그러나 그가 죽음에 대한 공포심과 경계심을 물리치는 과업에는 크게 특별한 것이 없었다. 그는 지하 세계를 다스리는 하데스 앞에 가서 자신의 열두 번째 과업으로 케르베로스를 데려가겠다고 밝힌다. 그러자 하데스는 무기를 사용하지 말고 데려가라고 말했을 뿐이다.

무기인 칼, 창, 화살 등은 베거나 잘게 자르고, 찌르고, 쏘는 기능이 있다. 무기들이 지닌 이러한 속성은 사물을 깊이 있게 생각하고 비판하고 분석하는 이성적인 능력을 상징한다. 그러므로 죽음에 대한 두려움은 생각, 이성적인 판단이나 비난으로는 제압할 수 없다는 의미가 된다. 죽음에 대한 두려움과 공포심이 일어날 때 '이런 감정을 느끼는 것은 겁쟁이이며 어른답지 못한 행동이야.'라고 스스로를 비난할 수는 있다. 그러나 그런 생각이나 비난만으로 죽음에 대한 두려움이나 경계심이 결코 제압되지 않는다. 죽음에 대한 공포심이 생각이나 이성만으로 제압된다면 세상에 용기나 대담하다는 말은 생겨나지 않았을 것이다.

네메아 계곡의 사자가 상징하는 분노를 제압할 때는 맨손인 자아 의지로만 꼭 붙잡고 견뎌 낼 수 있었다. 그러나 죽음의 공포는 맨손이 상징하는 자아 의지만으로는 부족하다. 그래서 헤라클레스는 지옥의 개 케르베로스를 잡기 전에 가슴 보호대를 입고 사자 가죽을 두른 후에 실행에 옮겼다. 가슴 보호대는 죽음에 맞서는 담대함을 상징하고 사자 가죽은 흔들리거나 동요하지 않는 평정심 등을 상징한다. 죽음의 문제는 생각이나 이성적 판단, 비판의 문제가 아니다. 오로지 그것과 맞설 수 있는 담대함과 동요하지 않는 평정심의 문제일 뿐이다.

헤라클레스는 죽음의 화신인 케르베로스와 싸움에 돌입해서 그 개의 목을 단단하게 붙잡고 쥐어 들어갔다. 그러자 개의 몸에 나 있던 뱀이 그의 다리를 물었다. 다리를 물린다는 것은 죽음의 공포와 맞서 싸울 때 공포심으로 인해 다리가 떨리며 힘이 빠지는 상황을 의미한다. 헤라클레스도 사람이기 때문에 죽음과 맞서자 다리에 힘이 빠지며 흔들렸지만 이를 담대함으로 버티며 극복해냈다. 가슴 덮개를 미리 차는 담대하고 준비된 마음이 있었기에 죽음의 공포를 제압했다.

자기 자신과의 싸움이자 마음 수업의 마지막 과정이 죽음에 대한 공포심을 극복하는 일이다. 죽음의 대한 공포와 맞서는 것이 헤라클레스에게는 가능했지만 보통 사람들에는 다리가 후들거리는 일임에 틀림이 없다. 살아 있는 생명체로서 죽음을 두려워하고 경계하고 달아나는 것은 정당한 생존 본능이지만 동시에 그것은 모든 인간들이 지닌 약점이기도 하다. 그래서 동네 깡패들조차도 타인을 지배하기 위해 이 약점을 이용한다. 유약한 사람들에게 자신의 험상궂은 인상과 문신 등을 보여 주며 "죽고 싶냐?"라고 협박하며 금품을 갈취하기도 한다.

그러므로 동네 깡패를 비롯해 악당, 독재자, 적들에게 자신의 약점을 잡히지 않기 위해서는 죽음에 대한 두려움을 어느 정도 극복할 필요가 있다. 이러한 인간들에게 죽음에 대한 약점을 잡히다 보면 자유가 속박되며, 자신의 뜻이나 일을 펼치며 살아가는 데 방해가 되기 때문이다.

개를 무서워해 도망치는 사람에게 개가 더 달려들어 공격하듯이 죽음의 공포도 무섭다고 무작정 피하는 사람에게 그것이 더 극대화된다. 죽음의 공포로부터 무작정 도망친다고 해결되지 않기 때문에 때론 헤라클레스처럼 죽음의 공포와 정면으로 맞설 필요도 있다. 대중 앞에 나서서 연설하기 전까지는 이가 위아래로 부딪힐 정도로 떨던 사람도 막상 작정하고 나서서 연설을 하면 공포심과 두려움이 완화되거나 없어진다고 한다. 죽음의 대한 공포 역시 담대함으로 맞서는 순간 제압할 수 있다는 의미다. 헤라클레스는 케르베로스를 제압만 했을 뿐 죽이지 않았다. 그것은 살아 있는 인간이라면 누구에게나 필요한 생존을 위한 무의식적 본능이기 때문이다.

헤라클레스 하녀가 되다

헤라클레스처럼 마음 천하장사가 되면 무엇을 얻게 되는가?

유명 정치인, 대기업 회장, 저명한 학자, 인기 연예인과 스포츠 스타 등 외적인 성공을 거둔 사람들은 권력, 부와 명예 등을 거머쥐고 태양처럼 빛나며 널리 알려진다. 이에 비해 헤라클레스처럼 내적 성장을 위해 열두 가지 과업을 완성한 사람이라도 겉으로 봐서는 일반인들과 크게 다를 바가 없다. 내적인 성공을 거둔 당사자는 이를 측정할 객관적인 지표도 없고 얼마나 성숙했는지 외부에서 제대로 알 수가 없기 때문이다.

내적인 성장은 원래부터 자기 자신과의 싸움으로 고독한 과정이다. 성장하라고 누가 등 떠밀지도 않고 사람들은 다른 사람이 성장하든 말든 관심도 없다. 그럼 외적으로 알아주지도 않고 힘들기만

한 헤라클레스의 열두 가지 과업 같은 것을 무엇 때문에 완수해 내려고 하는가? 아무런 구체적인 이득 없이 과업을 수행하느라 고통스럽기만 하다면 그런 일은 살아가는 데 전혀 도움이 되지 않는다.

사람들이 내적인 성장을 도모하는 것은 남들보다 고상하려고, 혹은 영생을 바라거나 신에 버금가는 사람이 되기 위한 것은 아닐 것이다. 헤라클레스가 획득한 황금 사과가 상징하는 바와 같이 인생의 궁극적인 목표라 할 수 있는 굳건한 마음의 평화를 얻으려는 것이라 할 수 있다. 분노, 걱정과 부정적인 생각, 욕심, 죄책감, 맹목적인 열정 등 내면의 적을 다스림으로써 매사에 스트레스를 덜 받고 마음이 쉽게 흔들리지 않고 평온함을 유지하려는 것이다.

"돈을 잃는 것은 적게 잃는 것이고, 명예를 잃는 것은 많이 잃는 것이고, 건강을 잃는 것은 전부 잃는 것이다.", "천하를 얻고도 건강을 잃으면 모든 것을 잃는다."라는 말이 있다. 그만큼 건강의 중요성을 인정하는 말이다. 요즘 사람들은 너 나 할 것 없이 특히 건강을 챙긴다. 그래서 사람들에게 살아가는 데 있어서 가장 중요한 것이 무엇이냐고 물어보면 역시 제1순위가 자신과 가족들의 건강이라고 답변한다.

미남 신 아폴론은 외적인 성공의 표상이고, 내적인 성장이나 성공을 추구하는 아르테미스 여신의 이름 뜻이 바로 "건강"이라고 한다. 외적인 성공의 대상인 돈과 권력, 명예보다 인생에 있어서 궁극적으로 중요한 것이 바로 건강한 삶이다.

헤라클레스처럼 열두 가지 과업을 수행해 자기 자신과의 싸움에서 이기고 마음 천하장사가 되면 보통 사람들도 마음의 평화와 함께 건강한 삶을 얻게 된다. 누가 알아주진 않지만 거기서 행복이 은은하게 지속적으로 꽃필 수 있다면 외적인 성공에 비해 크게 밑지는 장사는 아니라 할 수 있다. 헤라클레스처럼 내면의 질적 성장을 도모하는 일은 남의 인정을 받을 필요가 전혀 없다. 내가 내면적으로 성숙했는데 이것을 다른 사람에게 자랑하거나 말할 의무도 없고, 다른 사람이 관심도 갖지 않는다면 나는 더 자유스럽고 여유로워진다. 자신의 변화된 상태를 자신과, 하늘 또는 신만 알아도 충분하다 할 것이다.

영적인 생활에 너무 도취해 벌받은 헤라클레스
—

헤라클레스가 열두 가지 과업을 수행하게 된 것은 정신이 나간 상태에서 자기 자식과 아내를 죽였기 때문이었다. 자식과 아내로 상징되는 세속적인 생활과 인연을 끊고 열두 가지 과업 수행이라는 인격 수련을 통해 미덕을 갖춘 성인으로 거듭났던 것이 그의 삶이다. 그런 그가 헤라의 계략으로 다시 정신이 나간 상태에서 이피토스Iphitus라는 젊은이를 성벽 아래로 던져 죽인 사건이 발생했다.

이피토스는 헤라클레스와 동복 형제인 이피클레스와 '이피Iphi'라는 앞 이름이 같다. 헤라클레스가 헤라의 영광이라는 뜻인데 비해 이피클레스는 세속적인 영광이라는 뜻이다. '이피'는 세속적인 것을 의미하므로 이피토스 역시 세속적인 측면을 상징한다. 헤라클레스가 이피토스를 죽였다는 것은 세속적인 측면이나 가치를 죽였다는 의미가 된다.

헤라클레스는 열두 가지 과업 수행을 통해 보다 고상하고, 영적이며, 성스럽고 큰일을 하는 사람이 되었다. 그러다 보니 자연적으로 세속적이고 자질구레하고 허드렛일 같은 것을 자기 손으로 직접 하지 않게 되었다. 그런 생활에 익숙해지다 보니 헤라클레스는 자신의 성스러움과 영적인 생활에 취해 오만해졌다. 그의 오만함으로 인해 정신이 나가서 이피토스로 상징되는 세속적이고 자질구레한 일들이 값어치가 없다고 성벽 아래로 던져 죽여 버렸던 것이다.

옴팔레 종살이

헤라의 계략으로 헤라클레스가 이피토스라는 젊은이를 죽이자 신들이 헤라클레스에게 다시 벌을 내렸다. 살인죄를 씻기 위해 터키의 고대 왕국에 해당하는 리디아라는 곳의 여왕 옴팔레에게 팔려 가 3년간 노예 생활을 했다. 옴팔레는 영웅 중의 영웅인 헤라클레스에게 여자 옷을 입히고 빨래와 청소, 요리, 옷감 짜기 등 여성들이 하는 자질구레한 일을 시켰다. 헤라클레스처럼 남자다운 사람이 하녀 생활을 한다는 것은 열두 가지 과업을 수행하는 것보다 더 힘이 들 것이다. 그래서 헤라클레스가 수행한 과업으로 공식적으로 분류되진 않았지만, 열세 번째 과업으로 분류해도 손색이 없다.

그림 27. 루카스 크라나흐, 「옴팔레 곁의 헤라클레스」, 1537, 브라운슈바이크, 헤이조그 안톤 울리히 미술관
옴팔레 여왕의 하녀가 된 헤라클레스가 여장을 하고 요리, 청소, 물레질 등 허드렛일을 했다.

인류의 큰 어른, 성현, 성인들도 사람이다. 성인이라고 해서 하루 종일 높은 의자에 앉아서 좋은 말씀만 하거나, 군중들에 둘러싸여 그들의 인생 문제에 대해 즉석에서 해답을 주는 일만하고 사는 것이 아니다. 헤라클레스 같은 성인들도 욕구와 욕망의 주체다. 의식주를 해결하기 위해선 일상 속에서 자질구레한 일들을 해야 한다. 그래서 도를 닦거나 성인의 경지에 오르려는 승려, 수녀, 수도사들도 청소, 요리, 빨래, 나무하기 등 일상에 필요한 잡일들을 수행한다. 아무리 고결하고 사회적인 지위가 높은 성인 같은 사람일지라도 밥은 먹어야 하고 화장실도 직접 다녀와야 한다.

헤라클레스는 자신과의 싸움에서 백전백승한 마음 천하장사다. 그러나 그도 신이 아니라 죽음을 면할 수 없는 필멸의 인간이다. 그 래서 사람이라는 본질, 본분을 잊으면 안 된다. 그걸 잊으면 오만함 으로 가득 차게 되고 결국은 신이 벌을 내린다. 그리스 신화에는 자 신의 재능 등을 신들 앞에 자랑했다가 파멸당하는 인간들이 여럿 있다. 자수 놓는 솜씨를 자랑하며 아테나 여신에게 도전했던 아라 크네Arachne는 징그러운 거미가 되는 벌을 받았다. 하늘을 나는 천마 페가수스를 타고 괴물 키마이라Chimaera를 물리친 벨레로폰Bellerophon 도 기고만장해 신들의 세계를 넘보다가 추락해 불구자로 생을 마쳤 다. 아무리 뛰어난 경지에 도달했어도 인간은 인간이므로 자신의 오 만함을 경계해야 한다. 헤라클레스도 이와 같은 차원에서 옴팔레의 종살이를 하는 것이다.

옴팔레Omphale는 배꼽과 세상의 중심을 뜻하는 옴파로스Omphalos의 여성형 이름이다. 배꼽은 몸통이 상징하는 욕망과 욕구의 중심이 다. 헤라클레스가 옴팔레의 노예 생활을 하는 것은 자신의 욕구나 욕망을 주인처럼 떠받들며 생활하는 모습이다. 기본적인 욕구나 욕 망조차 없다는 것은 살아 있는 인간이 아니기 때문이다. 이러한 기 본적인 욕구나 욕망을 충족하기 위해서는 성인들도 자질구레한 일 을 직접 하는 것이 당연하다고 할 수는 없지만 자연스럽다 할 것이 다. 삶의 기본을 처음부터 다시 배우는 모습이다.

성인들은 고결하며 큰일을 해야 하기 때문에 이러한 자질구레한 일들을 다른 사람들에게 시킬 수도 있다. 그러나 반대로 스스로 잡일을 하며 살아가는 성인도 있음은 두말할 나위가 없는 사실이다. 세상은 성인 같은 사람들이 산속에서 케리네이아의 사슴처럼 혼자만 고고하게 살아가도록 내버려두질 않는다. 혼자서 고고하게 사는 것은 인간 세상에 별로 도움이 되질 않는다. 동물들조차도 혼자서는 다 고고하게 살아간다 할 수 있기 때문이다.

성인들은 비천하고 낮은 세상, 대중들이 고통받고 있는 현실로 내려와 봉사하고 헌신하며 살아간다. 청소하고, 빨래하고, 요리하는 것은 물론 나환자를 돌보고, 고아나 장애인 시설을 운영하고, 교도소에서 죄지은 사람들을 정화하기도 한다. 성인이라고 해서 하루 종일 성스러운 것만을 생각하거나 불쌍하고 고통받는 대중들 생각에 잠 못 이룰 수는 없다. 머리를 베게에 대자마자 마치 뒤통수에 달려 있던 수면 스위치가 작동이라도 하듯이 곯아떨어져야 건강한 사람이다. 성인도 일할 때는 성스러운 일을 하지만 쉴 때는 보통 사람들처럼 만사태평하게 쉬어야 건강을 유지할 수 있는 법이다.

성인^{聖人}들도 목욕탕에 가서 벗으면 그냥 사람이다

그리스 신화에 속임수에 능하고 거짓말을 잘하는 사기꾼, 말썽꾸러기 케르코페스 형제가 나온다. 그들은 영화 〈300〉의 배경 장소였던 테르모필레 골짜기, 혹은 에우보이아 섬 출신의 난장이 형제로, 이름은 '원숭이 형제'라는 뜻을 지니고 있다. 세상을 돌아다니며 도둑질을 일삼고 지나가는 나그네의 목숨을 빼앗기도 한 노상강도이자 난봉꾼들이었다.

헤라클레스가 옴팔레 여왕의 노예가 되어 생활하던 중 길가에서 잠든 적이 있었다. 이때 케르코페스 형제는 잠들어 있는 헤라클레스를 보고 몰래 그의 갑옷을 훔치려다 헤라클레스가 깨는 바람에 그만 잡히고 말았다. 헤라클레스는 케르코페스 형제를 긴 막대기 양쪽에 하나씩 거꾸로 매달아 어깨에 짊어졌다. 막대기에 거꾸로 매달린 두 형제는 헤라클레스의 엉덩이를 보고는 웃기 시작했다. 헤라클레스가 왜 웃느냐고 묻자 그들은 어머니의 말씀이 생각나서 그런다고 대답했다. 그들의 어머니가 말썽꾸러기 두 아들에게 멜람피고스('검은 엉덩이를 가진 사나이'라는 뜻)를 조심하라고 말했는데 헤라클레스의 엉덩이가 온통 시커먼 털로 뒤덮여 있는 걸 보고 웃음이 났다는 것이다. 그러자 헤라클레스도 같이 웃음을 터뜨리며 두 형제를 풀어 주었다.

이들이 헤라클레스가 가장 소중하게 여기고 수많은 적과 괴물들로부터 그의 목숨을 지켜 준 사자 갑옷을 훔치려다 붙잡혔다. 헤라클레스의 사자 갑옷은 내외부의 어떤 자극에도 흔들리지 않는 부동의 마음으로 성인으로서의 위엄이나 체면을 상징한다. 따라서 난봉꾼 같은 자들이 못된 짓으로 성인의 위엄과 체면을 훼손하려는 모습이기도 하다. 성인으로서의 부동의 마음이나 위엄을 쌓기란 매우 어렵고 오랜 세월이 소요된다. 반면에 그 위엄은 케르코페스 형제들의 난봉꾼 같은 행동 몇 번이면 금방 훼손되고 허물어질 수 있다.

사소한 이유로도 사람을 때려죽인 전력이 있던 헤라클레스라 평소 같으면 그 자리에서 그들을 때려죽이고도 남았을 것이다. 그러나 헤라클레스가 무슨 이유인지 모르지만 그들을 긴 막대기 양쪽에 매달아 어깨에 짊어졌다. 헤라클레스도 종을 번식하려는 욕망 또는 유전자를 지니고 태어난지라 난봉꾼 같은 기질이 원래부터 없을 수는 없다. 다만 그는 성인답게 자신의 난봉꾼 같은 기질을 꽁꽁 묶어서 어깨에 짊어진 채 살아가고 있는 것이라 할 수 있다.

그러나 거꾸로 매달린 그들의 시선이 자연적으로 헤라클레스의 엉덩이를 비롯한 하체 쪽으로 향하게 됐다. 거기에서 검은 털이 수북한 헤라클레스의 생식기 부위가 보였다. 이때 그들은 '검은 엉덩이를 가진 자'를 조심하라는 어머니의 말이 생각나 웃기 시작했다. 그 순간 헤라클레스는 고결한 성인聖人으로 살아가면서 까마득하게 잊고 있었던 검은 털로 뒤덮인 자신의 생식기와 욕망의 존재를 새삼 되돌아보게 되었다.

케르코페스는 '원숭이 형제'라는 뜻이다. 원숭이는 인간과 비슷하게 닮은 유인원으로 두발로 걸으며 나무에서 재주를 부리며 살아간다. 원숭이의 신체 중에서 가장 눈에 띄는 것이 빨간 엉덩이다. 그래서 세계 각지에 원숭이 엉덩이가 빨개진 유래에 관한 민담이 퍼져 있을 정도다. 원숭이의 빨간 엉덩이는 그들에게는 자연스러운 것이며 오히려 자랑스럽고 매력적으로 느껴질 것이다. 그러나 사람들은 원숭이의 붉은 엉덩이를 보면 매우 흉하다고 느낀다. 반면에 원숭이들은 검은 털로 덮인 사람들의 음부와 엉덩이를 보고 음흉하다고 생각한다.

헤라클레스는 열두 가지 난사를 수행해 냄으로써 성인이 된 사람이다. 그러나 성인이 되었다고 해서 성욕을 비롯한 그의 욕망 자체가 완전히 소멸된 것은 아니다. 성인 단계에 도달했다는 것은 활화산처럼 활동하던 욕망과 본능이 안정되어 휴화산 상태로 변했음을 의미할 뿐이다. 그러나 인간의 본능은 큰 바다와 같이 무궁무진한 속성을 지니고 있기 때문에 언제라도 다시 파도치며 활성화될 수 있다. 자신이 지닌 이러한 욕망과 치부의 존재를 일깨워 준 케르코페스 형제들을 보고 헤라클레스가 공감하는 바가 있었기 때문에 같이 웃었던 것이다.

원숭이는 직립 보행을 하는 등 사람과 비슷하게 닮았지만 온전한 사람은 아니다. 원숭이 같은 사람들은 세속적인 생활인 술과 여자 등 쾌락적인 생활에 빠져서 "죽으면 죽었지 이 좋은 것을 버리고 살 수 없다."라는 식으로 살아간다. 한마디로 말하면 탕자처럼 살아가는 사람들이다. 그들의 입장에서 보면 욕망을 통제하며 12과업을 수행 한 헤라클레스 같은 미덕가의 삶을 도저히 이해할 수 없다. 무성한 검은 털로 뒤덮인 왕성한 생식기와 엉덩이가 있으면서도 금욕하느라 애를 쓰며 살아가는 미덕가들이 안쓰럽게 느껴진다. 어떻게 보면 불감증 환자처럼 느껴지기도 한다. 욕망을 참느라고 마음 고생하거나 내숭을 떤다고 생각하기도 한다.

반면에 미덕가나 성인들의 입장에서는 붉은 엉덩이를 드러낸 원숭이들처럼 요란하게 자신의 욕망을 드러내놓고 탐닉하는 사람들이 흉측하게 느껴진다. 자신의 욕망과 충동대로 살아가는 사람들은 원숭이 수준의 삶과 다를 바가 없기 때문이다. 원숭이 형제의 붉은 엉덩이와 헤라클레스의 검은 엉덩이가 서로 대조를 이룬다. 원숭이 형제와 헤라클레스는 난봉꾼 또는 금욕적인 자신들의 입장에서 상대를 바라보고 똥 묻은 개가 겨 묻은 개를 나무라는 태도를 취해왔던 것이다. 이를 깨달았기 때문에 헤라클레스가 크게 한바탕 웃었던 것이다.

수십 년간 도를 닦아 성인의 경지에 도달한 사람도 성욕 등 자신의 욕망 때문에 '십 년 공부 도로 아미타불'이 되는 경우가 많다. 조선시대 개성 지방의 기생 황진이는 당시 10년 동안 벽만 보고 도를 닦아 생불生佛이라 불리던 지족선사知足禪師를 유혹해 파계破戒시켰다고 한다. 이처럼 성인의 경지에 도달한 사람이라도 한순간의 방심으로 모든 것이 헛수고가 되는 것이 세상 돌아가는 이치다. 인간은 케르코페스의 어머니가 말한 대로 누구나 검은 엉덩이를 지닌 멜람피고스들이기 때문에 자신의 근본과 약점을 잊어서는 안 된다는 의미다.

케르코페스 형제들의 이름 뜻에는 그리스어로 '꼬리'라는 의미도 있다. 꼬리는 인간과 동물을 구분 짓는 신체적 징표로서 동물들에게만 있다. 그러나 인간의 엉덩이에도 동물들과 같은 꼬리뼈의 흔적이 남아 있다. 헤라클레스 같은 고결한 성인들에게도 동물적인 성욕의 흔적이 남아 있음은 부정할 수가 없다.

어찌 보면 우리는 평소에 이성이나 의지로써 성욕을 자제하고 있는 것이 아닐지도 모른다. 성욕이 자신을 너무 드러내면 이성의 얼굴이 붉어지고 추해지니까 이성의 체면을 봐서 성욕이 스스로 자신을 자제시키고 있는 것이 아닐까? 그만큼 성욕은 남이 아니라 우리들 자신과 아주 가깝게 있으며 이성에 못지않은 힘을 지니고 있음을 알고 철저하게 대비해야 한다.

성인이라고 해서 케리네이아의 암사슴처럼 고상하고 영적인 생활만 하는 것이 아니다. 헤라클레스처럼 여장을 하고 하녀처럼 자질구레한 일도 하며 일상을 스스로 챙겨나가야 한다. 성인의 경지에 올랐다고 해서 성욕 등 욕망이 완전히 소멸하는 것이 아니다. 성인들은 그런 욕망들을 훈련을 통해 효율적으로 억제하고 있을 뿐이다. 이와 같은 진실을 명심하라고 케르코페스 형제 이야기가 있는 듯싶다.

헤라클레스는 이 형제를 보고 자신이 성자이기 이전에 생물학적으로는 아직까지도 남자라는 사실을 새삼 깨달은 순간 큰 웃음이 터져 나왔다. 이를 깨닫지 못하고 감추거나 억압하기에 급급했다면 그는 자신의 성적인 욕망과 화해 없는 단절 상태가 되었을지 모른다. 그렇게 되면 수많은 사회 저명인사들을 한순간에 매장시켰던 성적인 욕망이 어느 날 오랑캐처럼 출몰해 그를 파멸시켰을 수도 있었다. 12과업을 수행하느라 고행에 가까운 생활을 했던 그가 큰 웃음을 터트린 것은 이곳에서 단 한 번 등장한다. 남들의 거칠고 강렬한 성적인 욕망을 보고 자신에게도 그런 성적인 욕망이 존재할 수 있겠다고 인정하고 공감하는 모습이다.

Ⅲ

나가는 문

알아두면 좋은
삶과 정신의 기본 틀

헤라클레스의 모험을 통해 마음 천하장사가 되는 과정을 살펴봤다. 마음 천하장사가 되려는 궁극적인 목적은 내외부의 비바람에 흔들리지 않고 삶을 건강하게 살아가려는 것이다. 헤라클레스의 열두 가지 모험을 능가 할 정도로 유명한 이야기가 하나 더 있다. 바로 성서에 나오는 에덴동산의 아담과 이브 이야기다. 기독교인이든 아니든 우리는 그 이야기를 알고 있으며, 그 이야기가 재미있고 매력적으로 느껴져 본능적으로 이끌린다. 그 이야기가 인간 삶의 보편적이고 기본적인 틀을 제시하고 있기 때문이다.

사람들은 생활 속에서 문제가 안 풀려 어려움에 봉착했을 때나 괴로울 때 고해성사를 하기도 하고 부모님 묘나 고향을 찾기도 한다. 이런 행위들을 통해 자기 자신을 뒤돌아보고 반성함으로써 생활을 재정립해 나간다. 그 밖에 생각이나 가치관, 생활이 뒤죽박죽 되었을 때 스스로 삶의 질서를 회복해 나갈 필요가 있다. 이럴 때 구약성서에 나오는 아담과 이브이야기는 삶과 정신에 관한 기본적인 틀을 제시해 줌으로써 알아두면 좋고 생활의 재정립에 큰 도움이 된다.

아담은 사람, 이브는 사람에 깃든 정신

인간의 삶은 어른 상태가 아닌 갓난아이 상태에서 시작하므로 전 세계에 퍼져 있는 천지창조에 관한 이야기들은 현실과 부합하지는 않는다. 신화 속 주인공들이 정확히 몇 살 상태로 태어난 것인지, 아동기나 사춘기 등의 추억이 없는 인간이 실제로 인간이 될 수 있는지 여부도 불투명하다. 그럼에도 불구하고 천지창조에 관한 이야기는 다 성장한 채로 태어난 성인남녀의 이야기로 시작되며 구약성서의 아담과 이브 이야기도 마찬가지다. 이런 이야기들의 사실 여부를 따지기보다 그 속에 우리 삶에 도움이 되는 어떤 유용한 의미가 담겨 있는가를 살피는 것이 보다 생산적이라 할 것이다.

구약성서 에덴동산 이야기에 나오는 아담의 히브리어 어원은 다음과 같다.

아담^{Adam} = 사람, 붉다

'아담'이라는 말은 구약성서에 593회를 비롯해 성서 전체에 600회 이상 사용되고 있는데, 대부분은 보통명사로서 '사람' 혹은 '인류'를 가리킨다. 아담은 남자가 아닌 '사람'이라는 보통명사로서 남녀 모두를 뜻하고 있다. 이런 아담의 짝이었던 이브는 인류가 진화해 오는 과정에서 생성한 정신 기능의 탄생을 상징한다. 깊은 잠에 빠진 아담의 갈비뼈 하나로 이브를 만들었다는 것은 우주 역사에 있어서 인간의 정신 기능이 탄생하는 가장 경이롭고 장엄한 모습이다. 인류가 신으로부터 받은 최고의 무기이며 은총이 이브가 상징하는 정신이며 생각하는 기능이다.

 아담을 사람, 이브를 정신으로 인식하는 것이 성서의 내용을 부정하거나 뜯어고치는 것이 아니다. 신이 당초 만든 그대로 인간의 기본적인 구조와 처해 있는 실존적 상황을 직시하는 것이다. 성서가 만들어진 최초의 순간부터 아담은 육체 또는 사람이었고 이브는 정신이었다. 신이 인간에게 주신 최고의 선물이 생각하는 정신 기능이라는 것은 모두가 인정하는 사실이다. 다만 이브를 최초의 여자로만 알고 있을 뿐 다 자란 성인으로 태어난 그녀가 인간의 정신 기능을 상징하고 있다는 것까지 연계시키지 못하고 있을 뿐이다.

 그것은 우리가 성서를 너무 액면 그대로 받아들였기 때문에 발생한 사고의 오류라 할 것이다. 지금은 지동설이 보편적인 사실로 알려져 있지만, 오랜 세월 동안 사람들은 태양을 비롯한 하늘이 움직인다는 천동설을 믿었다. 우리가 그 시각적인 느낌 액면 그대로에서 벗어나지 못했다면 아직도 지구를 중심으로 하늘이 움직인다고 생각하고 있을 것이다.

인간의 정신을 의미하는 이브Eve는 '산 자의 어미' 또는 '생명'이라는 뜻이다. 동물과는 본질적으로 다른 삶을 살아가고 있는 인간과 인류 문명의 모든 것이 정신에서 나온 것이다. 그래서 정신이 살아 있는 모든 것, 문명의 어미가 된다. 또한 인간에게서 정신을 빼내면 곧바로 동물이 된다. 정신이 없다면 인간으로서 살아 있다고 말할 수가 없다. 정신은 인간에게 있어서 생명처럼 가장 소중한 것이다. 그러므로 자신의 정신을 생명처럼 여기고 사랑하지 않는 사람은 행복해질 수가 없는 반면에 불행이나 불운은 파도처럼 계속 밀려들 것이다.

하나님이 이브를 만들기 전에 아담이 깊은 잠을 잤다고 한다. 잠을 자듯 정신 기능과 활동이 거의 없는 상태로 인류가 쭉 존재해 왔음을 의미한다. 진화론적으로 볼 때 인류도 태곳적에는 육체만 있었을 뿐 정신 기능이 없었다. 그래서 여느 동물들과 마찬가지로 사물에 대한 원리를 몰랐고 지식 또한 전혀 없는 채로 본능적인 수준의 삶을 영위해 왔다. 그렇게 매우 오랜 세월이 지나고 난 후에야 이브가 상징하는 정신이 탄생 또는 생성되었다. 이브가 상징하는 정신이 생성된 후 선악과가 상징하는 지식이라는 결실을 따 먹거나 얻게 된 인간이 지구와 야생 세계에서 게임 체인저가 된 것이다.

그림 28. 스위스 엥가딘 아르데즈 마을의 '아담과 이브' 벽화
아담은 사람, 이브는 정신을 상징한다. 사람에게 신의 은총인 정신 기능이 탄생함으로써
인류가 만물의 영장자리에 오르게 되었다.

또한 유대 신화에는 이브보다 앞서는 인류 최초의 여자이자 아담
의 첫 번째 부인으로 릴리트Lilith가 있었다고 한다. 릴리트는 히브리
어로 '밤의 괴물'을 의미한다. 밤의 괴물이란 인간에게 아직까지 정
신 기능이 또렷하게 갖춰지지 않아 사물에 대한 인식이 밤과 같은
혼돈과 어둠 상태에 있는 것을 의미한다. 그런 상태에서 오랜 세월
이 흐름에 따라 릴리트가 이브에 의해 밀려나게 됐다. 인류가 어두
운 밤과 같은 혼돈 상태로 오랜 세월을 살다가 이를 밀어내고 이브
를 새로운 아내로 들임으로써 정신과 눈이 밝아졌던 것이다. 그 결
과 자신들이 벗은 것과 선악을 알게 되었고 사물을 구분하고 원리

를 밝혀냄으로써 지식 문명의 불이 밝혀졌다.

이브는 인간을 돕는 조력자로서의 정신 기능을 의미
—

구약성서 창세기를 보면 하나님께서 이브를 만들게 된 동기가 매우 확실하게 기술되어 있다. 창세기 제2장 18절에서는 하나님께서 "인간이 혼자 사는 것이 좋지 않아서" 그를 위해서 돕는 배필을 지으리라 하셨다. 같은 장 20절에도 "돕는 배필"이라는 표현이 중복해서 나온다. "돕는 배필"이라는 표현은 우리나라에서 성서를 번역할 때 선택한 것일 뿐 여러 나라에서 공통적으로 사용하는 단어는 아니다. 그래서 영어 번역에서 이에 해당하는 단어가 적합한 조력자라는 뜻의 'suitable helper'다.

히브리어로는 돕는 배필에 해당하는 단어가 '에제르 케네그도'다. 에제르는 히브리어로 '도움'이라는 뜻이고, 케네그도는 '적합한 이'라는 뜻이다. 따라서 에제르 케네그도는 '적절하거나 적합한 도움'이라는 의미가 된다. 히브리어 원어나 영어에서는 배필이라는 의미를 전혀 찾아볼 수 없음에도 불구하고 우리나라 성서학자들이 '배필'로 번역함으로서 오해가 생긴 측면이 있다. 아담을 남자로 본다면 배필은 당연히 여자가 되기 때문이다.

야생에서 살아가는 모든 동물들은 빠른 발, 멀리 보는 시야, 날 수 있는 날개, 날카로운 송곳니와 부리, 발톱, 강력한 힘, 물속에서 살 수 있는 능력 등 다양한 생존 무기를 지니고 있다. 그러나 인간의 육체는 야생 상태에서는 다른 동물에 비해 매우 취약하고 이렇다 할 장점이 없는 것이 사실이다. 날개, 송곳니, 빠른 발 등도 없고 추운 날씨를 견뎌 낼 모피도 없다.

성서에서 기술하고 있는 "혼자 사는 것이 좋지 않다"라는 것은 사람에게 동물들이 지닌 것 같은 장점이 없어서 약하고 생존력이 좋지 않다는 표현이다. 그래서 사람들의 생존력을 높일 수 있는 적합한 조력자로서 이브가 상징하는 정신과 생각하는 기능을 하나님이 주셨던 것이다. 이로써 인간은 날개, 송곳니, 발톱 등 지구상에 존재하는 모든 동물들이 지닌 장점을 합한 것보다 더 큰 무기에 해당하는 이브라는 정신을 지니게 됐다.

일반적으로 남자를 돕는 조력자는 여자가 될 수도 있지만 경우에 따라서 남자도 될 수 있고 자기 자신도 될 수 있는 것이 사실이다. 그리고 여자를 돕는 조력자도 남성이 될 수도 있고 여성이 될 수도 있으며 그녀 자신이 될 수도 있다. 그러나 남녀 모두를 언제나 도울 수 있는 조력자 역할을 하는 것은 인간의 정신, 생각하는 기능임에는 두말할 여지가 없다.

남녀는 서로 간에 이 생명 다 바쳐서 죽도록 사랑한다며 아무리 맹서하고 좋은 때가 있을지라도, 마음이 돌아서면 언제라도 남이 되고 이혼할 수 있다. 그러나 사람들은 자신의 정신하고는 아무리 상황이 악화되고 부정한다 할지라도 서로 헤어지며 이혼할 수 없는 것이 절대적인 현실이다. 자신의 정신하고 이혼했다가는 그 즉시 동물이 되거나 정신이상자가 되기 때문이다.

사람들에게 정신이나 생각하는 기능이 훌륭한 조력자로서 역할을 한다고 하나 그렇지 않은 경우도 있다. 무지하고, 어리석고, 자기 집착이 강하고, 화를 잘 내는 정신을 가진 사람은 적합한 조력자를 가진 것이 아니라 자신을 해치는 조력자를 지닌 것이다. 다만 부적합한 조력자 같은 정신을 지니고 있다고 할지라도 이를 개선해서 적합한 조력자로 만들어 나갈 수 있는 것이 인간이다.

인간의 몸과 마음은 하나가 될 수 있지만 남자와 여자는 각자가 독립적인 인격체이며 하나가 될 수 없다. 남자와 여자는 후손을 생산하기 위해 일시적으로 하나로 결합하기도 하지만 결국은 남자와 여자로 떨어진 채 서로에게 동반자로 살아간다. 따라서 남녀에게 진정한 사랑을 통해 하나로 되는 것이 최고의 선이라고 가르치는 것은 기만이고 위선이 되기도 한다. 남녀는 서로 독립된 인격의 주체이며 동격의 사람이므로 하나로 될 수는 없다. 다만 결혼 제도를 통해 가정을 형성해 후손을 길러내고 서로의 부족한 것을 채워 주고 존중하며 대등한 동반자로 살아가는 것이 인류 고유의 문화일 뿐이다.

선악과는 생각하는 기능의 결실로 얻게 된 지식을 상징
—

구약성서 창세기 3장 5, 6절을 보면 '선악과는 눈이 밝아지거나, 지혜롭게 할 만한 그 어떤 대상임'을 알려 주고 있다. 그것은 다름 아닌 인간의 생각하는 힘, 사유 기능의 결실로 얻게 된 지식임을 상징한다. 사악한 뱀의 유혹으로 이브와 아담이 선악과를 따 먹어서 지식이 생겨나기 시작했고 문명 생활이 시작 된 것이다.

생각하는 기능과 지식을 갖추게 됨으로써 인간은 자신들에게 선한 것과 악한 것, 옳은 것과 나쁜 것, 유익한 것과 해로운 것을 구별하게 되었다. 사물을 있는 그대로 보지 않고 선악적으로 생각하는 것이 사유 기능의 구조적 본질이다. 그래서 선악적 사유 기능과 지식이 형성되지 않은 유아 시절에는 기어 다니며 자신에게 해로운지 이로운지 전혀 모르고 닥치는 대로 주워 먹는다. 마찬가지로 인간들이 아득히 먼 옛날에는 자신에게 무엇이 좋고 나쁜 것인지 몰라 아기들처럼 이것저것 마구 먹다가 병에 걸리거나 죽은 사람들이 부지기수였을 것이다. 그런 장구한 세월을 걸쳐 오면서 이브적인 인간의 정신 기능이 탄생되었고 선악적 판단의 결실로써 지식을 얻게 된 것이다.

그리스 신화에서는 어둠과 혼란 속에 있던 사물의 원리를 밝혀내고 뜨거운 열로 자연을 변형시켜 물건과 제도를 만드는 불이 지식을 상징했다. 성서에서는 인간에게 이롭고 선한 것, 해롭고 악한 것을 구분할 수 있는 선악적 사유 기능의 결실을 지식으로 봤다. 불이나 선악과가 상징하는 지식은 사자의 송곳니, 코끼리의 힘, 기린의 키, 새들의 날개를 근본적으로 능가하는 무기이며, 인간을 만물의 영장 자리에 올려놓은 가장 혁명적인 힘이다.

낙원에서의 추방이 인간에게는 축복이 되었지만
—

에덴동산^{Garden of Eden}은 보통 낙원의 상징으로 알려져 있지만 히브리어 원래의 뜻을 살펴보면 전혀 다른 의미가 나온다. 에덴^{Eden}의 어원은 불명확하지만 기본적인 의미는 고대 수메르어나 아카드어와 관련해 '평원', '광야'라는 의미로 추정하는 것이 학계의 정설이다. 동산^{Garden}에 해당하는 히브리어 '간^{gan}' 또는 '간나^{gannah}'는 '에워싸다'라는 의미다. 이를 종합하면 에덴동산은 '광야로 에워싸인 곳'이라는 의미가 된다. 좀 더 정확하게 말하자면 '야생의 공간'이라는 뜻이다. 원시 시대에 우리 선조들이 자연 그대로 살며 먹고살기 위해 사냥하고 열매를 채취하며 뛰어다니던 산과 들판이다.

에덴동산은 인간이 지식을 상징하는 선악과를 따 먹기 전에 야생에서 벌거벗고 살던 동물적 삶의 시절이다. 아마득한 그 시절에는 사유 기능과 지식이 없었기 때문에 자기 자신의 행동이나 사물에 대해 좋은 것과 나쁜 것, 유익한 것과 해로운 것 등의 이분법적인 구분이 없었다. 그저 자신이 지닌 본능대로 시시각각 행동하기만 하면 됐던 시절이다. 인류가 자연이라는 요람 속에서 살던 유아기의 일종이다. 그 시절에는 꽃이 피면 바라보고 열매가 열리면 따 먹었다. 씨 뿌리지도 않으며, 키우지도 않으며, 관리하지도 않으며, 저장하지도 않으며, 자연 그대로 본능적으로 살던 시절이다. 우리는 에덴동산이라는 신적인 낙원에서 추방된 것이 아니라 동물처럼 살던 야생의 들판에서 빠져나온 것이다.

옷은 인간만이 입고 옷을 하나도 걸치지 않은 나체의 상태는 동물과 똑같은 자연 상태의 삶을 상징한다. 에덴동산이라는 대자연 안에서 자신을 가공하지 않고 있는 그대로 드러낸 본능적인 삶이라는 것을 의미한다. 지금도 인간을 제외한 지구상의 모든 동물들이 에덴동산에서 살고 있다. 선악과를 따 먹어 생각하고 지식을 얻게 된 인간만이 문명의 의복을 입은 생활을 하고 있을 뿐이다. 최근에 코로나19 바이러스 사태로 각국에서 이동 제한을 실시해 인적이 끊기자 사슴, 퓨마, 곰 등 야생동물이 도시에 출몰을 했다고 한다.

문명과 야생의 경계는 철옹성같이 느껴지지만 이처럼 인적이 끊기면 곧바로 야생의 공간으로 변할 수 있음을 알 수 있다. 인간은 원래부터 지구의 주인이 아니다. 생각하는 기능과 지식으로 가장 센 힘과 무리를 갖게 된 결과 지구의 일시적 점유자가 됐을 뿐이다. 지구 입장에서 보면 인간 위주의 생활로 자연을 망가트리고 온갖 환경 공해 문제를 일으키는 인류가 둘도 없는 망나니처럼 느껴질 것이다. 낙원에서의 추방이 인류에게는 오히려 축복이 되었지만 필연적으로 야생과 자연공간을 축소시키고 온갖 공해를 유발하고 있다.

1947년부터 핵을 비롯해 기후 변화 등 인류의 생존을 위협하는 요소를 개념적으로 표현해 온 '지구 종말의 날 시계'가 현재 100초 전에 멈춰있다고 한다. 지식의 고도의 발전으로 초래 된 핵 위험, 자연과 환경 보호에 더욱 관심을 기울이고 겸손해질 필요가 있다.

지식과 문명 자체가 뱀 같은 사악한 욕구에서 시작

이브로 상징되는 인간의 정신이 선악과가 상징하는 지식을 취하게 된 직접적인 동기가 뱀의 유혹에 빠졌기 때문이다. 뱀은 공격적이고 간교하고 사악한 동물이다. 따라서 인간이 사유 기능을 통해 지식을 발달시키게 된 동기가 뱀처럼 공격적이고 사악하고 이기적인 욕망에서 비롯되었다는 의미다. 성서는 아담과 이브가 선악과를 따 먹었기 때문에 인간의 원죄가 생겼다고 한다. 사람들의 생각과 지식에서 인간의 원죄가 발생한 것이며 판도라의 상자에서 나온 부작용과 같다 할 것이다.

동물들은 지금도 에덴동산에서 본능적으로 살고 있기 때문에 옳고 그름의 선악적 판단이나 지식 없이 살아간다. 그렇기에 토끼나 사자를 비롯해 단 한 마리의 동물도 악하지 않고, 반대로 선한 동물도 없다. 동물들은 자신들만의 특성을 지닌 채 실존하고 있을 뿐이다. 그들은 지식을 동원해 결코 자연과 지구의 전체적인 시스템을 깨뜨리지 않는다.

동물들은 추위를 막아 주는 따듯함과 맛있는 먹이의 안정적 확보 등 자신들의 이익과 편리함, 안전을 우선해 지구와 자연을 가꾸거나 가공하지 않는다. 오히려 자연의 일부가 되는 삶을 영위한다. 그들은 가뭄에 대비해 댐을 만들지도 않고, 먹이가 많은 곳으로 이동하기 위해 차를 만들지도 않는다. 엉덩이에 달라붙는 파리 등을 죽이기 위해 농약을 만들지도 않으며 파리가 달라붙으면 꼬리를 이용해 쫓아낼 뿐이다. 어둠을 밝히기 위해 전력을 생산하며 각종 대기오염 및 공해를 일으키지도 않는다.

그림 29. 뱀
이브에게 선악과를 따 먹도록 꼬드긴 뱀은 인간의 사악한 본능적 욕망을 상징한다. 인간이 생각하는 기능을 갖게 된 동기는 인간의 욕망이 동기라는 의미.

반면에 인간은 보다 큰 이익, 편리함, 안전과 쾌락을 위해 생각하는 기능과 지식을 사용한다. 따뜻한 난방을 위해, 책 속에 자신들의 지식을 저장하기 위해, 청결 생활용 휴지를 만들기 위해 나무를 마구 베어 낸다. 차량과 기계 운전, 냉난방을 위해 지하 깊숙이 파이프를 박고 석유와 가스를 뽑아내고, 개펄을 간척해 농토와 공단을 만들어 왔다. 적들로부터 자신들의 안전을 지키기 위해 총칼, 미사일, 화학무기, 핵폭탄도 개발하는 사악한 공격 행위도 마구 이뤄지고 있다.

야생이라면 때론 꿩처럼 날기도 할 닭들이 인간의 사악한 식욕에 따라 최악의 상태에서 생육되며 희생되고 있다. 좀 더 많은 먹잇감을 만들기 위해 양계장의 좁은 공간에서, 서로를 쪼아 대고 할퀸다고 태어나자마자 부리와 발가락을 잘린 채 사육된다. 멧돼지처럼 산과 들을 누비고 다닐 돼지들은 오로지 살을 찌우기 위해 한 발짝도 움직일 수 없는 좁은 공간에서 마치 식물처럼 비육되는 경우도 있다.

인간이 생각하는 모든 것과 지식이 마치 올림픽의 구호처럼 '보다 편리하고, 보다 안전하고, 보다 빠르게, 보다 대량으로' 인간들의 생활에 기여하려는 데 있다. 그 과정에서 다른 동식물들의 생활 터전과 생명, 지구의 전체적인 환경을 등한시해 왔다. 이것이 바로 인류의 역사이며 생각하는 기능과 지식이 있는 한 앞으로도 계속될 것이다. 살아 있는 동안에 쉼 없이 일어나는 생각하는 기능과 지식은 인간에게 가장 친숙한 정신 현상이다. 다만, 그것이 다른 동물들의 입장에서 보면 사자의 송곳니나 발톱보다 수만 배 더 크고 무섭게 느껴진다는 사실도 생각하며 살아야 한다.

공부는 인간의 숙명
—

뱀의 유혹으로 지식이라는 선악과를 따 먹은 이브가 임신과 아이 낳는 고통을 받는 벌을 받게 되었다. 이것은 오늘날 여성이 출산 시

그림 30. 공부
도서관에서 공부하는 학생들, 생각하는 기능을 갖게 된 인간에게 공부는 숙명이 되었
다. 이른 시기에 더 많이 공부할수록 인생에서 유리하다.

고통을 갖게 되었다는 기원설로서 기독교인들은 물론 비기독교인
들도 재미있게 받아들이는 이야기다. 아이나 자식은 부모들이 가장
소중하게 여기는 대상이다. 인간이 세상을 살아가기 위해 가장 소
중하게 여기는 대상은 지식이다. 동물과 달리 지식이 있어야만 의식
주를 해결하고 배우자를 만나 살아갈 수 있는 것이 인간이기 때문
이다. 이 부분의 표현을 보면 이브가 애를 낳을 수 있는 실제의 여
성으로 느껴진다. 그러나 그녀는 정신과 생각하는 기능을 상징하기
에 이 부분은 정신 활동의 결과 탄생하는 지식 등과 확실하게 관련
이 있다.

인류는 오늘날 모든 분야에서 고도로 발달된 지식 문명 사회를

구축하고 전개해 나가고 있다. 하지만 인간의 특정한 의식 형성이나 지식의 축적은 제 아무리 뛰어난 천재라 해도 결코 하루아침에 이룩할 수 없는 법이다. 사람들이 문명화되고 지식화된 세상에서 살아가기 위해서는 코흘리개 시절부터 부모의 자상하고 애정 어린 보살핌과 교육을 받으며 성장해야 한다. 그래야 인간 세상에 필요한 소양과 자질을 갖춤으로써 어른이 되었을 때 두발로 당당하게 설 수 있게 된다.

인구 증가와 세계화로 삶의 경쟁이 치열해짐에 따라 부모들이 더욱 극성스러워져서 영재교육, 수많은 과외, 조기 유학까지 성행한다. 학생들은 대학까지 졸업하기 위해 거의 20여 년을 아침부터 저녁까지 쉬지 않고 계속 내달려야 하는 처지가 된 지 오래다. 인간들이 지식을 축적하는 데 소요하는 20여 년의 세월이면 지구상의 대부분의 동물들이 한평생을 살다가 죽어 갈 나이다. 이에 비해 인간의 운명은 그토록 오랜 세월동안 지식을 잉태하고 출산의 고통을 겪어야만 겨우 문명사회에서 살아갈 기본적인 자격이 주어질 뿐이다. 그만큼 인간 세상은 알아야 할 지식과 제도, 다뤄야 할 일들이 많기 때문이다.

동물들에게 20년 동안 공부하면 만물의 영장 자리를 준다고 해도 단군 신화 속 호랑이처럼 모든 동물들이 공부의 우리 속을 뛰쳐나가게 될 것이다. 그러나 인간만은 공부를 해야 지식을 잉태하고 출산할 수 있으므로 공부는 인간의 숙명인 셈이다. 지식 출산의 고통도 존재하지만 그 고통을 견디어 내면 살아 있는 지식을 활용해 생활을 널리 이롭게 할 수 있는 것이 인간 세상이다. 지식의 출산이 개인들에게는 큰 효자 노릇을 하는 것이다.

출산의 고통이 너무 커서 산모는 배우자의 머리카락을 쥐어뜯고, 고래고래 소리를 지르며 병원 문을 박차고 나가고 싶을 정도라고 한다. 인간의 지식 또한 가정, 학교, 학원, 도서관, 직장 등에서 오랜 세월 동안 산모의 고통에 버금가는 고통을 겪은 후 낳을 수 있는 소중한 자식이다. 그래서 공부하는 학생들도 심한 스트레스를 받기도 한다. 공부의 결과 형성할 수 있는 지식이나 기술은 사람들의 분신이자 가장 인간다운 DNA라 할 수 있다.

육체의 손아귀에 들어 있는 정신의 한계

성서를 보면 하나님이 이브에게 "남편을 마음대로 주무르고 싶겠지만, 도리어 남편의 손아귀에 들리라."라고 말씀하신다. 또는 "너는 남편을 원하고, 남편은 너를 다스릴 것이다."라고 번역하기도 한다. 이처럼 이브라는 정신 기능은 그의 남편인 아담이라는 육체 또는 사람을 마음대로 주무르고 싶어 한다. 생각은 무한정의 추상적인 자유가 있고 육체와 현실을 마음대로 주무를 수 있을 것 같지만 그와 같은 생각은 유쾌한 착각에 불과하다. 그래도 인간은 마음만 먹으면 육체나 물질을 마음대로 다스릴 수 있을 것 같은 느낌에 사로잡히곤 한다. 그래서 공중 부양, 순간 이동, 텔레파시, 염력, 장풍 같은 초능력 현상도 믿고 비합리적인 생각에 잘도 빠져 든다.

육체적, 물리적 현실에 바탕을 두지 않은 인간의 생각 자체는 공허하고 무력한 것이다. 예를 들어서 무당이나 미친 사람들이 어떤 사람을 하루 종일 수천 년을 저주해도 상대방에게 아무런 일도 일어나지 않는다. 다만 바르게 생각함으로써 얻은 지식을 바탕으로 행동함으로써 자신 및 외부 세상을 변화시켜 나갈 수 있을 뿐이다.

"손오공이 아무리 날아 봤자 부처님 손바닥 안이다."라는 말이 있다. 온갖 생각으로 상상력과 재주를 부려 봤자 결국은 육체와 현실이라는 손바닥 안을 벗어날 수 없는 법이다. 따라서 정신과 사유 기능의 고귀한 가치를 인정하면서 자신이 지니고 있는 육체적, 물질적 손아귀와 한계를 겸허한 마음으로 받아들일 필요가 있다.

지식이 생기면 노동도 생긴다

선악과를 따 먹은 아담 때문에 땅이 저주를 받아 가시덤불과 엉겅퀴가 자라게 되었다고 한다. 아담은 평생 땀 흘리며 수고해야 그 소산물을 먹을 수 있게 됐다. 지식의 탄생에 따라 노동도 필연적으로 생겨날 수밖에 없었음을 상징적으로 표현하고 있다. 에덴동산 시절에도 가시덤불과 엉겅퀴, 독초 등 인간에게 쓸모없는 풀들도 자연스레 공존하고 있었음은 두말할 나위가 없다. 이런 잡초들을 그냥 놔두면 밀이나 쌀, 채소 등 이로운 작물들이 제대로 자라지 못한다.

이때 해야 할 일이 엉겅퀴 등 잡초는 뽑아 버리고 밀이나 쌀 등 이로운 작물은 더 많이 심는 것이다. 물과 비료를 주고, 벌레 잡아 주며 관리를 해야 좀 더 많은 식량을 수확할 수 있다. 노동의 원형이 탄생하는 모습이다.

그림 31. 노동
사물에 대한 지식을 습득한 인류는 그것을 이용해 엉겅퀴를 뽑아내고 작물에 물을 주는 노동을 하게 됐다.

인간의 정신 활동으로 지식이 축적되고 그 지식을 현실에서 구현해 나가는 과정에서 일과 노동이 필연적으로 생겨났다. 지식의 본질적인 속성은 있는 그대로의 자연 상태를 그냥 놔두질 않는다. 항상 씨 뿌리고, 개발하고, 대량 생산하고, 속성 재배하고, 원가 절감하고, 미화하려는 성질이 있기에 지식은 멈추지 않고 끝없이 전진한다. 이에 수반되는 노동의 종류도 복잡하고 다양해져 오늘날에는 수백만 가지가 넘는다.

오늘날의 일은 방대하게 축적된 지식을 바탕으로 스마트폰을 만들고, 우주왕복선, 심해 원유 시추선의 제작 등 고도의 과학 기술을 다루며 매우 복잡해졌다. 그래도 일의 가장 전형적인 원형은 성서에서 말한 대로 엉겅퀴를 뽑아내고 채소와 작물은 물과 퇴비를 주며 관리하는 것이다. 요즘의 현대인들도 이 원초적인 노동에 대한 향수鄕愁로 도심에서 가까운 주말농장이나 텃밭에 가서 열심히 엉겅퀴를 뽑아내고 채소에 물을 주고 있지 않은가?

"일하지 않는 자 먹지도 말라."라는 데살로니 후서 또는 중국 당나라 때 승려 회해懷海의 말은 단순한 도덕적인 훈계의 말이 아니다. 인간은 선악과를 따 먹어 지식을 탄생시켰으나 땅이 저주를 받았기에 노동을 통해 땅에 걸린 저주를 풀어야 필요한 양식을 얻을 수 있다. 에덴동산에서 걸어 나온 인간에게 노동은 선택이 아니라 필수가 되어 버렸다. 정상적이면서 일하지 않는 자는 게으름 자체가 문제가 아니다. 땅에 걸린 저주를 푸는 마법의 열쇠가 노동으로 흘린 땀이라는 인간의 기본적인 숙명을 모른다는 데 더 큰 문제가 있다.

원수지간이 된 뱀과 여자

이브를 유혹해 선악과를 따 먹게 한 뱀은 저주를 받아 죽을 때까지 배로 기어 다니며 흙을 먹어야 하는 벌을 받게 됐다. 또한 뱀과 여자가 원수가 되었으며, 뱀의 후손과 여자의 후손과도 원수가 됐다. 여자의 후손은 뱀의 머리를 짓밟고, 뱀은 여자의 후손들의 발꿈치를 상하게 했다.

앞서 스팀팔로스의 새 이야기에서 살펴봤듯이 사람들은 발 아래쪽 지면은 낮거나 저급한 것으로, 머리 위쪽 하늘은 높거나 고결한 것으로 생각하는 경향이 있다. 그래서 평생 기어 다니는 뱀을 아주 저급한 동물로 본다. 문명사회에 있어서 말썽과 범죄를 일으키는 본능적인 욕망을 뱀으로 보는 것이 전 세계인이 공통으로 지닌 심리다. 뱀과 이브의 관계는 뱀으로 상징되는 인간의 사악한 본능과 여자로 상징되는 인간의 정신과의 영원한 대립 관계를 상징한다.

에덴동산에서 시작된 뱀과 여자의 원수지간은 유사 이래 가장 오래도록 대물림되어 왔다. 현대사회에서도 뱀은 틈만 나면 여자의 후손들의 발뒤꿈치를 물려고 하고, 여자의 후손들은 뱀의 머리를 짓뭉기려 한다. 본능적 욕망은 그 욕망의 아가리를 힘껏 벌리고 이성이나 윤리 의식 등의 약점을 물고 집어삼키기도 한다. 반대로 이성이나 윤리 의식의 입장에서는 뱀처럼 사악한 본능이 머리를 쳐드는 것을 항상 경계하며 짓밟아 억누르는 것이 인간의 공통적 상황이다.

실제적으로는 여자들에 비해 산과 들판에서 더 많은 시간을 보내는 남자들과 뱀이 더 원수지간이 되어야 타당하다. 인류 역사에 있어서 뱀을 때려죽였거나 이를 식용한 것은 90%이상이 남자다. 따라서 여자만을 뱀과 원수지간으로 표현하는 것보다 최소한 남녀 모두를 뱀과 원수지간으로 표현하는 것이 더 타당해 보인다. 이러한 현실에도 불구하고 성서는 뱀과 여자만을 원수지간으로 설정했다. 이것을 통해 이브가 실제의 여자가 아닌 인간의 정신 기능을 상징하는 역할을 맡고 있음을 다시 한번 확인 할 수 있다.

인간은 우주의 궁극적인 비밀을 알 수 있을까?
—

에덴동산 이야기 마지막 부분을 보면 선악과를 따 먹은 인간이 생명나무 열매까지도 따 먹을까 염려되어 하나님이 거룹[18]을 세우고 돌아가는 불 칼을 두어 지키게 했다. 사람들은 자신과 우주가 왜 존재하는지, 누가 만들었는지, 시간과 공간의 끝은 있는 것인지 등등에 대해 이브의 탄생 이래로 의문을 품어 왔다. 현대사회는 진화론과 빅뱅 이론 등으로 이와 같은 질문에 대략적인 답을 하고 있기는 하다. 그러나 종교인의 관점에서 보면 진화론이나 빅뱅조차도 신이 만들어 놓은 섭리의 일부라고 주장할 수도 있다. 따라서 무엇이 진실인지는 인간의 사유 기능과 지식으로 영원히 파악할 수 없을지 모른다.

그것은 인간을 만물의 영장으로 만들어 준 생각하는 기능과 지식이 태생적인 한계를 지녔기 때문이다. 생각하는 기능은 인간에게 이로운 것과 해로운 것, 좋은 것과 나쁜 것, 정의와 불의 등 선악을 파악하는 능력이다. 이런 선악적 판단을 통해 얻은 지식으로 자연과

---

18) 거룹Cherub: 구약성서에 나오는 사람의 얼굴이나 짐승의 얼굴에 날개를 가진 초인적 존재로 케루빔cherubim이라고도 한다. 에덴동산처럼 성스러운 장소를 지키거나 하나님을 보좌하고, 카톨릭 교회에서는 천사의 하나로 되어 있다.

사회에서 자신의 생존 능력을 높일 수는 있지만 존재의 본질과 같은 근원적인 것을 알 수 없다. 선악적 사유 능력이나 지식으로는 시간과 공간의 시작이나 끝이 있음과 반대로 끝이 없음도 전혀 이해할 수 없기 때문이다.

성서에서 말하고 있듯이 아담이라는 육체이자 사람은 흙에서 나고 흙에서 난 것을 가꾸고, 흙에서 난 것을 먹다가 결국은 흙으로 돌아간다. 새 생명이 탄생하면 축복하고, 희로애락 속에 한평생을 살다가 병들거나 나이 들면 흙으로 돌아가는 것이 인생이다. 지식과 과학 문명이 아무리 발달해도 지식은 사물의 존재와 본질 자체에는 도달할 수 없다. 다만, 인간들은 뱀이 부추긴 선악적 지식을 통해 자신들의 생활을 편리하고 안전하게 영위해 나갈 뿐이다.

인류는 종교, 철학, 윤리 등 온갖 사상과 정신적인 체계를 통해 자신들의 삶을 합리화하며 지구의 주인인 양 살아가고 있다. 그러나 지구의 장구한 역사를 보면 인류가 주인 행세를 하며 살고 있는 시간은 지극히 일부분에 불과하다. 인류는 지구의 주인이 아니라 잠시 세 들어 살고 있는 세입자라 할 수 있다. 세입자가 집을 자주 고장 내는 등 험하게 사용하면 임대계약이 해지되고 쫓겨난다. 인류 역시 지구를 너무 험하게 사용하면 주인으로부터 쫓겨나는 비극적인 상황이 발생할 수도 있지 않을까? 신이 만든 최고의 피조물이라는 자기 합리화와 미화도 중요하지만 이 땅에서 태어나 그 위에 살면서 그 소중함을 느끼며 아름답게 가꿔 가는 겸손함이 필요하다.

독일의 철학자 칸트는『순수이성 비판』을 통해 신과 영혼의 존재처럼 경험을 초월하거나 초감각적인 실재는 순수 이성의 한계를 넘어선다고 밝힌 바 있다. 생각하는 기능과 지식 너머에 있다는 의미다. 결국 생명과 우주의 궁극적인 비밀을 알려는 인간의 시도는 지속되겠지만 돌아가는 불 칼에 의해 산산조각 나고 타 없어져 버리게 될 것이다. 성서는 이처럼 인간의 생각하는 기능에는 분명히 한계가 있으며 그것이 피할 수 없는 운명임을 예고하고 있다.

빅뱅이론은 매우 꼼꼼하게 숫자와 과학으로 치장되어 있지만 인간 사유의 허술함과 한계를 여실히 보여 준다. 빅뱅 이전에는 무엇이 있었는지 어떤 상태였는지 정확하게 설명하지 못하고 단지 그것을 기준점으로 삼고 의지하며 설명할 뿐이다. 모든 과학자들이 인정한다고 어떤 현상이나 존재가 진실이 되진 않는다. 천동설을 당대의 모든 과학자는 물론 모든 사람들이 인정했어도 결국은 바뀌지 않았는가? 직접 물증 없이 간접 물증만 갖고 빅뱅으로 우주를 설명하려는 것은, 서울 전혀 가보지 않은 사람이 서울에 대해 잘 안다고 큰소리치는 경우와 같다.

문명과 지식이 발달할수록 인간은 지구와 우주에 대해 겸손해질 필요가 있다. 지식과 기술의 발달은 생활의 편리함과 수명을 증진시켜 왔지만 그와 비례해 문명의 그늘과 판도라의 부작용도 커져 왔다. 빅뱅으로 우주가 탄생했다는 것이 사실인지 아닌지 정확하게 알수는 없다. 그러나 수소폭탄 같은 빅뱅으로 지구상의 전 인류와 생명체가 한순간에 멸망할 가능성은 날이 갈수록 증대되고 있는 것이 현실이다.

양자물리학에서 널리 통용되고 있는 원리 중에 하나가 불확정성의 원리다. 물질의 기본이 되는 입자의 위치와 운동량, 에너지와 시간 따위를 정확하게 측정, 결정할 수 없다는 설이다. 노자의 말인 "도가도비상도道可道非常道"는 도道란 가히 도라 할 만한 것이지 항상 도는 아니다. 즉, 절대적인 도나 진리가 없다는 의미다. 아인슈타인의 상대성 원리, 양자물리학의 불확정성의 원리, 노자의 "도가도비상도"는 세상의 원리나 이치가 확정적, 절대적이기보다 상대적임을 의미한다. 관찰자, 위치, 시점 등에 따라서 세상의 원리가 이처럼 상대적으로 바뀌므로 통일된 하나의 원리를 찾기가 어렵다는 의미 일 것이다.

예수께서도 산상수훈을 통해서 세상에 절대적인 것이 없다는 것을 다음과 같이 돌려서 말한 바 있다.

> 나는 너희에게 말한다. 절대로 맹세하지 말아라. 하늘을 두고도 맹세하지 말아라. 하늘은 하나님의 보좌다. 땅을 두고도 맹세하지 말아라. 땅은 하나님의 발판이다. 예루살렘을 두고도 맹세하지 말아라. 예루살렘은 위대한 왕의 도시다. 네 머리로도 하지 말라. 이는 네가 한 터럭도 희고 검게 할 수 없음이라. 너희는 그저 "예" 할 것은 "예" 하고 "아니오" 할 것은 "아니오"라고만 말하여라. 그 이상의 말은 악에서 나오는 것이다.

맹세한다는 것은 일정한 약속이나 목표를 꼭 실천하겠다고 다짐하는 것이다. 이와 같은 맹세를 하기 위해서는 어떤 일이 이뤄지거나 이룰 수 있다는 절대적인 확신을 바탕으로 한다. 절대적인 확신이 있기에 하늘과 땅을 걸고, 자신의 전 재산, 목숨이나 처자식까지 걸고 맹세를 할 수 있는 법이다. 그러므로 절대로 맹세하지 말라는 예수의 말씀은 인간의 생각하는 능력으로는 절대적으로 확신할 수 있는 것이 없다는 의미가 된다.

다만 '예'와 '아니오'로 대답하라고 한다. '예'는 긍정이고 선이고, '아니오'는 부정이고 악이다. 다시 말해 생각하는 기능을 통해 사람에게 좋고 나쁜 선악적인 판단만 내려야지 절대적인 것에 대해 판단하지 말라는 의미가 담겨 있다. 그러니 우주의 통일된 절대적인 원리를 알아내려고 애쓰기보다 인간적인 것에 관심을 갖고 건강하고 마음 편하게 사는 것을 고려해 볼 만하다. 생각과 지식의 힘 자체가 무한대이거나 절대적인 것이 아니기 때문이다.

인생이란 우주의 마술이면서 동시에 부질없는 사기극일까?

—

정자와 난자의 우연한 결합으로 시작된 보잘것없는 존재가 인격을 갖춘 어른으로 성장해 세상 곳곳을 누비며 활동하고 업적을 남긴다. 이것은 우주 최대의 웅장한 마술과도 같다. 그러나 그 마술 같은 삶도 세월의 무게를 이기지 못하고 지팡이를 짚고 세 발로 걷는 노년을 맞이하게 된다. 이렇게 되면 인생이 마치 부질없는 한낱 꿈이요, 교활한 사기극처럼 느껴지게 된다. 특히, 한창때에 남보다 더 화려했거나 잘나갔던 사람들이 자신의 주 무대에서 은퇴하는 노년이 되면 상대적으로 더 큰 박탈감과 허무함을 느끼게 된다. 그래서 노년의 유명 정치가, 학자, 연예인이 종교에 귀의했다는 소식도 종종 들려오게 된다.

헤밍웨이의 소설 『노인과 바다』에 나오는 산티아고 노인처럼 사람은 한창때에는 드넓은 바다와 같은 세상 곳곳을 누빈다. 끝없이 출렁거리는 드넓은 바다 위에서 자기만의 배를 타고 용기와 열정으로 무장한 채 열심히 인생을 개척해 나간다. 그곳에서 영롱하게 빛나는 물결처럼 눈부신 활동을 하면서 노인이 악전고투 끝에 붙잡은 청새치 같은 큰 업적도 이루게 된다. 한동안은 그런 업적에 취해 기쁨을 맛보기도 한다. 그것도 잠시뿐 상어처럼 빠르고 무섭게 흘러가는 시간이 모든 것을 뜯어 간다. 눈부시게 빛나던 청춘도, 업적도, 주변에 있던 수많은 사람도 시간이 야금야금 때로는 덥석덥석 물며 뜯어 간다. 남는 것은 "내가 이렇게 살아왔노라." 하는 뼈대 같은 흔적뿐이다.

살면서 자신의 꿈을 하나도 못 이룬 사람들도 원통해할 필요가 없다. 노인처럼 큰 꿈을 이룬 사람들의 뼈대 같은 흔적조차도 시간이라는 우주적 핵폭탄이 매우 느린 속도로 터지면서 다 휩쓸어 가기 때문이다. 자신이 꿈꾸는 바를 이루면서 사는 것이 가치가 있지만 좀 더 큰 시간을 바라본다면 무엇에도 집착할 이유가 없다.

인간의 수명

『그림 동화』에는 동물들과 인간의 수명이 정해진 유래에 대해 다음과 같은 재미있는 이야기가 나온다.

하나님이 천지를 창조하고 동물과 인간들의 수명을 일률적으로 30년으로 정해 주기 위해 당사자들의 의견을 물었다. 먼저 당나귀는 평생 죽도록 등에 무거운 짐을 실어 날라야 하지만 사람들로부터 돌아오는 것은 정신 차리고 기운 내라는 욕설과 발길질뿐이라며 수명을 줄여달라고 했다. 그래서 하나님이 18년을 줄여 주자 기뻐했다. 개는 오래 살면 다리에 견딜 힘이 없어지고, 짖지도 못하고 물어뜯을 이빨도 없어져 이 구석 저 구석 옮겨 다니며 불평 속에 살아야 한다며 역시 수명을 줄여 달라고 했다. 개 역시 12년을 줄여 주자 좋아했다. 하나님은 다음에 온 원숭이는 당나귀나 개처럼 일을 하지 않으므로 30년을 사는 것을 기뻐할 것이라고 생각했다. 그러나 원숭이는 빈 밥그릇 바닥을 핥기가 일쑤며, 사람들을 위해 늘 우스운 표정을 지어야 하지만 자신의 기쁜 얼굴 뒤에는 슬픔이 감춰져 있다며 불평했다. 그래서 원숭이의 수명도 10년을 줄여 줬다.

다음으로 즐겁고, 활기차고, 건강해 보이는 사람이 나타났다. 그에게 30년의 수명을 주겠다고 하니 너무 짧다며 불만을 쏟아 냈다. 집을 지어서 불을 때고, 자신이 심은 나무가 자라 꽃이 피고 열매가 맺어 이제 막 인생을 즐기려할 때 그때 죽으면 너무 슬프다며 수명을 더 달라고 했다. 처음에 나귀의 수명이었던 18년을 주자 그래도 충분치 않다고 해서 개의 12년, 원숭이의 10년까지 합해서 사람의 수명이 70이 되었다고 한다. 그것을 받고도 사람은 썩 만족한 표정을 짓지 않았다.

사람의 수명에서 처음 30년은 하나님이 주셨던 복 받은 수명으로 건강하고 활기차며 사는 것 자체가 즐겁지만 그 기간은 참으로 빨리 지나간다. 이 기간이 지나고 오는 18년은 나귀의 수명이었던 기간으로 하나의 짐이 덜어지면 그다음 짐이 생겨난다. 다른 사람을 먹여 살리기 위해 곡식을 실어 날라야 하지만 그 충성스런 희생과 봉사의 대가로 돌아오는 것은 욕설과 발길질뿐이다. 그러고 나서 오는 개의 12년 동안 사람은 물어뜯을 이빨도 없이 구석에 앉아 불평만 늘어놓는다. 마지막에 오는 원숭이의 10년 동안에는 사람의 머리가 아주 물렁물렁해져 바보가 되고, 하는 짓마다 어리석어 아이들의 웃음거리가 된다.

인간의 삶은 30대 청춘 시절까지는 건강하고 활기차며 사는 것 자체가 즐겁다. 30대 이후 중년에 들어서면 무거운 짐을 실어 나르는 당나귀 같은 가장의 신세가 된다. 젖먹이 어린 자녀를 힘들게 키워 무거운 짐에서 해방되는가 싶었는데 학교를 보내야 하고, 가르치고 나니 결혼을 시켜야 하는 등 무거운 짐이 연속으로 얹혀진다. 이렇게 뼈 빠지게 일해도 수고한다는 말 대신에 "남들처럼 돈도 못 벌어 온다."라는 불평불만과 핀잔이나 듣게 된다.

이렇게 삶의 무게로 등이 휠 것만 같은 시기가 지나고 허리 좀 펴고 쉬려나 했더니 개의 12년 같은 인생이 다가온다. 가족을 위해 충성을 다했건만 돌아오는 것은 늙어 가는 몸뿐이다. 몸의 구석구석에서 노화가 일어나 이빨도 빠지고 다리에 힘도 빠져 열정과 노동력이 감퇴하는 반면에 자기도 모르게 구석진 곳에서 불평이나 늘어놓게 된다. 이 시절에는 늙기 시작하는 자신이 싫었지만 지나고 보면 그래도 이때까지는 살 만했던 시절이라고 할 수 있다. 마지막 원숭이의 10년 동안은 자세가 원숭이처럼 구부정해지고 정신 기능도 노화되어 치매 등이 찾아와 아이들이나 유인원처럼 행동하다 생을 마감하기도 한다.

사람들은 철부지로 태어나 자신의 동물적인 어리석음을 극복해 지혜롭게 생각하며 열심히 일해 부귀영화를 일궈 내기도 한다. 그리고 누구나 마지막으로 거쳐 가야 하는 노년기를 끝으로 생을 마감하는 것이 인생의 흘러가는 모습이다. 다만, 인간이 하나님으로부터 원숭이의 수명까지 덤으로 받았지만 철저한 자기 관리를 통해 원숭이 같은 행동을 하지 않기 위해 노력해 나갈 뿐이다.

구약성서를 보면 창세기 시절에는 사람들이 대체로 장수를 했다. 아담은 930년을 살았고, 노아의 할아버지 므두셀라는 969살, 노아는 950살, 믿는 자들의 조상이 된 아브라함은 175세까지 살았다. 이들의 장수를 인정한다 해도 중요한 것은 그렇게 오래 살았던 사람들조차 지금은 사라졌고 존재하지 않는다는 사실이다. 이렇게 미뤄 본다면 1만 년, 100만 년, 1억 년 장수를 누린다 해도 결국은 인간은 죽는다는 사실이다. 이런 사실을 통해서 죽음을 자연의 일부로 겸허하게 받아들이고 아웅다웅 살기보다 주변을 돌아보며 함께 살아가라는 메시지가 담겨 있는 듯싶다.

에덴동산의 아담과 이브 이야기는 인간이 처한 실존적인 환경과 상황을 이해하는 데 도움을 준다. 야생 상태와 문명, 정신과 육체의 관계, 생각하는 기능, 공부와 지식, 일, 윤리와 욕망, 자연과 환경 훼손, 영생, 죽음 등에 관한 가장 핵심적인 정보를 제공한다. 우리의 삶이 뒤죽박죽이 되어 그 기본이나 뼈대를 다시 세워 질서를 회복할 필요가 있을 때 언제든지 아담과 이브 이야기를 열어 보면 정신을 추스르는 데 도움이 될 것이다.

자세히 보고
오래 보아야 성장한다

괴물 퇴치 정도에 따라 사람들의 성격과 인생이 달라진다
—

사람들의 성격을 부정적으로 평가할 때 흔히 "그 사람은 성격이 급해.", "화를 잘 내는 편이야.", "사람 질리게 하는 성격이야." 등으로 말한다. 이러한 말들을 자세히 살펴보면 앞에서 본 헤라클레스의 괴물 퇴치와 깊은 관련이 있음을 발견할 수 있다. 걸핏하면 짜증과 화를 잘 내고 비꼬기를 잘하는 사람은 네메아 계곡에 사는 괴물 사자를 퇴치하지 못한 사람이다. 매사에 비관적이고 걱정이 많으며 위축되고 우울한 사람은 마음속 부정의 괴물 히드라를 퇴치하지 못한 상태다. 작은 일에도 죄책감에서 벗어나지 못하는 사람은 스팀팔로스의 새 떼 괴물을 쫓아내지 못한 것이다.

이처럼 사람들의 내면에 존재하는 괴물을 얼마나 퇴치하느냐 여부에 따라 그 사람의 성격이나 개성은 물론 인생까지도 결정되는 경향이 있다. 기왕이면 다홍치마라고 헤라클레스의 모험 과정을 제대로 밟아 마음속 모든 괴물을 퇴치하는 것이 살아가는 데 도움이 될 것이다. 그러나 그것들은 아득히 먼 옛날부터 존재해 온 내면의 적들로서 결코 만만히 볼 상대들이 아니다. 우리가 괴물의 존재나 속성에 대해 알고 있듯이 괴물들은 거꾸로 인간의 자아나 윤리 의식의 방패막이에 대해서 잘 알고 있을 것 같다.

이런 괴물이 내 마음속에 존재하면서 아무런 문제도 일으키지 않으면 그것들을 퇴치할 필요성을 느끼지 못할 것이다. 그러나 그것들은 일정한 환경 아래서 수시로 출현해 인간관계를 망치고, 하는 일이나 사업에 실패를 불러일으킨다. 또한 매우 비관적인 사람이 되게 만들고, 막연한 불안감을 느끼게 하고, 의욕 상실과 함께 시름시름 앓게도 만든다.

이럴 때 토속 신앙을 믿는 사람들은 무당을 찾아가 굿을 해 귀신 들린 마음을 쫓아내거나 부적을 붙여 잡귀를 쫓아내려고 한다. 사이비 종교 집단에서는 안수기도를 통해 역시 사탄이나 악마를 쫓아내 병을 고치려는 경우도 있다. 이때 귀신이나 사탄, 악마가 바로 괴물에 해당한다 할 것이다.

우리는 내면에 이와 같은 부정적인 존재가 있고 그것들이 각종 말썽을 일으키고 행복한 인생의 장애물이 된다는 사실을 어렴풋이 알고는 있다. 그러나 그것들을 괴물로 구체화해 내 마음속에서 제거해야 할 대상으로 삼지는 못하고 있는 실정이다. 다시 말하면 자기 자신과의 싸움이나 자기 관리에 적극 나서지 못하고 있는 셈이다.

헤라클레스 이야기를 통해 이런 괴물 등이 주인인 내 허락도 없이 내 마음속에 자리 잡고 동거하고 있다는 것을 인식 할 수 있었다. 그런 인식을 통해 바른 나와 구분되는 이들의 주요 유형과 존재를 깨닫고 제거해 나가는 것이 내적 성숙을 향한 첫걸음이 될 것이다. 외적인 성공을 위해서는 타인들과 정정당당한 선의의 경쟁을 피할 수 없다. 내적인 성장을 위해서는 괴물, 거인, 깡패 같은 자기 자신과 벌이는 정정당당한 싸움을 피할 수 없다.

자세히 보고, 오래 보아야 성장한다
—

시인 나태주는 「풀꽃」이라는 시를 통해 사랑하는 사람은 들판에 핀 풀꽃처럼 "자세히 보아야 예쁘고, 오래 보아야 사랑스럽다"라고 노래했다. 연인이 예쁘고 사랑스러움을 풀꽃에 비유해 표현한 시로서 드라마 등에서 일명 '작업남'들이 많이 애용하고 있는 시이기도 하다.

그러나 실상에 있어서는 자세히 보게 되면 못생겼거나 천박한 얼굴이 더 잘 드러나는 경우가 많은 것도 사실이다. 예를 들어서 술에 취해 희미한 불빛 아래서는 치마만 둘러도 다 예뻐 보인다고 한다. 대충 보면 예쁘지만 맨 정신으로 자세히 보면 자신의 눈을 의심할 정도의 추한 모습이 드러나는 경우도 오히려 많다.

그리고 오래 보아도 사랑스럽지 않은 경우가 많다. 눈에 콩 깍지가 씌어 결혼했지만 곁에 같이 있으면서 오래 보면 호르몬 약발이 다 떨어져 오히려 결점이나 못생긴 측면이 하나둘 드러난다. 더 나아가서 시의 내용과 정반대로 자세히 보지 않아도 예쁘고, 오래 보지 않아도 사랑스러우면 더 매력적이고 좋은 것이 아닐까?

예쁘지도 않고 사랑스럽지도 않은데 억지로 자세히 보고, 오래 쳐다봐서 예쁜 것을 찾아내라는 것이 시인의 의도가 아님은 분명하다. 드라마 등에서 부모들이 살다 보면 정든다면서 자식이 맘에 들어 하지 않는 상대를 자꾸 만나 보라고 하는 것과 마찬가지의 상황이기도 하다. 다만, 시인의 의도는 소중한 사람에 대해 선입견이나 편견 때문에 못난 면만 보지 말고 시간을 갖고 자세히 살펴보면 장점도 발견할 수 있다는 의미일 것이다.

그러나 자세히 보고 오래 보아야 예쁘고 사랑스러워지는 대상이 하나 있기는 하다. 바로 자기 자신과 내면의 성장이다. 인간의 내적 성장은 자기 자신을 자세히 보고 오래 보는 데서 이뤄지기 때문이다. 자기 자신을 등한시하거나 대충 봐서는 성장이 이뤄지지 않는다. 바른 생각과 바른 마음을 지닌 인간으로 성장하기 위해서는 자세히 보고 오래 보며 자기 관리를 철저히 해야 한다. 특히 오래 보아야 한다. 그런 철저한 자기 관리의 대가는 자신과의 싸움에서 전승을 거둔 헤라클레스에 버금가는 마음 천하장사가 되는 영광이며 아름답고 사랑스런 모습이다.

알찬 농작물의 수확을 방해하는 잡초는 계절마다 해마다 자라나
길 반복한다. 그래서 유능한 농사꾼은 잡초를 주기적으로 수월하게
제거하는 방법을 알고 있는 사람이다. 마음속 잡초도 한 번 뽑아냈
다고 방심해선 안 된다. 헤라클레스처럼 유능한 마음 텃밭 관리자
가 되려면 매일 또는 주말마다 그 텃밭을 둘러보며 오래오래 평생
을 가꿔 나가야 할 필요가 있다.

우리들 마음에 빛이 있다면 언제나 언제나 밝을 거여요
—

우리가 초등학교 저학년 때 배운 동요 중 "우리들 마음에 빛이 있
다면 여름엔 여름엔 파랄 거여요"로 시작하는 「파란 마음 하얀 마
음」이라는 노래가 있다. 자연의 변화로 봤을 때 여름에는 녹음이 우
거져 원래 푸르거나 파랗고, 겨울에는 눈이 내려 하얗다. 그러나 동
요는 우리들 마음에 빛이 있어야만 여름은 파랗고 겨울은 하얗게
될 수 있다는 메시지를 던진다.

인생을 살아가는 데 가장 큰 무기는 내 안에 빛, 빛, 빛이 충만해
있는 것이다. 살아가는 동안 인생의 크고 작은 파도는 계속해서 되
풀이되며 밀려올 것이다. 인생은 따뜻하고 화사한 꽃들이 지천으로
피어나는 봄, 풍요로운 가을만 있는 것이 아니다. 무덥고 사람들을
짜증나게 하는 여름, 삭막하고 추운 겨울도 계속 도래할 것이다. 그
럴지라도 내 안에 빛이 있어 밝음과 긍정의 정신으로 세상을 바라보

면 고난이나 고통만 보이지 않고 파랗고 하얀 세상도 보일 것이다. 그래서 항상 밝고 긍정적인 마음을 노래하며 살아갈 필요가 있다.

도전해 보고 싶은 일이 있는데 해 보기도 전에 힘들고 어렵다며 포기해서는 인생에서 아무것도 얻지 못한다. 헤라클레스의 12과업도 도전해 보고는 싶은데 힘들고 어렵다며 포기하면 자기 관리와 내면의 성장은 요원해질지도 모른다. 그래서 내 마음에 빛을 항상 간직하며 구하고 찾고 문을 두드리는 행동에 나서야만 구할 수 있고 찾을 수 있고 문도 열릴 것이다. 하늘은 스스로 돕는 자를 돕지 가만히 있는 자는 사람도 우주도 돕지 않는 것이 세상의 이치다.

눈은 몸의 등불이라는 말이 있다. 눈이 없어 보지 못하면 스마트폰 사용, 금융 거래, 자동차 운전, 여행 등 인간 세상을 살아가는 데 수많은 불편함이 따르고 정상적인 생활이 어렵게 된다. 눈이 몸의 등불이라면 마음의 등불 역할을 하는 것도 있다. 세상을 밝게 보는 긍정적인 사고방식이 바로 마음의 등불이다.

마음의 등불인 세상을 밝게 보는 긍정적인 마음이 없으면 눈이 없는 신체와 같을 정도로 심각한 장애이며 살아가는 데 불편함이 곳곳에 도사리게 된다. 매사에 어둡고 부정적, 비관적이고 걱정투성이로 살게 되면 되는 일도 없고 인생이 행복하지도 즐겁지도 않게 된다. 그러므로 밝은 마음이 없는 상태를 아무렇지 않게 여기고 살아가는 것은 마치 두 눈을 포기하고 살아가는 사람처럼 불행한 사람이다.

아침에 일어났을 때 마음에 빛이 있음을 못 느낀다면 잠자리에 들었다가 다시 일어나라. 마음에 빛과 밝음이 없이 하루를 시작하는 것은 두 눈을 감고 하루 종일 생활하는 것과 같기 때문이다. 마음에 항상 빛이 있어야 하루가 잘되고 1년이 잘되고 인생이 잘 될 것이다.

사람들은 누가 군이 강조하지 않더라도 밝고 긍정적인 사고방식을 지니고 살고 싶어 한다. 그래야 불행과 역경을 만나더라도 좌절하지 않고 긍정의 힘으로 이를 이겨 내 결국 만사형통하는 삶을 이룰 수 있기 때문이다. 이렇게 아름답고 모든 사람들이 열렬히 사랑하지만 실제로는 쉽게 다가갈 수 없는 것이 바로 긍정적인 사고방식이다.

그것은 사람들의 마음속에 흰 눈처럼 밝고 긍정적인 마음을 지닌 백설 공주가 존재하기는 하지만 잠들어 있는 상태이기 때문이다. 그녀는 계모가 준 독 사과를 먹고 죽다시피 할 정도로 깊은 잠에 빠져 깨어나질 못하는 상태에 있다. 그러나 그녀가 완전히 죽은 것은 아니기에 마음의 빛인 긍정적인 삶의 자세, 백설 공주를 잠에서 깨우는 것을 포기해서는 안 된다.

그래서 우리는 동화 속 난쟁이들처럼 깊은 잠에 빠진 그녀를 유리관에 넣어 산꼭대기에 올려놓아야 한다. 비록 지금 당장은 눈처럼 흰 피부를 지닌 백설 공주가 깨어나질 못하지만 오며 가며 지속적으로 그녀를 올려다봄으로써 긍정의 가치를 높이 유지할 필요가 있다. 그러다 보면 백설 공주 이야기의 해피 엔딩처럼 언젠가는 우연히 낯선 나라의 왕자가 와서 그녀를 깨울지도 모르기 때문이다. 우리 마음속에 깊이 잠들어 있던 긍정적 마음의 백설 공주가 깨어나는 순간 인생은 그녀가 깨어나기 전과 그녀가 깨어난 이후의 삶으로 구분될 것이다.